EL PRIMER POBLAMIENTO DE CUBA

POR NATIVOS AMERICANOS

EL PRIMER POBLAMIENTO DE CUBA POR NATIVOS AMERICANOS

UNOSOTROS
EDICIONES

Alexis Rives Pantoja

© 2023 Alexis Rives Pantoja

© De la presente edición: Unos & Otros Ediciones, 2023
ISBN: 978-1-950424-67-2
Título: El primer poblamiento de Cuba por nativos americanos
© Alexis Rives Pantoja
Maquetación: Armando Nuviola
Correcciones: Zailen Clavería Centurión

UNOSOTROS

www.unosotrosediciones.com

Hecho en Estados Unidos de America, 2023

ÍNDICE

INTRODUCCIÓN

El poblamiento inicial de Cuba ha sido objetivo prioritario para historiadores y arqueólogos desde fechas bien tempranas. La ruta por las Antillas Menores desde el noroeste de Suramérica fue una de las vías soñadas, por haber sido este el derrotero de las comunidades agroalfareras. Pero la presencia de los ajuares de los primeros pobladores no ha podido comprobarse a través del arco antillano, como sí había ocurrido con los tiestos de cerámica. Por este motivo, se consideraron otras rutas: desde Suramérica, por occidente, el posible origen centroamericano y, a inicios del siglo xx, posibles relaciones con el sudeste de Estados Unidos.

Esta última opción fue desechada posteriormente. Sin embargo, descubrimientos en Cuba y La Española durante la década de 1970 de sitios con un ajuar lítico de características muy tempranas, volvió a plantear el problema, principalmente por arqueólogos cubanos. En el presente siglo las hipótesis se han decantado por el origen desde Centro o Suramérica. No obstante, investigadores de Cuba han retomado el tema en fecha relativamente reciente y vuelto a plantear una posible vía desde Norteamérica, a partir de estudios de las características del clima en esa zona y en el entorno antillano, durante el Pleistoceno y el Holoceno, así como paralelismos previamente establecidos entre ajuares de sílex en el archipiélago cubano y algunos rasgos de estos en el Paleoindio de Norteamérica.

Estas investigaciones han permitido determinar importantes circunstancias que propiciarían la migración desde esa región, a la vez que con ellas se implementa un amplio estudio y actualización de los ajuares de las comunidades más tempranas de Cuba. Queda pendiente, así y todo, una contrastación tecnotipológica entre sus conjuntos artefactuales de sílex y los del sudeste estadounidense que permita verificar las probabilidades reales de contacto entre esas zonas.

Arqueólogos del área han expuesto diversos argumentos en contra de la posible migración —o, al menos, contacto— de las comunidades aborígenes tempranas, y no tan tempranas, desde Norteamérica a las Antillas, a pesar de que fuentes históricas mencionan relaciones entre aborígenes de Florida y de Cuba durante la época colonial. Tal rechazo ha continuado expresándose por muchos estudiosos, incluso antillanos. En la primera parte de este trabajo se trata de enumerar e identificar de forma somera las posibles causas de ese punto de vista que, en último análisis, se apuesta por relacionar con la necesidad de un balance riguroso del registro arqueológico de ambas regiones, objetivo principal de esta investigación.

En esta oportunidad se establece una comparación entre los ajuares de las comunidades aborígenes más tempranas de Cuba y conjuntos artefactuales de Florida y zonas limítrofes, en la cual se accede a un paralelismo de esos conjuntos en el espectro arqueológico. La necesidad de realizar un cotejo lo más riguroso posible impone la opción de utilizar una lista tipológica de las comunidades aborígenes de Cuba, a pesar de que ese método de investigación no es de uso frecuente en América. Su aprovechamiento en este caso se limita a utilizar ese único registro detallado de artefactos por géneros y tipos, del área, como punto de partida de la indagatoria.

El ejercicio posibilita avizorar que géneros de artefactos contenidos en la lista tipológica de Cuba se hallan presentes en sitios de Florida y regiones aledañas, y, más importante aún, que un alto porcentaje de los tipos de herramientas particulares se hallan en sitios arqueológicos de ambas regiones. Estos resultados ofrecen argumentos para intentar una crítica de hipótesis de poblamiento, las que generalmente se basan en ejemplos puntuales de artefactos y técnicas.

Los paralelismos entre tipos de herramientas de una región y otra permiten una aproximación a un lapso en que debieron existir contactos entre pobladores del continente y del archipiélago cubano. Investigaciones del entorno de los asentamientos de aquellos hombres argumentan que dicho lapso coincidiría con momentos cruciales de la historia climática regional. La comparación tecnotipológica se apoya significativamente en estudios edáficos e investigaciones y experimentos de geocronología, que confluyen en identificar las condiciones climatológicas y la huella humana de los primeros pobladores.

El aumento del nivel del mar y el incremento paralelo del registro arqueológico en ese mismo período, que provocaron la pérdida de grandes porciones de tierra en la Florida, son comparados con posibles circunstancias de ese tipo en las regiones de Centro y Suramérica. Estas se han supuesto también posibles focos del poblamiento antillano, si bien muestran diferencias sustanciales con los cambios que se produjeron en la Florida, posiblemente propulsores de movimientos migratorios y eventos comparables en los otros territorios desde los puntos de vista arqueológico, demográfico y climatológico.

Los inventarios y la distribución espacial de los sitios arqueológicos de esta etapa en Cuba y los estudios acerca de ese particular en el territorio floridano posibilitan una exploración efectiva del patrón de asentamiento de esas comunidades: su ubicación en torno a las fuentes de materias primas con que confeccionaban sus instrumentos de trabajo y su relación con características del paisaje, bosques, estepas, ríos y otros cuerpos de agua.

Esta incursión, además de explorar las condiciones climáticas y demográficas, posiblemente impulsoras de expediciones migratorias, hace referencia a semejanzas de tipo tecnológico y medioambiental de las comunidades de ambas regiones. Esto permite considerar si la búsqueda de recursos naturales y espacios habitables que ofrecían los nuevos territorios tendrían como base esos paralelismos tecnoeconómicos.

En los ajuares de los sitios tempranos del sudeste de Estados Unidos y de las comunidades aborígenes de Cuba en el período de posible contacto, se estudia un ajuar con características particulares dedicado a las actividades cazadoras, así como una relación contrastante entre algunos artefactos de sílex que se dedicarían a actividades de elaboración de materias primas. Unos y otros estarían vinculados, probablemente, con la desaparición de la megafauna en la península y, en consecuencia, con la redirección de las actividades cinegéticas a otras especies y un mayor aprovechamiento del entorno natural.

El estudio se enfoca en la relación entre artefactos retocados marginalmente y artefactos retocados superficialmente. En la Florida se presenta como un aumento de los primeros y un decrecimiento de los segundos, a causa de los mencionados cambios producidos por el devenir climático. Esta relación entre artefactos unifaciales y bifaciales se presenta también en Cuba, aún más intensamente que en la Florida, y su causa deviene otro de los objetivos del presente trabajo.

9

Se relaciona ello con que en las comunidades más tempranas de Cuba y de las Antillas se manifiesta un predominio de ajuares de sílex en lascas y láminas simples —específicamente puntas con retoque marginal y, a veces, elaboración superficial solo en una cara de la preforma— que podrían utilizarse en la caza de determinadas especies. Los artefactos de este tipo con punta natural o remodelada y retoques marginales para enmangar la pieza, sin embargo, son considerados en el continente solo como cuchillos de sílex.

A propósito, se explora la posible presencia en diversas culturas del mundo de herramientas como esas, no retocadas de forma bifacial, y si fueron utilizadas como puntas de proyectil destinadas a la caza o no. Este problema es obviado generalmente por algunos investigadores, quienes se refieren solo a artefactos bifaciales, como puntas de proyectil. Esta rigidez conceptual, según otros, puede, en ocasiones, pasar por alto detalles importantes de los conjuntos artefactuales.

Se accede a ejemplos del Paleolítico europeo en relación con puntas clásicas —Levallois y Le Moustier— y su utilización en actividades de caza, y se cita la presencia de artefactos como esos tanto en sitios de Cuba como de Florida y Alabama. Se incluyen igualmente estudios del Paleolítico africano que muestran puntas de estilo no clásico dedicadas a la caza y su tipo de talla, bifacial o no. Un ejemplo del continente asiático, en sitios del Paleolítico superior, muestra un uso generalizado de puntas de proyectil que pueden compararse con las llamadas puntas cuchillo de los sitios más tempranos de Cuba y de las Antillas Mayores.

La distribución espacial de estas herramientas, junto a otros indicadores del registro arqueológico, resulta de vital importancia en el estudio del patrón y de los sistemas de asentamiento de las comunidades de la región.

Estudios de ese tipo adelantan características importantes de estas comunidades y pueden ser base de investigaciones más amplias en el futuro: acerca de la división del trabajo, de la organización del sistema social de bandas, e incluso sobre aspectos de sus relaciones de parentesco y familia. Todo ello sin extrapolar tales conocimientos de niveles de desarrollo cultural, sino infiriéndolos a partir de los artefactos y los conjuntos de estos, a partir del análisis crítico del registro arqueológico.

HIPÓTESIS EXISTENTES SOBRE EL PRIMER POBLAMIENTO

Las comunidades preceramistas más tempranas de las Antillas fueron denominadas en primer lugar cultura Seboruco-Mordán, al compararse evidencias de sitios de esas localidades en el oriente de Cuba y el sur de República Dominicana (Kozlowski, 1975). Más tarde han recibido denominaciones como cultura Seboruco, variante levisoide (Guarch, 1981) y preagroalfareros tempranos (Tabío, Guarch y Domínguez, 1978; Tabío, 1991a). Por otra parte, a partir de excavaciones en el sitio Rancho Casimira, el más antiguo en la República Dominicana, también se les ha llamado serie casimiroide (Rouse, 1992).

En Cuba se ha generalizado el uso del término comunidades protoarcaicas, con el propósito de hacer referencia a una etapa previa al período llamado Arcaico, que algunos estudiosos han correlacionado con tipologías de contextos muy tempranos de otros lugares del mundo (Trzeciakovski y Febles, 1981). Otros han hecho mención a economía o tradiciones paleolíticas como referente general de carácter histórico (García, 1991; Domínguez, Febles y Rives, 2002). En la actualidad esta etapa se conoce como Formación Social Pretribal Temprana (Alonso *et al*, 2009; Alonso *et al*, 2015; Izquierdo *et al*, 2015).

Otros investigadores del Caribe, en cambio, han aportado argumentos acerca de que estas comunidades se encontraban en la fase más temprana del Arcaico (Veloz, 1976; Wilson, 1997, etcétera). La presente investigación incursiona en estos conjuntos prehispánicos y aporta argumentos que inclinan a pensar que, si algunos asentamientos de este tipo en las Antillas pudieran enmarcarse en el Arcaico temprano, los sitios de Cuba coinciden con el registro arqueológico del Paleoindio.

Otro tema de discusión sobre estas comunidades ha sido su región de procedencia. Durante las primeras décadas del siglo xx Sven Loven había tratado el tema del poblamiento de las Antillas desde el este de los Estados Unidos (Sven Loven, 1935, en Raggi, 1971: 130-139). En fechas también tempranas otros estudiosos se refirieron, específicamente, al poblamiento de Cuba desde la península de la Florida. C. M. Raggi (1971: 130-139) realizó, incluso, una sugerente comparación entre ciertos rasgos tipológicos de materiales de Florida y evidencias del extremo oriental de Cuba, reportados por Mark Harrington (1921).

Desde finales de la década de 1970, el arqueólogo E. Tabío (1979, 1991) enumeró las hipótesis más plausibles hasta ese momento acerca de la inmigración de grupos cazadores-recolectores a Cuba hace 6 000 años o más. En primer lugar, la "más conocida, desde las costas del NE de América del Sur, a través del arco de las Antillas Menores, y de ahí a las Antillas Mayores" (Tabío, 1991: 15). "En segundo lugar desde las costas de Honduras y Nicaragua hasta Jamaica y de ahí a las Antillas Mayores" (Tabío, 1991b: 14-15), zona centroamericana que señalan más tarde otros autores (Rouse, 1992; Wilson, 1998; Callaghan, 2003; Rodríguez Ramos y Pagán Jiménez, 2006; Roksandic, 2016, y otros), aunque no se hace hincapié sobre la ruta a través de Jamaica, por la no existencia allí de sitios precerámicos. La tercera hipótesis es el probable arribo de tradiciones de cazadores-recolectores desde el sudeste de los Estados Unidos a través de estrechos entre la Florida, Bahamas y Cuba, territorios que en una época bien temprana presentaban porciones emergidas más amplias que las actuales y que tal vez facilitarían el traslado (Tabío, 1991: 15). J. Febles (1991) documentó especialmente esta posible vía. E. Tabío (1991a) se inclinó igualmente por esta opción.

R. T. Callaghan (2003), en su estudio de simulación digital de las posibles vías marítimas de poblamiento de la región antillana, menciona como importantes dos de las rutas citadas por Tabío (1991a). Y agrega otra posibilidad más: una directa por mar desde el norte de Suramérica:

> Three thousand voyages were simulated from each area for both drift and directed voyages, totaling 114,000 simulations. With the exception of three regions-south Florida, the Yucatan Peninsula, and Venezuela-there was virtually no possibility of either chance discovery of the Greater Antilles or of directed (paddled) voyages (Callaghan, 2003: 329].

En la conclusión de su artículo generaliza las tres vías posibles como "northern South America, the Yucatan Peninsula, and South Florida" (Callaghan, 2003: 336).

La no existencia de evidencias de pueblos preagroalfareros con las características de los grupos protoarcaicos o serie casimiroide en las Antillas Menores plantea dudas respecto al poblamiento temprano por esta vía. La ruta desde Centroamérica, de inicio, se contradice con la distribución de sitios arqueológicos de las comunidades más tempranas de Cuba, fundamentalmente localizadas en la región norte de las provincias centrales y orientales. En el occidente y el sur solo se han reportado evidencias dentro de otros conjuntos culturales (Kozlowski, 1973; Frías Etayo, 2013) o hallazgos puntuales de piezas fuera de contexto.

Según la distribución de sitios arqueológicos y la cercanía de los territorios continentales, algunos han pensado que la vía de poblamiento hacia Cuba podría ser la proveniente del sudeste de Norteamérica. Inicialmente, sin embargo, salvo las hipótesis de J. Febles (1979, 1981, 1991a) y E. Tabío (1979, 1981, 1991a), esta ruta se menciona solo en cuanto al posible arribo de comunidades arcaicas tardías (Kozlowski, 1978; Febles, 1982; Martínez *et al*, 1993; Shuravleva y La Rosa, 1995; Callaghan, 2003; Rodríguez Ramos y Pagán Jiménez, 2006).

Las causas de ello pueden ser varias. La primera estaría relacionada, tal vez, con las características del registro arqueológico: el ajuar de las comunidades protoarcaicas se comparó con el de las culturas paleoindias del noroeste de Estados Unidos (Febles, 1991a; Tabío, 1991a; García, 1991; Domínguez, Febles y Rives, 2002), lo cual, a pesar de coincidencias tecnotipológicas, podría estimarse como una asociación lejana en el espacio y en el tiempo. Por este motivo, al parecer, se ha hecho énfasis en la comparación con ajuares centroamericanos (Rouse, 1992; Wilson, 1998; Callaghan, 2003; Rodríguez Ramos y Pagán Jiménez, 2006; Perrot-Minot, 2014, 2015; Roksandic, 2016), aunque se han establecido también puntos de comparación con sitios del Paleoindio del norte de Suramérica, igualmente alejados espacial y cronológicamente de las Antillas Mayores (Veloz y Martín, 1983; Veloz y Ortega, 1983; Callaghan, 2003; Crespo, 2013; Nami, 2016).

A mediados de los años setenta, J. Kozlowski y B. Ginter (1975: 67-71) confeccionaron una primera lista tipológica de los ajuares de piedra tallada de las Antillas, a la vez que presentaban la única lista de ese tipo sobre las tradiciones líticas de los Estados Unidos: la Western Lithic Co-Tradition (TLO, Tradición Lítica del Oeste) (Davis, Brott & Weidel, 1969; Kozlowski & Ginter, 1975: 67). Desde finales de esa misma década y principios de la siguiente, el arqueólogo J. Febles (1979, 1981, 1991a; 1988) estudió detalladamente los ajuares de las comunidades protoarcaicas de Cuba y desarrolló una comparación de esos materiales con los de piedra tallada del oeste estadounidense. La segunda causa del relegamiento de la ruta desde Norteamérica podría ser, por tanto, el rechazo a la mencionada comparación establecida sobre la base de listas tipológicas, modelo europeo que se ha trabajado en Cuba y que es de poca utilización por investigadores en otros países de América.

Los arqueólogos E. Tabío (1991a) y J. Febles (1991a) utilizaron estudios sobre los movimientos eustáticos en el área para explicar la posible vía de poblamiento hacia Cuba desde el territorio más cercano, el este de Norteamérica. Los trabajos de estos investigadores, sin embargo, no fueron publicados hasta inicios de los noventa (Febles, 1991a; Tabío, 1991a), debido a limitaciones editoriales, con su consiguiente desfasaje respecto a los estudios que se realizaban tanto en Cuba como en Estados Unidos durante

13

los años ochenta. Tal vez sea esta, por tanto, la tercera causa de haberse relegado, por algunos especialistas, una posible ruta del poblamiento temprano desde Norteamérica. Estas ideas se habían presentado como ponencias una década antes en eventos científicos nacionales e internacionales (Jornada Nacional de Arqueología, 1979, 1984, 1985; Jornada Científica del Instituto de Ciencias Históricas de la Academia de Ciencias de Cuba, 1983) y en alguna publicación en Europa del Este (Trzeciakovski y Febles, 1981).

A pesar del silencio o vacío espacial de información sobre el Paleoindio entre el oeste de Estados Unidos y la Florida, era posible adelantar, desde los años setenta, que este se completaba con pruebas de la presencia de grupos cazadores-recolectores en la península, a partir de los resultados de investigaciones ya en curso (Jenks & Simpson, 1941; Simpson, 1948; Bullen Webb & Waller, 1970; Waller, 1970, 1971; Purdy, 1975; Waller and Dunbar, 1977), como en efecto ha sido comprobado hace décadas. Esto se evidencia en una extensa bibliografía encabezada por el excelente libro de B. Purdy (1981) sobre la tecnología lítica prehispánica, y el de J. Milanich (1994) sobre la distribución regional de los sitios arqueológicos, ambos con una cobertura apropiada sobre el Paleoindio.

Solo S. M. Wilson hace una alusión aislada a semejanzas entre hachuelas del Arcaico temprano de Florida y artefactos de las Antillas Mayores: *"the early archaic adzes of north Florida"* (Gerrel, Scarry and Dumbar, 1991, en Wilson, 1998: 394). Mas, este y otros autores se refieren principalmente a rasgos tipológicos también puntuales de otras regiones. Es de pensar, no obstante, que los estudios sobre el Paleoindio en Florida, como en el resto de Estados Unidos, al dirigirse preferentemente a las puntas de proyectil bifaciales, incidieran en la no comparación con las Antillas, donde este tipo de artefactos había aparecido de forma escasa. Sin embargo, semejante disyuntiva existía igualmente acerca de Centro y Suramérica, y no evitó comparaciones con esas regiones.

En Cuba, trabajos realizados propiamente durante la década de los noventa vuelven a tratar el asunto del poblamiento desde el este de Estados Unidos, aunque, por una parte, solo a partir de la información precedente y desde un punto de vista sociohistórico (Domínguez, Febles y Rives, 1994), mientras que, por otra, se destaca el acercamiento a dicho problema mediante un estudio paleoclimático del Cuaternario (García, 1991). Los especialistas del país no vuelven a referirse al tema hasta casi veinte años después, otro lapso informativo que podría constituir la cuarta, aunque principal causa, de la escasa consideración del poblamiento desde Estados Unidos por autores en general.

En fecha relativamente reciente han vuelto a desarrollarse trabajos sobre el tema en el país: estudios sobre el clima durante el tránsito

14

Pleistoceno-Holoceno y un análisis de la posible ruta de poblamiento del archipiélago cubano, que contribuyen al conocimiento de estas problemáticas (Ortega, Izquierdo, Jaimez y López, 2019; Pajón, 2006; Pérez Carratalá e Izquierdo, 2010) y, en concomitancia con ello, una actualización y análisis del registro arqueológico del Protoarcaico a un nivel regional (Izquierdo, Ortega y Sampedro, 2015). En cuanto a las vías de poblamiento, se hace hincapié en la ruta desde el este de Estados Unidos, aunque se mencionan semejanzas con el Complejo Llano del oeste de ese país (Izquierdo *et al*, 2015: 94). Se citan dos sitios paleoindios de Florida: Alexxon, en el nordeste, y Little Salt Spring, en el centro oeste (Izquierdo *et al*, 2015: 72), pero no se establecen comparaciones tipológicas entre Florida y Cuba.

Otros autores cubanos se refieren a la posible vía del poblamiento temprano desde Norteamérica y mencionan también la alternativa centroamericana (Valcárcel y Peña, 2013). Acerca del emblemático sitio de Levisa 1 se hace referencia a su componente arcaico (Valcárcel, Ulloa y Feria, 2019: 177), tratado también por J. Febles (1991a).

SIMILITUDES GENERALES ENTRE EVIDENCIAS DE CUBA Y EE. UU.

Los estudios del arqueólogo J. Febles (1980, 1981, 1991a) sobre las características tecnológicas y tipológicas del Protoarcaico de Cuba y de las tradiciones líticas del Paleoindio en el oeste de Estados Unidos, hacían referencia a aspectos acordes con el nivel de conocimientos en esa época, el cual ha tenido cambios hoy en día. Tras el desarrollo de los estudios sobre el Paleoindio, parece, no obstante, que los aspectos reseñados en aquella oportunidad pueden ser válidos para el sudeste de Estados Unidos, pues se reconoce la uniformidad de los conjuntos de artefactos en las culturas de dicho período y se hace mención específicamente a ese hecho entre las culturas paleoindias del oeste y de la Florida:

16

> Archaeologists have noted great uniformity in Paleoindian artifacts ranging from sites in Florida to those of semiarid parts of the Western United States. Except the expertly fashioned bifacial points many of the tools made from stone are unifacial and probably served several purposes (Milanich, 1994: 48).

Los estudios contemporáneos permiten intentar, por tanto, una comparación entre los ajuares líticos más antiguos del este norteamericano, especialmente de Florida, y los ajuares más tempranos de Cuba, la cual es prudente iniciar mediante el contraste, término a término, entre los rasgos del Protoarcaico y la TLO establecidos antes (Febles, 1991), por una parte, y las características del Paleoindio de Florida y los territorios adyacentes a esta, por la otra. Los aspectos contrastados entonces (Febles, 1991a: 397-398) que se propone repasar, pueden apreciarse, como inicialmente se postularon, en el Apéndice 1 del presente trabajo. La comparación actual es como sigue:

1.) Las puntas/cuchillo con hombro alargado poco destacado presentes en la TLO y en el Protoarcaico de Cuba (Febles, 1991a: 397-398) se hallan igualmente en el Paleoindio del sudeste de Estados Unidos. *Waller Blade With Shoulder* (Bradford County, Florida, Worthpoint, n, d; Idem: Chipola Site. (Tyler, 2008: 177, Apendix side A and Side B), *Lámina con hombro* (Febles, 1988: Fig. 6 [4]). Sitio Seboruco 1, Protoarcaico de Cuba. Waller Knife With Shoulder, Chipola Site, Florida (Tyler, 2008: 188: Apendix Side

A and Side B), *Punta con hombro* (Febles, 1988: Fig. 7, 1: Sitio Seboruco 3. Protoarcaico de Cuba.

2.) En este acápite se hacía alusión a la presencia de "escasas láminas en la TLO y la presencia sí abundante de láminas en el Protoarcaico de Cuba" (*Ibid*), que varios especialistas consideraron un rasgo semejante al del Paleolítico europeo (Trzeciakowski & Febles, 1981). Sin embargo, en la actualidad se plantea la abundante presencia de artefactos confeccionados en láminas semejantes a las del Paleolítico superior europeo en Norteamérica: *"Many of the tools made on blades described for European Upper Paleolithic are also found in sites of North America"* (Purdy, 1981: 13).

Sobre Florida, B. Purdy (1981: 13) señalaba, sin embargo, que las láminas de sílex (*blades*) eran escasas. Planteaba que quizás se debiera al tipo de fuentes rocosas y minerales de la zona, a una causa de tipo cultural, u otras (*Ibid*: 103). Sin embargo, en épocas más recientes se ha afirmado que el sudeste de Estados Unidos es una región donde las láminas y las evidencias de su manufactura están también presentes (Sain & Goodyear, 2016: 36). Además, un sondeo llevado a cabo en una zona arqueológica del noroeste de Florida arrojó el resultado de que en ella predominaron los artefactos unifaciales en lámina (Tyler, 2008: 87). La propia arqueóloga B. Purdy (2008: 112) afirmó más recientemente que en Florida han aparecido numerosas evidencias de la técnica de talla levalloisiense, en la que la producción laminar es notable.

3.) Las lascas obtenidas de la parte lateral del núcleo son comunes, se plana teaba, para la TLO, presentes también en la cultura Seboruco (*Ibid*). En Florida, otro tanto. Así se describe la tecnología de ese tipo de lascas para esta región: *"Flake [lasca]: an intentionally detached relatively flat Stone chips […] [and] lateral snap fracture: an intentionally break when a flake undergoing knapping, leaving a right angle surface"* [una rotura intencional cuando una lasca se talla dejando una superficie en ángulo recto] (Purdy, 1981: 147).

4.) "Producción extensa de macrolascas (masivas y de más de 12 cm de longitud) en la TLO, presentes en la cultura Seboruco" (*Ibid*). Este tipo de lascas está presente también en los sitios del Paleoindio floridano. B. Purdy (1981: 18) señala solo en los sitios paleoindios de Shoop y Bull Brook la presencia de 33 lascas y láminas masivas de entre 7. 8 hasta 16. 2 cm. Como es patente, algunas son de mayor tamaño que las que se mencionaban en este acápite sobre la cultura Seboruco. Recientemente han sido halladas piezas de tales y mayores dimensiones en los sitios protoarcaicos.

17

5.) "Núcleos amórficos. Presentes en la TLO y en la cultura Seboruco" (*Ibid*). Este tipo de núcleo sin forma definida es parte de los llamados *expedient tools* o artefactos de emergencia u ocasión, y aparecen también en los sitios paleoindios de la península.

6.) "Raspadores grandes, en el extremo de láminas con bordes redondeados y cortantes. Presentes en la TLO y en la cultura Seboruco" (*Ibid*). B. Purdy (1981) los reporta además en sitios de la Florida y los llama precisamente raspadores oblongos (redondeados): "Snub-Nosed Scrapper Oblongs", y apunta que están presentes en un número de localidades: *"[They] [...] have been found in a number of locations"* (Purdy, 1981: 20: Figs. 3d y 9a y b).

7.) "Afinadores de dardos (*spokeshaves*-lascas con muesca). Presentes en la TLO y en la cultura Seboruco" (*Ibid*). Están presentes en Florida. B. Purdy (1981: 16) señala que pertenecen al Arcaico temprano. Duda acerca de si aparecen en el Paleoindio, mientras A. Goodyear (1974) afirma que sí lo están. Este arqueólogo los describe de esta manera: *"A spokeshave is any unfacially retouched concave edge suitable for scrapping or shaving of narrow convex surfaces such as a bone"* (Goodyear, 1974: 50-51), lo cual coincide con la descripción de J. Febles (1991a): "afinadores de dardo o raspadores con muesca". La muesca es la superficie cóncava obtenida mediante retoque en el borde de una lámina o lasca, que se adapta para raspar o raer superficies estrechas y convexas de hueso o madera.

8.) En este punto de la contrastación entre la TLO y la cultura Seboruco se hacía referencia a artefactos lunados como pertenecientes, según se pensaba entonces, a las tradiciones líticas paleoindias del oeste y no a la cultura Seboruco. Sin embargo, actualmente la información sobre las culturas del oeste estadounidense se ha profundizado con la definición de tradiciones dentro de ellas. Es conocido que las herramientas lunadas aparecen en el Pleistoceno tardío y principalmente en el Holoceno temprano (Jew *et al*, 2015: 2).
Los mencionados artefactos, como señalaba J. Febles (1991: 393), no estaban presentes en el Protoarcaico de Cuba. Sin embargo, descubrimientos relativamente recientes parecen indicar otra situación. Investigaciones en la región centroccidental de Cuba han permitido hallar herramientas que se han calificado como lascas cóncavas (Morales, 1997; Álvarez y Silva, 2005; Silva y Álvarez, 2007; Izquierdo *et al*, 2015: 144), las cuales presentan estrecha semejanza con algunos de los artefactos lunados más conocidos.
9.) "Artefactos con el dorso arqueado alto. Presentes en la TLO y en la cultura Seboruco" (*Ibid*). Cuchillos con dorso arqueado están presentes también en el Paleoindio de Florida: *Backed knife: Purdy* (2008: Fig. 2, 26:

debajo, piezas 1 y 2, extrema izquierda; *Paleoindian unifacially retouched blade knife whith tiny flute and dorsal face* (Lám. 9: Florida uniface blades b, www.forunes.arrowhead.com).

10.) "Retoque escaleriforme. Presente en la TLO y en la cultura Seboruco" (*Ibid*). Se halla asimismo en el Paleoindio en Florida. Escaleriforme es el retoque de "escamados superpuestos unos sobre otros" que se utiliza generalmente en la elaboración secundaria de la superficie o los bordes de las piezas. J. Febles y A. Rives (1988) la reportan en lámina del Protoarcaico (1.4.10). Está presente asimismo en el borde superior de cuchillos con borde dorsal romo.

11.) "Retoque por presión en raederas y algunos denticulados. Presentes en la TLO y en la cultura Seboruco" (*Ibid*). B. Purdy (1981: 16) señala la presencia del retoque por presión en la elaboración de *spokeshaves* (lasca con muesca y especie de raedera), técnica muy común en la talla del sílex. Se menciona la presencia en Florida de herramientas denticuladas (*Ibid*: 58, Table 2).

12.) "Puntas/cuchillos en lascas, cuchillos/puntas en preformas ovaladas [más bien lanceoladas]. Presentes en la TLO y en la cultura Seboruco" (*Ibid*). Se encuentran también en Florida, especialmente en el Paleoindio tardío o *Paleo late*. Las puntas/cuchillo son llamadas en el Paleoindio tardío de Florida *Waller knife scrapper* (Purdy, 1981: Fig. 14), pues, aunque tipológicamente son semejantes a las puntas/cuchillo de la cultura Seboruco, se les atribuye función de cuchillo y raspador. En cuanto a la comparación, tecnológica y tipológica, son los mismos artefactos que aparecen tanto en la TLO de Estados Unidos como en Florida y Cuba. Es de destacar que los *Waller knife* en el Arcaico temprano de Florida presentan muescas en la base que conforman aletas y pedúnculo, semejantes a la morfología de las puntas bifaciales Bolen propias de dicho período, pero estas características son escasas en los sitios paleoindios tardíos y lo mismo ocurre en las puntas/cuchillo del Protoarcaico de Cuba.

13.) "Énfasis en bifaces ovaladas (o lanceoladas) de todos los tamaños, proporciones y grados de terminación en la TLO: series de bifaces" (*Ibid*). Esto puede afirmarse para el Paleoindio de Florida. En cambio, según señalaba J. Febles (1991), no están presentes en la cultura Seboruco (*Ibid*). No obstante, ahora tampoco puede decirse categóricamente que estén ausentes en el Protoarcaico de Cuba, sino solo que son escasas. La reconsideración de los casos y su distribución en relación con los contextos arqueológicos arrojan alguna luz de interés, según se trata en la continuación del trabajo.

14.) "*Choppers y Choping tools*. Están presentes en la TLO y en la cultura Seboruco" (*Ibid*). Estos artefactos, tajadores simples y compuestos, son comunes en las industrias de la piedra tallada. Y por supuesto también aparecen en los sitios paleoindios de Florida. Algunos casos específicos: *Chopper* (Dumbar *et al*, 1989: Fig. 5, a), *Chopping tool* (Dumbar *et al*, 1989: Fig. 5, b), en sitios paleoindios ubicados en el noroeste de Florida (Dumbar *et al*, 1989).

En el trabajo de J. Febles (1991) sobre la cultura Seboruco se incluyen algunas características destacadas del ajuar que no señala se encontraran presentes en la TLO de Estados Unidos, al parecer según la información disponible entonces, pero que sí se han hallado en la actualidad en los sitios paleoindios de la Florida. El primer rasgo destacable es la "abundancia de lascas puntiagudas provenientes de una tradición muy antigua, como son los núcleos levalloisienses" (Febles, 1991a: 389). Ya se ha mencionado que la arqueóloga norteamericana B. Purdy (2008: 112) dice que en los sitios paleoindios de Florida aparecen cientos de piezas con la técnica Levallois, lo cual presupone, por supuesto, la presencia de los núcleos de esa tradición.

El segundo rasgo destacado por J. Febles (1991: 389) es "la polifuncionalidad de las herramientas", aspecto que se comprueba hoy en los sitios paleoindios de la Florida. En el Protoarcaico de Cuba aparecen: "herramienta polifuncional en lámina con tres o más funciones" (Febles, 1988: Fig. 4, 1) y "herramienta polifuncional de dos funciones" (Febles, 1991: Fig. 7). En Florida aparecen *Hendrix Scrapper*: ejemplares de diversos tamaños en láminas gruesas con más de dos funciones (Purdy, 1981: 18-20: Fig. 8) y *Hendrix scrapper with two functions* (Purdy, 1981: 18-20: Fig. 7 A y B).

El tercer rasgo que es necesario destacar es el de una pieza particular que se reportara específicamente para el Protoarcaico de Cuba: "hacha de pico tipo Seboruco" (Febles, 1991a: 389), pues el mismo tipo de herramienta se reporta en el Paleoindio floridano. En sitios del Aucilla River, al oeste de Florida, el artefacto posee escotaduras laterales y otros rasgos semejantes a un hacha de pico (Faught & Pevny, 2019: Fig. 8). Ese tipo aparece, por tanto, en Florida y Cuba, tanto en el Paleoindio y el Protoarcaico como en el Arcaico temprano (Febles, 1988; Faught & Pevny, 2019).

El cuarto rasgo, muy significativo, pues determina una técnica de talla y un tipo de artefacto característicos de la cultura Seboruco, es "la preparación de una espiga arcaica, tosca, mediante lascados profundos en la parte de la superficie dorsal junto a la base" (Febles, 1991: 389). Este tipo se halla bien representado también en el Paleoindio floridano: *Waller knife scrapper*: punta cuchillo con lascados profundos en la base (Purdy, 1981: p. 31, Fig. 14: última pieza, derecha, abajo), *Waller knife* (Ídem: Aucilla River, Florida, Peach State Archaelogical Society, 2020).

Otro aspecto presente en sitios tempranos del Protoarcaico de Cuba y del Paleoindio de Florida es la utilización de restos o desechos de taller como instrumentos de trabajo, e incluso la confección de herramientas de sílex a partir de tales fragmentos. J. Febles (1988: Fig. 8: 3 y 4) muestra una pieza de este tipo en su *Manual para el estudio de la piedra tallada de los aborígenes de Cuba*, proveniente del sitio protoarcaico Melones 10, en Mayarí, Holguín. Esta es recogida, a su vez, por J. Febles y A. Rives (1988: 37) en la lista tipológica del Protoarcaico de Cuba (7.6.13). En el sitio Melones 10 se hallaron restos de taller utilizados y herramientas confeccionadas en restos de taller, en todas las unidades de colecta del residuario (Febles y Rives, 1988: 32: tabla 4, nos. 17 y 18). También fueron halladas tales evidencias en los estratos de una unidad de excavación realizada en dicho lugar (Febles y Rives, 1984). Asimismo, en el nordeste de Florida han sido hallados decenas de miles de restos de taller con las mencionadas características (Purdy, 1981: 80).

La comparación del ajuar de Seboruco con la TLO de Estados Unidos había permitido determinar 11 rasgos semejantes de 14 sometidos a comparación (Febles, 1991a), cifra que se ha incrementado a 12 con el reporte de las lascas cóncavas con muesca del Protoarcaico de Cuba. Mientras, a través de la recién establecida comparación entre la cultura Seboruco (Protoarcaico de Cuba) y el Paleoindio de Florida y del sudeste de Estados Unidos, se ha logrado constatar la semejanza de 17 rasgos entre las tres tradiciones, cinco más que en el caso anterior. Esto sería un argumento a favor del paralelismo de ambos conjuntos y un guiño a la posible vía de poblamiento desde esta región a las Antillas Mayores.

Sin embargo, tanto en relación con la TLO como con el Paleoindio floridano, podría argumentarse, por el contrario, que los paralelos han sido establecidos respecto a rasgos, si bien de cierta importancia tecnológica y tipológica, de un carácter bastante general, y, en algún caso, respecto a aspectos puntuales. Quizás pudiera ser esta, por tanto, la quinta causa de que algunos arqueólogos obvien esta posible ruta. En el fondo subyace la falta de información sobre las investigaciones arqueológicas en Cuba, sea por las limitaciones editoriales señaladas o la no consideración de estas por algún investigador.

21

CORRELACIÓN DE ARTEFACTOS DE CUBA Y EE. UU. (PALEOINDIO)

El nivel de conocimientos sobre los ajuares paleoindios del sudeste de Estados Unidos y del Protoarcaico de Cuba permiten, hoy, una comparación mucho más precisa desde el punto de vista tipológico. Esa contrastación se lleva a cabo en la presente oportunidad. Para ello se parte de la lista tipológica del Protoarcaico de Cuba (Febles y Rives, 1988: 36-38), la lista tipológica de las comunidades aborígenes de Cuba (Febles 1988: 46-73,) y la lista tipológica de las comunidades preceramistas de las Antillas (Kozlowski, 1973, en Kozlowski y Ginter, 1975: 68-72). Además, se hacen referencias necesarias al *Manual para el estudio de la piedra tallada de las comunidades aborígenes de Cuba* (Febles, 1988), al libro de G. Izquierdo, F. Ortega y R. Sampedro (2015), y a trabajos de estos y otros investigadores que son citados puntualmente en el transcurso del texto.

Sobre el registro arqueológico de Florida se utilizan las obras de destacados arqueólogos norteamericanos: Dunbar and Waller, 1983; Dunbar *et al*, 1989; Milanich, 1994; Tyler, 2008, con su ilustrativo trabajo sobre el Paleoindio de la región de Chipola en el noroeste floridano; Gugging, 2012; Carr, 2012; Pevny *et al*, 2015; Faught & Pevny, 2019, y muchos otros. Se han consultado también catálogos de colecciones publicados *online*. Los libros de B. Purdy (1981, 2008) sobre Florida hacen la contrapartida de los estudios tecnológicos y tipológicos de J. Febles (1988) sobre Cuba.

Partir de las listas tipológicas de Cuba no tiene el propósito de proponer tal sistema de estudio en el contexto circuncaribeño, sino utilizar una base tipológica existente que facilite la comparación entre tipos y técnicas de talla del Protoarcaico y tipos y técnicas de talla del Paleoindio del sudeste estadounidense. A pesar de las diferencias de puntos de vista, la comparación término a término y su discusión posibilitan superar las referencias a indicadores aislados que han caracterizado las hipótesis de poblamiento de las Antillas hasta el presente.

La identificación de los tipos de artefactos de los sitios paleoindios de Florida se realiza a través de fotografías y dibujos de piezas que aparecen en las obras citadas —aumentadas convenientemente mediante recursos digitales—, así como de la información que acompaña esas imágenes y las descripciones de las herramientas que aparecen en los textos. La identificación de los tipos de artefactos del Protoarcaico de Cuba parte de la lista tipológica de dicha cultura (Febles y Rives, 1988) y de la representación científica de las piezas contenidas en los laminarios de las publicaciones cubanas especializadas (Febles, 1988, 1991; Febles y Rives, 1988, y otras). Los resultados de este estudio se recogen en el Apéndice 2 del presente trabajo, que consiste en la relación de tipos de herramientas de la lista tipológica del Protoarcaico de Cuba y su contrapartida en ajuares de sitios paleoindios del extremo sudeste de Norteamérica.

La información de cada tipo de artefacto se presenta con el número consecutivo, el nombre y la descripción de cada uno destacado en negritas, según aparece en la lista tipológica del Protoarcaico (Febles y Rives, 1988: 36-38). A continuación, se incluye el nombre y la descripción del tipo de herramienta, en idioma inglés, según la fuente citada de publicaciones sobre arqueología de la Florida (autor, título, página, figura o imagen) en letras mayúsculas para permitir una distinción más apreciable entre ambos tipos de información. Seguidamente, se vuelve a hacer referencia a la pieza correspondiente en Cuba —ahora con la información de autor, año de publicación, página y figura, del trabajo citado—, y se incluye, además, el sitio arqueológico de Cuba en que fue hallada la pieza.

Mediante este estudio ha podido comprobarse, en primer lugar, que en los sitios paleoindios de la Florida se encuentran tipos de artefactos que representan todos los géneros y subgéneros de la lista tipológica del Protoarcaico **23** de Cuba y, además, que las herramientas particulares identificadas en ambos conjuntos constituyen casi el 90 % de los tipos contenidos en dicha lista, un resultado significativo en la comparación entre ambas áreas. Otros útiles relacionados con la talla del sílex como yunque, percutor, etcétera, se reportan igualmente en sitios peninsulares e insulares.

Los géneros y subgéneros de artefactos que aparecen, tanto en el Protoarcaico de Cuba como en el Paleoindio del extremo sudeste de Estados Unidos, son los siguientes:

Herramientas laminares: raspadores, buriles, truncaduras retocadas, láminas retocadas, láminas con borde dorsal romo (cuchillos), láminas o puntas con espigas (unifaciales), perforadores.

Herramientas en lascas: raederas, lascas con muescas o muesca, lascas con retoque inverso, lascas retocadas dorsalmente.

Herramientas de núcleo: varios tipos de herramientas de núcleo (tajadores simples y complejos: *choppers* y *chopping tools*, hachas de pico, cepillo y piezas esquirladas.

Herramientas bifaciales: algunas puntas de proyectil y otras herramientas presentes en el Protoarcaico, semejantes a tipos del Paleoindio floridano.

Loa artefactos del Protoarcaico de Cuba no presentes en el Paleoindio estadounidense son escasos y se relacionan con el punto de vista clasificatorio de los arqueólogos más que con una diferencia tecnotipológica o cultural real. La proliferación de detalles caracteriza la clasificación de tipos en Cuba, a imagen de los procedimientos europeos de estudio del sílex, minuciosos y no comunes en América. Los especialistas norteamericanos se refieren generalmente solo a láminas o lascas simples, retocadas o utilizadas, sin especificar detalles: *retouched blades* y *retouched flakes, specimens exhibing use wear*, disímil enfoque clasificatorio que no representa una distinción cultural. Por ello, la identificación de las piezas del Paleoindio en las imágenes de las publicaciones ha sido ardua.

Un ejemplo es la diferencia entre raspador —artefacto que propicia esa función en un solo sentido— y raedera —que lo hace simultáneamente en sentidos opuestos y es denominada raer, en vez de raspar, en el caso anterior—, cuestión que no parece ser tenida en cuenta por algunos investigadores. Como raedera se utiliza en Estados Unidos el término de *spokeshave*, que se refiere a preformas con muesca o muescas, utilizadas para el alisamiento de materiales cilíndricos de hueso o madera. Por tanto, la distinción entre *spokeshave* y raedera, en sentido más general, ha sido también una labor difícil en las comparaciones. A este último artefacto ha sido necesario denominarlo *spokeshave-scrapper* para distinguirlo del *spokeshave* a solas. Así, la diferencia numérica, escasa, entre herramientas presentes y no presentes en ambas regiones, es solo aparente.

La lista tipológica del Protoarcaico de Cuba de 1988 (Febles y Rives, 1988: 36-38) contenía 79 tipos de herramientas de dicha cultura, mas en la presente oportunidad la lista se amplía a 94 tipos, por las razones mencionadas a continuación. En la revisión de la lista y las publicaciones coetáneas y posteriores se identificaron tres tipos más que habían aparecido en los sitios protoarcaicos (Febles, 1988, 1991) y no habían sido incluidos en Febles y Rives (1988): un tipo de raspador, un tipo de truncadura retocada y un tipo de raedera. En investigaciones relativamente recientes (Izquierdo, Ortega y Sampedro, 2015) fueron reportados tres tipos de herramientas nuevas en núcleo y en lasca masiva y un nuevo tipo de herramienta en lasca.

Dos nuevos tipos de artefactos bifaciales fueron reportados en la misma publicación (Izquierdo *et al*, 2015). La revisión de las herramientas bifaciales conocidas hasta el momento, los nuevos casos mencionados correspondientes con hallazgos recientes y la revisión de otro caso de la literatura, determinaron ampliar la lista tipológica del Protoarcaico con otros tipos de herramientas bifaciales no consideradas antes.

Es necesario destacar que, a pesar de las dificultades señaladas en tanto a la contrastación de herramientas de grupos tempranos de Cuba y el sudeste

24

de Estados Unidos, pudieron ser identificados 83 artefactos semejantes a los del Protoarcaico, fundamentalmente en el territorio floridano, los cuales representan, como se ha dicho, todos los géneros y subgéneros de la lista tipológica del Protoarcaico de Cuba (Ver Apéndice 2). Ello posibilita una comparación significativa entre los conjuntos de ambas regiones. La observación de tipos de artefactos de acuerdo con los géneros y subgéneros de la lista tipológica proporciona información puntual sobre los tipos y, a su vez, la información descriptiva y las listas de evidencias posibilitan un acercamiento a su representatividad estadística, según la información de las fuentes y la opinión de los autores de los trabajos.

Las herramientas en láminas son, con mucho, las más numerosas en tipos de artefactos según la lista tipológica del Protoarcaico, y lo mismo se comprueba en los sitios paleoindios de Florida. De 54 tipos de herramientas en lámina del Protoarcaico, aparecen 49 en los sitios de Florida; láminas retocadas, aparecen 13 tipos de 13; y en cuanto a las importantes láminas y puntas con espiga, unifaciales, la relación es de 16 a 14, a pesar de las distintas perspectivas de clasificación. Respecto a los cuchillos de borde dorsal romo —*backed knive*—, de ocho tipos en el Protoarcaico, aparecen seis en la península. Raspadores: 7/7, buriles: 4/3 y truncaduras retocadas: 2/2.

El número de herramientas en lascas es también semejante. De 21 tipos de herramientas en lasca en el Protoarcaico, 16 tipos aparecen en Florida; lascas con muescas, 5/5; lascas con retoque inverso, 3/3, y lascas retocadas dorsalmente, 2/2. Las raederas también: 3/3. La única diferencia es el caso de los denticulados en lasca, pues de siete tipos de la lista tipológica del Protoarcaico solo se hace referencia a dos en Florida, ya que los arqueólogos de esta área, en las publicaciones consultadas, no se refieren a tipos.

Los tipos de herramientas en núcleo tienen un paralelismo total: ocho de ocho. Y las llamadas piezas esquirladas o cuñas, para el trabajo en madera, confeccionadas en lascas, restos de taller o fragmentos de núcleo, aparecen en igual número de tipos en ambas áreas: 2/2. A los artefactos confeccionados bifacialmente se les da un tratamiento especial. Según puede comaprobarse, la diferencia entre los de piedra tallada del Protoarcaico de Cuba y del Paleoindio de Florida se limita a 10 casos: 84 de 94 (Ver Apéndice 2).

En el Apéndice 3 se relacionan algunos útiles de sílex que aparecen mencionados tanto en trabajos sobre el Protoarcaico de Cuba como respecto al Paleoindio floridano: yunque (*anvil*), percutores y martillos (*hammers*) lascas y láminas, núcleos y restos de taller de sílex no modificados y que en muchos casos muestran de todos modos huellas de utilización, guijarros concoides o redondeados (Protoarcaico de Cuba), *dimple stones* o *bola stones* (Paleoindio y Arcaico floridano). Estos últimos, ante las dudas sobre la premeditación de su forma y de sus funciones, son incluidos en este apéndice y, a la vez, en el género de artefactos en núcleo, en el Apéndice 2, pues aparecen huellas de trabajo o labor humana en algunas piezas.

En el Apéndice 4 se incluyen algunas herramientas por estar presentes en el Paleoindio y el Arcaico de Florida, así como en el Protoarcaico y Arcaico de Cuba:

- Raspador de uña o de dedo (*Ibid*: A), reportado por Kozlowski y Ginter (1975) como presente en el Arcaico de las Antillas.
- Raspador en lasca gruesa, *Carinate scrapper* de Florida (Purdy, 1981), presente en el Protoarcaico y en el sitio Canímar 1, Matanzas.
- Tres tipos de perforadores (*Ibid*: B1, B2, B3), los dos primeros en el sitio Playitas, en Matanzas, y el tercero, reportado por Kozlowski y Ginter (1975) en el Arcaico de las Antillas.
- Lasca con retoques en forma de muesca en la base (un solo caso), comparable con la técnica que está presente en Florida en los *edge scrappers,* en sitios arcaicos, y que en Cuba solo aparece en época tardía de dicho período en el sitio Canímar 1, en Matanzas.
- Una gran lámina irregular que se reporta en el Arcaico de Florida (Purdy, 1981) tiene una contrapartida reportada por J. Febles (1988: portada) en Cuba.

ARTEFACTOS DE CUBA, FLORIDA Y EL EXTREMO SUDESTE DE ESTADOS UNIDOS: LISTA TIPOLÓGICA

Herramientas en lascas

Las herramientas en lascas retocadas presentan números comparables en tipos de artefactos del Paleoindio de Florida y el Protoarcaico de Cuba, y es importante destacar sus funciones de corte y alisamiento (lascas con muesca o *spokeshaves*) sobre diversos tipos de materiales: madera, hueso, etcétera. Específicamente las raederas (*spokeshave-scrapper* en Florida), cuya función fundamental es raer pieles de animales, muestran tipos semejantes en ambos conjuntos. Esos tipos son escasos en Florida, lo cual llama la atención acerca de las observaciones del arqueólogo J. Febles (1991: 384) sobre la poca representatividad de estas en Cuba.

Otro tanto puede decirse de Florida y Cuba en relación con las truncaduras retocadas, confeccionadas en lámina. J. Febles (1991: 386, 387) menciona igualmente la escasez de este artefacto, cuya función se relaciona también con el tratamiento de pieles; o sea, son pocos tipos y con presencia estadística escasa. Las piezas esquirladas o cuñas, cuya función se aplica, entre otros aspectos, al derribo de árboles, también son poco numerosas en el Protoarcaico (Febles, 1991: 388), lo cual se muestra de forma semejante en el Paleoindio floridano. Por otra parte, tanto en uno como en otro conjunto, aparece, sin embargo, un gran número de artefactos denticulados a los que se les denomina solamente sierras (*saw*), destinados al trabajo en madera. Se afirma que son muy abundantes en sitios de Florida (Purdy, 1981: Table 2).

De lo anterior podría pensarse que en ambos casos el corte de árboles es escaso, como corresponde con grupos de los llamados cazadores-recolectores, cuando en los grupos arcaicos tardíos las piezas esquirladas son abundantes, a causa de que tales comunidades enfrentan el proceso de la horticultura, y, consecuentemente, el derribo de árboles de una forma más sostenida. Hay, en ambos conjuntos, por tanto, un alto índice de trabajo en madera, pero escaso en cuanto al corte de árboles como una actividad intensiva. Este podría limitarse, quizás, a su utilización en construcciones de viviendas simples, algún tipo de embarcación, etcétera.

Las lascas retocadas, cuya función es principalmente la de corte simple de diferentes materiales, correspondientes con labores cotidianas (cocina, entre otras), o alisamiento (lascas con muesca o *spokeshaves*) de piezas óseas o de madera, están representadas de acuerdo con lo que se esperaría en los conjuntos comparados. Las funciones del tratamiento de pieles, en cambio, son bajas en ambos casos. Esta ambivalencia es de gran interés para conocer las características de las comunidades paleoindias tardías en la península y del Protoarcaico en el archipiélago cubano.

Es de importancia especial un artefacto en lasca llamado en Cuba lasca cóncava con muesca (Apéndice 2: Lista tipológica 2.4.6), que puede compararse con uno de los tipos lunados: *lunate* o *crescentic artifacts* (Jew *et al*, 2015: Fig. 2), que aparecen en el oeste de Estados Unidos en sitios en la etapa de tránsito Pleistoceno-Holoceno. Este tipo aparece también en sitios del sudeste (www.vtarchaeology.org; Pevny *et al*, 2015: 234). En numerosos sitios del nordeste, asociados a cuencas fluviales, se comprueba la presencia de estas piezas en estratos inequívocamente pertenecientes al Paleoindio tardío (Robinson, Crock & Petersen, 2004: 3-4: Figs. 3, 4 y 7). Es patente la similitud de algunas de estas piezas y los tipos a que hacen referencia Silva y Álvarez de la Paz (2007: Lám. 1) e Izquierdo *et al* (2015: 144, 145: Fig. 23), en la zona centroccidental de Cuba [Figs. K1 Y K2].

28

Estas herramientas, que se consideran parte de los lunados por algunos autores (Jew *et al*, 2015), son apreciadas también como *humpies* (jorobaditos). De estos se especifica su carácter de piezas en lascas o láminas oblicuas con muescas:

> Humpies [...] (local name first used by collector Leonard Van den Enden) are a narrow, slug-shaped, unifacial, flaked stone tool having steepedge angles and a high dorsal surface that is often rounded. They are presumed to have been hafted in socketed handles and used as chisel, whittling, or shaving implement (Fanenga *et al*, 2008: 26).

La llamada de atención se relaciona con que los arqueólogos estadounidenses no han llegado a un consenso acerca de la función o funciones de los artefactos lunados. Como se ha mencionado, pueden encontrarse lunados de diferente morfología: medialunas bifaciales o muescas en piezas oblicuas unifaciales de sílex y *humpies*. Se incluyen usos como amuletos, objetos portátiles de arte, herramientas para descarnar o puntas de frente oblicuo para cazar aves (Hirst, 2020).

Algunos investigadores han puntualizado que los artefactos lunados (*lunates*) han sido hallados consistentemente en ambientes húmedos y les han supuesto un uso en asociación con dicho entorno, así como con el procuramiento de aves acuáticas. Por ello, su desaparición de los sitios arqueológicos se vincula con el cambio climático que obligaría a esas aves a ir fuera de la región, o sea, que su uso ocurriría en una fase anterior al cambio:

> In 2013, American archaeologist Madonna Moss and Erl Landson pointed out that lunates are frequently found in wetland environments [...] A sample of 100 crescents in six western United States were geolocated and mapped onto ancient shorelines, and 99 % of the studied crescent were located within 6 miles of a wetland (Hirst, 2020).

Las llamadas muescas oblicuas, los *humpies* del Protoarcaico, han sido halladas en la región centroccidental de Cuba y, tal vez no por casualidad, asociadas a una época de transición del Pleistoceno al Holoceno, cuando existieron situaciones de ambiente comparables a las que se apuntan en asociación con ese tipo de artefactos en Estados Unidos. En el caso de Cuba, el entorno acuático podría estar asociado también a la época anterior al deshielo.

Es de suponer que, si las piezas lunadas bifaciales de Estados Unidos pudieran tratarse de puntas de proyectil, los *humpies* podrían ser herramientas para el procesamiento de materiales óseos y de madera relacionados con dichas actividades. Pero, además, la presencia de esas piezas en Cuba, amén de su posible función, puede ser un indicador cronológico del poblamiento regional. 29

Herramientas en núcleo

Varios de los artefactos elaborados en núcleos y fragmentos de estos resultan los de tipología y estilo de gran *arcaicidad*—aparecen desde el Paleolítico inferior y todo parece indicar que se relacionan con fechas tempranas, en las regiones comparadas: tajadores simples y complejos (*choppers* y *chopping tools*)—. En el Paleoindio de Florida se reportan en la zona kárstica del Terciario, en el este del Golfo de México (Dunbar *et al*, 1989).

Otro caso de herramienta masiva en núcleo discoidal es el *turttleback*, con función de raspar (Purdy, 2008). Especialmente significativa es el hacha-tajador masiva del Protoarcaico de la región central de Cuba, con referencias comparables en el período Clovis del sudeste norteamericano (Ensor, 2013).

Como señalan especialistas en el ámbito antillano, en ese lapso, a causa de las lluvias, se rebosaban las:

> [...] lagunas con el agua llegada desde las alturas, esto brindaba la oportunidad de desarrollo temporal abundante del fitoplancton y de algunas plantas hidrofitas. Una parte de esta flora, al ser consumida

directamente, era el primer eslabón de una cadena trófica, pero la mayor parte de la biomasa, al caer y descomponerse en el cieno lacustre, se convertía en el alimento del zooplancton base de una importante cadena en la cual las aves zancudas ocupan uno de los eslabones más altos (Lenz *et al*, 1986; Alongi, 1990; Grear, 1992; todo en: Ortega *et al*, 2014: 423; Izquierdo *et al*, 2015: 36).

Asimismo, los guijarros ovoides o redondeados son comparables con los *dimplestones* o *bola stones* del Paleoindio de Florida, y aparecen en el sitio Page Ladson de la península, en el Arcaico temprano (Faught & Pevny, 2019: 83). Además, están los cepillos (*humpedback planes*) que parecen remitirse en los conjuntos de ambas regiones a una etapa de transición Pleistoceno-Holoceno.

Amén del carácter prístino que remite al Paleolítico universal de los mencionados tajadores simples y complejos, conocidos como *choppers* y *chopping tools*, es importante analizar puntos de coincidencia entre dos tipos de artefactos en núcleo y su relación con series comparables en la Florida y el sudeste de Norteamérica en general. Se trata del hacha de pico tipo Seboruco (Apéndice 2: Lista tipológica 3.1.4) y del hacha-tajador masiva del Protoarcaico, ambos ya mencionados de forma sucinta (*Ibid*: 3.1.6).

30

Las hachas de pico tipo Seboruco se confeccionaron a partir de lascas gruesas, que a veces pueden ser consideradas ellas mismas núcleos, aunque también han aparecido en guijarros y fragmentos de bloque, motivos por los que se ubican en la lista entre las herramientas en núcleo. Llegan a alcanzar hasta 12 cm de longitud en el Protoarcaico y dimensiones mucho menores en el Arcaico, pues se reportan en sitios de ambos períodos. El borde posterior, junto al talón, es ancho, arqueado y generalmente posee corteza. El borde opuesto a este, o de ataque, presenta una punta gruesa determinada por anchas escotaduras o muescas laterales a ambos lados de la pieza. Uno de los lados, o la parte dorsal cuando se trata de lascas gruesas, presenta anchas cicatrices o lascados superficiales en toda el área (Febles, 1991: 384-385: Fig. 8) [Fig. C3].

La ya mencionada hacha-tajador masiva del Protoarcaico de la región central de Cuba guarda similitudes con las hachas o azadas tipo *Aucilla river* del Paleoindio y el Arcaico temprano de la Florida. Las *Aucilla river adzes* poseen una figura semejante a las piezas de Cuba con una parte ancha, al parecer de apoyo, en este caso generalmente sin corteza, y una estrecha punta de diferentes tamaños en el lado opuesto. Como en el caso del hacha tipo Seboruco, presentan escotaduras laterales conformadas por muescas y retoques en los bordes laterales de la pieza: "*Aucilla adzes are [...] unifacial flakes, asymmetrically contrict (or become waisted) toward the proximal end"* (Pevny *et al*, 215: 234; Faught & Pevny, 2019: Fig. 8B) [fig. C5]. Otros artefactos del sudeste norteamericano considerados como hachas de mano muestran similitud hasta el detalle con las hachas tipo Seboruco [fig. C4].

Por otra parte, las llamadas hachas-tajadores masivas del Protoarcaico poseen diferentes formas, aunque los artefactos más sugestivos muestran aparentes escotaduras laterales que hacen aparecer la pieza con similitudes con las anteriores [Fig. G1a], en el sentido de poseer una pala ancha en un extremo y una punta en el extremo contrario, y escotaduras paralelas en ambos lados (Silva y Álvarez de la Paz, 2007: Foto 2). Sin embargo, en esos casos parecen haberse seleccionado rocas silíceas frecuentes en el entorno, con formas apropiadas, con el fin de confeccionar una herramienta de tales características (Izquierdo *et al*, 2015: 136). El hombre ejecutó una talla periférica con lascados alternos en una y otra caras del borde de ataque hasta alcanzar una arista sinuosa semejante a la practicada en los tajadores complejos (*Ibid*: 136). Como parte de las variadas formas en que se presentan estas piezas, se reportan algunos bloques con corteza en la parte posterior al extremo de ataque, que se califican como hachas de pico tipo Seboruco (Silva y Álvarez de la Paz, 2007: Foto 3) [Fig. G1b].

El retoque que presentan los artefactos cubanos no es bifacial ni totalmente superficial, sino marginal, con objeto de obtener bordes de ataque. Algunas piezas presentan ese borde logrado mediante retoques no homogéneos en todo, o casi todo, el perímetro de la pieza, por lo que se puede asumir un uso múltiple de la herramienta. Incluso su parte ancha también puede presentar filo en el borde. Desde este último punto de vista, el hacha-tajador recuerda otro tipo de artefactos del Paleoindio floridano: las hachuelas o azadas de tipo Dalton, que presentan algunos rasgos morfológicos y tecnológicos semejantes, en el borde o cuchilla ancha, aunque estas últimas son de menores dimensiones. Presentan similitudes generales también con las anteriormente descritas hachas tipo Seboruco y *Aucilla river adzes*.

La *Dalton adze* tiene forma triangular, generalmente un tanto alargada, con lo cual coincide con las ya mencionadas, pero la base ancha sirve como área de ataque, a diferencia del hacha tipo Seboruco, sí similares, como se ha dicho, a las hachas-tajadores masivas del Protoarcaico. La parte opuesta es cónica, redondeada o algo puntiaguda, detalle que puede compararse con los de los tres tipos de artefactos tratados, pero en el caso de la *Dalton adze* este extremo constituye la parte trasera. No obstante, podría considerarse su uso también como pico. En las hachas-tajadores del Protoarcaico puede aducirse otro tanto, e incluso en los *Aucilla river adzes*.

A Dalton adze is triangular with the wide base of the triangle serving as the bit. The opposite end of the bit is tapered, rounded or may be somewhat pointed. This end opposite is referred as the poll end. Once they have manufactured the adze, they would cut a parallel slit near the center into a nice strong round piece of wood (Young, 2008).

Este último aspecto pudiera suponerse posible también respecto a los otros artefactos, excepto, quizás, respecto a los ejemplares más grandes de las hachas-tajadores masivas.

Es interesante destacar que en las consideradas, apropiadamente, herramientas polifuncionales en sitios del Protoarcaico, algunas de esas funciones y su morfología coinciden con aspectos fundamentales de las *Dalton adzes* (Febles, 1988: Fig. 4, número 2, sitio Seboruco 3): extremo superior (*poll*) grueso, redondeado o puntiagudo; escotaduras laterales formadas a base de muescas combinadas que, como en el caso de las *Dalton adze*, debieron propiciar su enmangamiento, y extremo de ataque en forma de pala ancha con filo elaborado sobre la base de retoques abruptos altos, superpuestos. Poseen un largo y ancho que se pueden comparar con esas mismas medidas de las *Dalton adzes* [Figs. J1 y J2].

Se trata de artefactos polifuncionales, por lo que su *arcaísmo* es notable. Así han sido integradas, pero su consideración en la lista tipológica del Protoarcaico como el tipo hachuela (para-Dalton / *Dalton-like*), o más bien, hachuela tipo Melones-Dalton (unifacial), es propuesta en esta oportunidad. Por otra parte, las *Dalton adzes* pueden ser unifaciales o bifaciales. Las *Dalton adzes* de Florida (picclick.com/Paleo-Dalton-Adze-Georgia-South-Carolina-Alabama-Florida) [Fig. I (3)] son muy semejantes a un artefacto tipo hachuela, bifacial o parcialmente bifacial, hallado en un solar del Protoarcaico de la región centroccidental de Cuba (Izquierdo, Ortega y Sampedro, 2015: 145, Fig. 23 extremo derecho debajo) [fig. J3 y J4]. Este último es incluido en la lista como hachuela bifacial o parcialmente bifacial (para Dalton). Así que, tanto en esta región como en la cuenca del río Mayarí, Holguín, se hallan presentes herramientas comparables con las hachuelas Dalton.

La sugestiva forma del hacha-tajador del Protoarcaico ha promovido la comparación de estas con las llamadas protobifaces del Paleolítico de otras regiones del mundo (Villavicencio, 2004; Febles y Villavicencio, 1996; Izquierdo *et al*, 2015, y otros). Pero se especifica (Izquierdo, Ortega y Sampedro, 2015: 136 y ss.) que en este caso no se trata de verdaderos bifaces, pues, como se ha citado, las piezas son seleccionadas por su forma, aproximadamente triangular y con hendiduras profundas en el medio del ejemplar. Lascados y retoques marginales en sus bordes, para la formación de aristas de ataque, conforman la pieza. Hay que señalar que otras semejantes a estas, a partir de formas preexistentes y con lascados marginales y sin retoque bifacial, no exactamente protobifaces, que aparecen en el período

Paleolítico, se hallan, al igual que en el Protoarcaico, en sitios tempranos del Paleoindio en el sudeste de los Estados Unidos, y específicamente en la península de la Florida.

En los sitios Capps y Shelley, en el sudeste de Alabama, cerca de la frontera noroeste de Florida, ha sido hallada una tecnología con rasgos levalloisienses, cuya cronología absoluta no está aún determinada. Son abundantes en el sitio hachas-tajadores semejantes a las del Protoarcaico de Cuba. Al igual que aquellas, parecen tratarse de bifaces, pero predomina en estas una talla marginal en bloques de sílex que las iguala a tajadores simples y complejos. En los mencionados sitios de Alabama, junto al límite de Florida (Ensor, 2013: Fig. 23; Ensor, 2016: Fig. 3.2) se aprecia el carácter de la talla marginal que aparece en estos y en los artefactos de Cuba [Figs. G2 y G3]. Se describen como *"Hand-axe-like thick biface from Capps site, patinated Ocala chert"* (Ensor, 2013: Fig. 23), o sea, hachas de mano parecidas a bifaces gruesas, elaboradas en sílex patinado tipo Ocala. Las hachas-tajadores de Cuba aparecen también en sílex patinado.

Hachas de mano o tajadores con características semejantes aparecen en otras regiones de Estados Unidos, en el sudeste y particularmente en Georgia y Florida [Figs. G4, G5, G6]. Se les llama en ocasiones *Paleo Dalton axes*. Estas son de dimensiones superiores a las propiamente conocidas como *Dalton adzes*, y son comparables con las de las hachas-tajadores de Cuba. Esto hace pensar que, a pesar de que se ha demostrado que las hachas-tajadores del Protoarcaico tienen un carácter local, en relación con los estratos rocosos de la región (Izquierdo *et al*, 2015), no por ello puede negarse que su cronología esté en concordancia con tipologías del Paleoindio, comparables con las de otros lugares cuya morfología y técnicas de elaboración son semejantes, al parecer, incluso, previa selección de materiales locales apropiados. En este sentido, los arqueólogos E. Villavicencio, M. Mejía, O. Grande y J. Febles tendrían parte de razón en su interpretación de estos casos. Estos artefactos, además, representan un indicador cronológico de interés acerca del poblamiento temprano del archipiélago cubano.

Algo muy significativo acerca de las mencionadas series de piezas del Paleoindio y del Arcaico temprano de Florida es que se asocian a un fenómeno de explosión del trabajo en madera, acicateado por la necesidad de construcción de embarcaciones: balsas, almadías y hasta canoas monóxilas —*dugout canoes*— (Young, 2008; Yerkes and Holdehoff, 2018). Esto puede suponerse igualmente para las hachas tipo Seboruco y las hachuelas, unifacial tipo Melones y bifacial tipo centroccidental, ambas del Protoarcaico. También, quizás, para las hachas-tajadores masivas de la región central de Cuba. Así, las características de estos tipos de herramientas permiten

33

comprender, aunque indirectamente, la posible confección, en distintas épocas, de medios de transporte que propiciasen la migración.

Un aspecto de interés es la semejanza, casi al detalle, entre las *Aucilla river adzes* y *Dalton adzes* de Florida, y algunos artefactos de la región del valle del río Cauca, vertiente occidental de la Cordillera Central, en Colombia: las azadas con escotaduras de dicha región (Aceituno y Rojas, 2012: 143: Fig. 6 B). "[Estas] […] proceden de más de una docena de sitios precerámicos, cuyo rango temporal se encuentra entre 10, 120 +, - 70 y 4, 180 +, - 70 BP" (*Ibid*: 142), lo que las remite por cronología y contexto arqueológico al Arcaico de la región. S. Perrot-Minot (2016:13-14) señala la presencia de objetos evidentemente semejantes a estos en Belice, que no deja de relacionar con un Arcaico tardío, aunque, así y todo, los compara con las hachas-tajadores masivas de Cuba, si bien reconoce la función de dichos artefactos en la confección de objetos de madera. *"D'autres comparaisons ont été inspirées par les unifaces étranglés du Belize, qui ont été mis au jour dans des contextes datés entre 3000 et 1000 avant JC., et auraient été utilisés pour le travail du bois. Ces unifaces ont été rapprochés d'objets bifaciaux découverts à Cuba, dans la province de Villa Clara, et familièrement désignés sous le nom de 'sièges de bicyclette'"*.

Dicho autor (Perrot-Minot, 2016: 13-14) afirma, además, que los artefactos sillín de bicicleta de Cuba son bifaciales, característica que G. Izquierdo, F. Ortega y R. Sampedro (2015) demostraron que es incorrecta. Este aspecto, el carácter no bifacial, como se ha mencionado, está presente también en los sitios tempranos de Alabama (Ensor, 2013) y otros territorios del sudeste (www.line17qq.com), semejantes a las piezas de Cuba. Existen otras diferencias, además, entre el tajador llamado sillín de bicicleta y el artefacto de Belice que presenta S. Perrot-Minot (2016): las dimensiones de ambos no concuerdan y la pala de ataque, en la parte más ancha, es comparable con las *Dalton adzes* de Florida, no en todo el perímetro y con borde agudo como la pieza de Cuba. La pieza de Belice sí tiene ciertas semejanzas con la llamada hachuela bifacial del centro sur de Cuba, que a su vez mantiene similitudes, como se ha mencionado, con las *Dalton adzes* floridanas.

Las similitudes entre las *Aucilla river* y *Dalton adzes* de Florida y los mencionados artefactos de Suramérica y de Belice, e incluso los de Cuba, parecen referirse en primer lugar a un paralelismo tecnológico o regularidad histórica del final del Paleoindio e inicios del Arcaico, no necesariamente relacionado con contactos culturales. No obstante, no puede negarse algún posible nexo de las áreas antillanas con contextos arcaicos del norte de Suramérica, conforme ha sido documentado en recientes investigaciones (Rodríguez Ramos y Pagán Jiménez, 2006).

Por otra parte, S. M. Wilson (1998), según se ha dicho, había apuntado ya la posibilidad de una relación entre uno de esos artefactos, los *Aucilla river* de la Florida, y piezas de las Antillas Mayores. En esta oportunidad se presentan argumentos también acerca de relaciones Florida-Cuba en tanto a este tipo. Pero nótese que tanto los fechados de Colombia (aproxie madamente hacia los 5 000 AP) como de Belice (3000 al 100 A.D.J.), son más tardíos que los *Aucilla river adzes* de Florida. Las *Dalton adzes* de esta península son aún más tempranos.

Las herramientas de Colombia y Belice, según se argumenta en el presente trabajo, son también más tardíos que los artefactos comparables del Protoarcaico de Cuba: hachas de pico Seboruco, hachas-tajadores masivas del centroccidente del país, y hachuelas tipo Melones y tipo centroccidental. Este argumento descalifica las herramientas de Sur y Centroamérica como pruebas del poblamiento más temprano de las Antillas desde esas regiones. Parecen confirmar, por el contrario, la hipótesis de poblamiento desde el sudeste de Estados Unidos.

Otros artefactos, o más propiamente útiles, de carácter nucleiforme son los llamados guijarros ovoides, que se asocian al Protoarcaico, reportados en la región centroccidental de Cuba (Apéndice 2: Lista tipológica: 3.1.8). En un principio se pensó que este tipo de útil solo había sido hallado en la región mencionada (varios arqueólogos de la región central, en Izquierdo *et al*, 2015: 137). Sin embargo, desde mucho antes habían sido hallados objetos semejantes en el sitio Seboruco 1, en Mayarí, Holguín, donde fueron llamados guijarros redondeados (Pino, 1991: 419). En uno y otro caso parecen guijarros fluviales seleccionados o, tal vez, modificados por el uso o de forma premeditada. Estos objetos fueron comparados, como en el caso de las hachas-tajadores, con piezas del Paleolítico africano que debieron ser usadas —los guijarros ovoides de aquellas regiones— como armas arrojadizas.

En el territorio más cercano a Cuba por el norte, la península de Florida, y en otros sitios de Estados Unidos, han sido hallados objetos semejantes (Purdy, 1981: 30; Pevny *et al*, 2015: 236; Faught & Pevny, 2019: 82-83), y se ha mencionado también su posible asociación, entre otros usos, con el de objetos arrojadizos destinados a la caza. Algunos ejemplares norteamericanos son artificialmente estriados, lo cual está presente en uno de los casos del sitio Seboruco 1 en Cuba (Pino, 1991: 419), pero esto no ocurre particularmente en los de Florida.

No puede descartarse que la selección o hasta modificación de este tipo de objeto tenga un carácter ceremonial, además de su posible uso en la caza. En la Florida han sido hallados en contextos del Arcaico temprano: *"Dimple stones have been identified in dated Early Archaic contexts at Page/Ladson"* (Carter 2003; Faught & Pevny, 2019: 82-83). En el caso del sitio Seboruco 1, en Cuba, estas piezas fueron halladas también en un contexto que puede asignarse al Arcaico. Los casos del centroccidente del territorio se asocian con el Protoarcaico.

Por otra parte, podría pensarse que estas piezas, por su forma ovoidal o redondeada con cierto brillo en algunos casos, pudieran tratarse de guijarros sometidos, o para someter, al fuego, a fin de facilitar su modificación. Por ejemplo, en el mencionado sitio de Mayarí aparecen asociados a artefactos de carácter microlítico (Febles, 199: 400), los cuales requerirían del calentamiento para facilitar una talla más fina (Rives, Pose y Morales, 2016). Los guijarros ovoides o redondeados, por tanto, pudiera pensarse que se remiten al Protoarcaico tardío o al Arcaico temprano, como señalan los especialistas para Estados Unidos.

Herramientas en lámina

Lo más destacado de las muestras comparadas, como se ha esbozado antes, es la extensión de tipos de herramientas en láminas (*blades*), aunque son poco numerosos los raspadores. Las láminas modificadas mediante retoque y las llamadas puntas unifaciales retocadas son los artefactos más numerosos de todos, en la Florida y en el Protoarcaico de Cuba. Esto es más significativo si se tiene en cuenta que cuatro tipos del Protoarcaico que únicamente no están presentes en Florida son variantes poco definidas tipológicamente de láminas retocadas, producto del detalle extremo de las clasificaciones empleado en Cuba. Si a ello se suman las láminas no modificadas que también se reportan en sitios de Florida y Cuba, puede decirse que en las industrias de sílex de ambas regiones está presente una técnica laminar. Si bien las opiniones divergentes acerca de ello han sido expresadas en décadas anteriores (Purdy, 1981: 13, 103), es necesario de todos modos tenerlas en cuenta.

Los estudios de los ajuares paleoindios en Estados Unidos se han basado tradicionalmente en los complejos de puntas de proyectil bifaciales, pero investigaciones realizadas en las últimas décadas señalan que en el sudeste del país (Collins, 1999; Sain and Goodyear, 2012) la manufactura de láminas de sílex es también un aspecto que se debe considerar: "*The southeastern United States is one region where blades and evidence of blade manufacture are prevalent*" (Sain & Goodyear, 2016: 36: Table 3). "*Blades, as a form of stone tool technology, are increasingly being recognized, as an integral element of the Clovis lithic tool kit*" (Sain & Goodyear, 2016: 114). "*The [...] types of modification found on blades are: lateral margin retouch and distal retouch*" (*Ibid*: 114, 117, Fig. 2). Estos son, esencialmente, los mismos tipos de modificación de los artefactos en lámina del Protoarcaico de Cuba.

Aunque la generalidad de esos rasgos puede ser cuestionada por algunos especialistas (Carr *et al*, 2010), en la zona de Apalachicola, en el noroeste de la península de Florida, según encuesta de sitios paleoindios de la región, las láminas poseen una representación primordial en las muestras: *"[…] only projectile points and blades are represented, not lithic flakes or any other possible pieces of the Paleoindian toolkit like those made of wood or bone"* (Tyler, 2008: 87: Apendix D). B. Purdy (1981: 13) se había referido a la escasez en la Florida, específicamente en cuanto a lo que se denomina *true blades*, o sea, láminas verdaderas o regulares. Pero en fecha más reciente ha hecho mención de la presencia abundante en Florida de la técnica levalloisiense (Purdy, 2008: 112), que se caracteriza por la obtención de láminas y lascas regulares.

Si de la irregularidad de las láminas de sílex se trata, hay que señalar que algo semejante ocurre en los ajuares del Protoarcaico, donde si bien la presencia de láminas regulares es un rasgo destacado, en las herramientas laminares se hallan también, como en Florida, artefactos irregulares. Por ejemplo: punta con dirección invertida tipo Melones [fig. B1, Fig. B2], punta aberrante tipo Melones elaborada en restos de taller [Fig. A4] y sus contrapartidas de Florida [Fig. A3], lámina y punta estrangulada [Fig. B5 y Fig. B6], lámina y punta con hombro [Fig. D1 y Fig. D2] y otras, las cuales no pueden caracterizarse como *true blades*. Todos los artefactos mencionados tienen contrapartes en el Paleoindio de la península (Ver Apéndice 2), por lo que la supuesta irregularidad de láminas en Florida tiene paralelos en el Protoarcaico de Cuba.

Hay que puntualizar, además, que la presencia de la técnica laminar en el Protoarcaico es significativa, pero no precisamente más abundante que la presencia de herramientas en lascas, en núcleos y en restos de taller. Esta idea sea tal vez una de las causas de asociaciones restringidas en relación con el poblamiento. Los elementos de la industria tienen importancia de acuerdo con los tipos de asentamiento, áreas de vivienda y trabajo, y en especial la presencia de láminas parece predominar en los sitios cercanos a los yacimientos de sílex (Pantel, 1988). Por ejemplo, en el sitio Seboruco 5, inmediato a las fuentes silíceas del Arroyo Bayatal, Mayarí (Víctor Acanda, en Pino, 1991), hay una presencia laminar mayor que en los sitios más alejados de dicha fuente, como los sitios Seboruco 2, 3 y 4. Esta variación es semejante a la que se señala en los sitios de la tradición Clovis en el este de Estados Unidos:

37

> […] the results of this study show that although blades from isolated contexts compare technologically with those identified from quarry sites, blade morphology and to an extent tool utility tend to vary in accordance with distance to raw material source locations (Sain and Goodyear, 2016: 127).

Además, las herramientas en restos de taller que aparecen profusamente en sitios del Protoarcaico de Cuba se encuentran en sitios del noroeste de Florida, según menciona B. Purdy (1981: 80): *"At the CCA site it was observed that Stone remains with no patterned shape did exhibit similar use wear. In other words, although overall morphology was no classifiable the objects could be classified acording to function".*

Entre las herramientas en lámina de los conjuntos líticos tempranos de la península y de la isla se hallan diversos tipos de modificaciones en los bordes y el extremo distal: láminas con uno o dos retoques, dorsales y/o ventrales, y dentro de esas mismas categorías, denticulados (*saws*) y con muescas (*spokeshaves*). Son de señalar diversos tipos de láminas y cuchillos (*backed knives*) con dos, tres y más funciones, diferentes variantes de artefactos polifuncionales de la lista tipológica del Protoarcaico y otros tantos en láminas de notable tamaño llamados en Florida *Hendrix scrappers* (Apéndice 2: tipos: 1.4.12, 1.4.13, 1.4.14, 1.5.5, 1.5.10). Esta polifuncionalidad es un rasgo que se estima como signo de tradición temprana [ver este tipo de artefactos de Cuba y Florida: Fig. C1, Florida y Fig. C2, Cuba].

En el género de láminas y puntas con espiga se contienen los tipos de artefactos que se conocen en la Florida como *Waller knives scrappers*, por el nombre de su descubridor, Ben Waller. Se trata de lo que en las Antillas y otros lugares se conoce como puntas/cuchillos, que tienen la característica de ser elaboradas en preformas unifaciales. Estas presentan preparación para ser enmangadas (espigas) y en algunos casos cuentan con pedúnculos más o menos destacados. En el Protoarcaico de Cuba existe la preparación para enmangar —conformación de espiga— (Febles, 1991), pero no el pedúnculo propiamente dicho (*Ibid*), como sí ocurre en los complejos comparables al Protoarcaico de Barreras-Mordan o serie casimiroide de República Dominicana. El pedúnculo parece ser un rasgo tardío, coincidente con el Arcaico.

El arqueólogo Elpidio Ortega (Ortega y Guerrero, 1981) aporta argumentos acerca de que estos artefactos son en realidad puntas de proyectil unifaciales, y ha presentado una clasificación cualitativa de estas sobre la base de su morfología. Arqueólogos cubanos se han pronunciado a favor de esta idea y han realizado un estudio estadístico de las puntas unifaciales, que arrojó la existencia de cuatro tipos fundamentales de acuerdo con su tipología y función atribuible (Febles y Rives, 1988; Rives y Febles, 1988; Febles, 1991; Febles y Rives, 1991).

En el Protoarcaico de Cuba, se recalca, no aparecen pedúnculos en las puntas unifaciales, como sí ocurre en los sitios dominicanos y en numerosos tipos de *Waller knives scrappers* de Florida [Fig. A2]. En este último tipo de casos, el pedúnculo está conformado por muescas laterales, en lo que se hace patente cierta similitud con las puntas Bolen, bifaciales. Tanto a las puntas Bolen, ausentes en Cuba, como a los *Waller knives scrappers* con pedúnculo a base de muescas, se les atribuye una franca relación con la época arcaica. Este y otros aspectos permiten enmarcar tipológicamente el Protoarcaico de Cuba en un período anterior al Arcaico, en el Paleoindio y, en algunos aspectos, en el *Paleo late* o Paleoindio tardío.

Hay que llamar la atención, particularmente, a un artefacto en especial, caracterizado como distintivo del Protoarcaico: la punta con lascados profundos en la superficie dorsal junto a la base tipo Seboruco (Lista tipológica 1.6.11), pues se halla presente también en sitios paleoindios de la Florida y de la región de Georgia (Apéndice 3: Lista tipológica: tipo 1.6.11) [Fig. A10, Figs. D14 y D15].

Conviene resaltar otro aspecto significativo: en ambos conjuntos aparecen puntas Levallois de primera y segunda serie (Apéndice 2: Lista tipológica: 1.6.15, 1.6.16), así como algunos tipos particulares, ya mencionados (*Ibid*: 1.6.12, 1.6.13), que se habían estimado propios solamente de las áreas arqueológicas de Melones y de Seboruco en Mayarí, Holguín, Cuba (Purdy, 2008: Fig. 2.26, línea inferior, última pieza. Container Corporation of America, site, Florida, Figs. D10, D11 y D12: Capps site, Alabama, Fig. D13, Florida).

Otro aspecto destacable es el de la llamada punta Courí, que aparece en las Antillas Mayores, Cuba incluida, y en otros territorios cercanos, fundamentalmente en el Arcaico. En el Protoarcaico de Cuba (Lista tipológica, Apéndice 2) se reporta la presencia de esta herramienta, pero, además, aparecen otros dos tipos aparentemente relacionados: lámina Courí retocada y lámina Courí con truncadura retocada, los cuales no se reportan en sitios del Arcaico en Cuba. Los tres mencionados (Lista tipológica, Apéndice 2: 1.6.1. 1.6.3, 1.6.8) sugestivamente aparecen también en sitios paleoindios de Florida (worthpoint.com, Lam b; Purdy, 1981: Fig. 3: r, s, t) [Figs. D4 y D5, y Figs. D5 y D6], y uno de ellos es frecuente en el sudeste de Estados Unidos, pero en época mucho más temprana. No aparece definida en Purdy (1981: 103) la cronología de las piezas que reporta, pero los objetos están en una muestra con otros artefactos del Paleoindio tardío.

La punta estilo Courí se trata de una punta cuchillo según los criterios de la lista tipológica, pero es definida en el texto de la arqueóloga norteamericana (Purdy, 1981) solo como lámina retocada (*retouched blade*). Sin embargo, en esta se aprecia nítidamente el retoque en los bordes junto a la base, para conformar la espiga (Fig. A1]) y en el extremo distal para aguzar el tope (*Ibid*: Fig. 3/t). En la pieza de la Fig. 3 (*Ibid*) se observa claramente el retoque abrupto oblicuo en la cima, que determina el carácter de truncadura retocada, con los demás atributos del tipo Courí [Fig. D5]. La lámina tipo Courí presenta todos sus rasgos característicos [Figs. D5 y

D6]. En el apéndice 2 pueden verse las comparaciones con las láminas del Protoarcaico de Cuba (en Febles, 1991) y una dimensión, en esta pieza, mayor que en las anteriores, lo cual coincide con la Courí del Protoarcaico.

Entre las láminas que se remiten al contexto Clovis en el sudeste de Estados Unidos, aparecen estas retocadas en los márgenes e incluso en la base (Sain & Goodyear, 2016: 114, 116, 118, Fig. 3) [Fig. D6], de forma semejante a las llamadas Courí, lo cual permite establecer la procedencia más temprana de dicho estilo en la mencionada región. Esto indica, en suma, que esta es la zona más cercana a las Antillas Mayores donde se encuentra ese estilo de artefactos, con el fechado, a la vez, más temprano: 14 500 BC (*Ibid*).

A partir de ahí es comprensible seguir el recorrido de tal estilo hasta los sitios arcaicos de la región antillana y circuncaribeña. El tipo punta Courí, particularmente, se ubica en sitios protoarcaicos de la región de Mayarí, Holguín, y también en el Arcaico, aunque con formas más gráciles. Fue reportado primeramente en el sitio de ese nombre en Haití y en Levisa 1, en Cuba, como parte de los estratos correspondientes al Preagroalfarero medio y tardío (Ver Apéndice 4: E), y más tarde en el Protoarcaico. Se menciona asimismo su presencia en sitios de Centroamérica, aunque los argumentos parecen indicar que en épocas más tardías que en Cuba y evidentemente más tardías aún que en Florida.

40

Herramientas bifaciales

J. Kozlowski había señalado la presencia en Cuba de algún artefacto bifacial. Se trataba de tres tipos de puntas de proyectil halladas en el territorio: punta Nibujón, punta Yaguajay y la llamada entonces punta Belle Glade, esta última por su aparente semejanza con un tipo de punta de Florida (Kozlowski y Ginter, 1975: 72). J. Febles (1988: 72) ha señalado que las herramientas bifaciales se han hallado aisladamente, "[...] pero deben tenerse en cuenta para estudios ulteriores de la problemática arqueológica en cuanto al desarrollo de la industria de la piedra tallada y su relación con otras del Caribe y, en general, de América". Este autor describe también los tres ejemplares de puntas bifaciales halladas en el territorio nacional, pero al caso denominado por J. Kozlowski punta Belle Glade, el arqueólogo cubano le llama punta Cuba, al parecer por tratarse de un ejemplar hallado en el territorio nacional, independientemente de su posible semejanza tipológica con artefactos de otra región.

La continuación de los estudios de la industria del sílex en el Protoarcaico mediante trabajos de campo, así como la reconsideración de vínculos entre tipos clasificados previamente y revisión bibliográfica, han permitido ampliar la constatación de hasta ocho casos de herramientas bifaciales en la actualidad. Esto ha conducido a apreciar ciertas regularidades en ellos en relación con los sitios y áreas arqueológicas de las comunidades más tempranas. De inicio, la descripción de las características de las herramientas bifaciales contribuye a comprender tales aspectos.

La punta bifacial Yaguajay es "[…] de forma triangular, corta, muy plana y de base rectilínea" (Febles, 1988: 73: Fig. 17, 12: Apéndice 2: 4,1). La punta Nibujón es también "[…] de forma triangular, ancha y bastante gruesa, con la base rectilínea, aunque ligeramente oblicua" (*Ibid*: Fig. 17, 13: Apéndice 2: 4, 2). Estas características coinciden de manera muy significativa con tipos de una serie de puntas de proyectil de Florida y el sudeste de Estados Unidos, el conocido como *cluster* Dalton (Justice, 1987). Los tipos Nuckolls y Colbert Dalton, cuya zona principal de hallazgos es el noroeste de Florida, aunque aparecen evidencias en otros lugares del sudeste, presentan características comunes entre sí y que coinciden con rasgos de las puntas bifaciales de Cuba [Fig. F1 (A): punta Yaguajay, (B): punta Nuckolls Dalton triangular; Fig. F2 (A): punta Nibujón (B) y (C): puntas Nuckolls triangular, Alachua County, Florida].

Durante las investigaciones arqueológicas en la región centroccidental de Cuba, además, fue hallada la punta bifacial Guaní, en el sitio de ese nombre en Caibarién, en la provincia de Villa Clara (Pérez Carratalá e Izquierdo, 2010: Fig. 5: Izquierdo *et al*, 2015: 158: Fig. 25: Apéndice 2: 4, 4). Esta punta presenta características propias y ha sido descrita de la forma siguiente:

41

> La punta, fabricada en una preforma de lámina, presenta una elaboración bifacial con retoques superficiales en la totalidad de las caras, sus lados son curvos y convergentes, en un extremo distal puntiagudo que, aunque no muestra una simetría perfecta denota una planta aproximadamente lanceolada. La base es recta, aunque algo oblicua, el talón es sencillo, preparado y con una inclinación de 90°, no hay presencia de espiga (Pérez Carratalá, 2003, en Pérez Carratalá e Izquierdo, 2010: 13).

Las características de esta punta pueden ser comparadas también con las de algunas del Paleoindio de Florida. En primer lugar, con puntas Dalton estilo Greenbriar en la modalidad que no posee aletas [Fig. E3], por lo que, si ese fuese el caso, sería otro ejemplo de punta de la serie Dalton presente en el Protoarcaico. Pero, además, las características de dicha punta muestran paralelismos notables con otras del oeste floridano, como las de tipo *Cowhouse slough*, originalmente descritas en los alrededores de Tampa (Lunsford, 2008-2021). Tanto la punta Guaní [Fig. E9] como las *Cowhouse sloughs* [Figs. E4, E5, E6, E7] son ovoidales o lanceoladas, se curvan hacia la cima y se arquean hacia adentro en los extremos de la base. No hay presencia de pedúnculo ni espiga. Ambas están conformadas mediante lascados superficiales en ambas caras y los bordes (Pérez Carratalá e Izquierdo, 2010: 13; Lunsford, 2008-2021).

En la región más oriental de Cuba, el arqueólogo norteamericano M. Harrington descubrió la existencia de diversos montículos con evidencias aborígenes en la punta geográfica de Maisí, en la actual provincia Guantánamo. En el sitio llamado Monte Cristo reportó lascas y láminas macrolíticas retocadas (Harrington, 1921: I: Fig. 46). Este investigador (*Ibid*: I: 203-204) se refiere a la existencia en el sitio de evidencias claras de la cultura agroalfarera, aunque dice que las piezas de sílex tallado, y otras, se hallaban hacia el sur del asentamiento, en la parte opuesta al sitio principal, dispersas (*stray*), o sea, fuera del área monticular que se asocia con la cultura agroalfarera. Por otra parte, sobre una cueva cerca de Boca de Ovando, Harrington presentó un corte seccional e hizo alusión también a la presencia de artefactos de sílex (*Ibid*: Fig. 55; Raggi, 1971: 131-132).

De acuerdo con las figuras 46, 47 y 48 en la obra de Harrington (1921: 203-204), puede pensarse que las piezas parecen afines a la tipología del Protoarcaico: las dimensiones de la punta y de los otros artefactos, así como las características de elaboración que se observan en ellas, no concuerdan con los rasgos generales de herramientas de las comunidades ceramistas. La punta Monte Cristo, en especial, posee una silueta pentagonal lanceolada y base rectilínea, un tanto semejante a la de la punta Guaní de Caibarién. Por las características del reporte, la información sobre este caso se utiliza de forma provisional.

Hay que recalcar que en ninguno de los cuatro casos mencionados las puntas de proyectil bifaciales de Cuba poseen aletas, muescas o pedúnculos. Sus siluetas lanceoladas van de pentagonal a triangular y sus bases son rectilíneas o ligeramente cóncavas, conjunto de características cuyos paralelos se hallan diseminados en el sudeste de Estados Unidos, pero de manera particular en sitios del Paleoindio tardío. Las puntas de proyectil Dalton, en general, son lanceoladas o trianguliformes y de base cóncava: *"Lanceolate or trianguloid blades points with serrated edges an concave base"* (Justice, 1987: 40), con rasgos que las distinguen de los tipos de puntas del Arcaico temprano.

El horizonte de las puntas Dalton se distribuye por el sudeste de Estados Unidos y se extiende hacia los llanos del oeste hasta el límite de la región boscosa, por ejemplo, el este de Oklahoma y Arkansas: *"The Dalton horizon is present across much of the southeastern and extend west into plains, where is probably coterminous within the western boundary of the Eastern deciduous forest"* (Justice, 1987: 41). Hacia el extremo sudeste llega hasta la península de la Florida (*Ibid*: map 12). Dentro de los correlatos morfológicos de las puntas Dalton: *Dalton morphological correlates* en el sudeste pueden mencionarse las puntas Hardway Dalton, Greenbiar Dalton, Colbert Dalton y Nuckolls Dalton (Justice, 1987: 42). En 1975 Rippley Bullen reconoció la presencia de dos de estos tipos en Florida: *"Nuckolls Dalton and Colbert Dalton"* (Farr, 2006: 49).

Las puntas Nuckolls Dalton presentan estas características: "[...] tamaño, de pequeño a mediano (3, 2 a 5, 0 cm); forma del cuerpo: pentagonal; forma del borde de la hoja: recto; forma de muesca: no aplicable; forma de base: recta o cóncava; forma del pedúnculo: no aplicable; período temporal: finales del período Dalton; región de mayor ocurrencia: Norte de Florida (Florida Museum of History, 2020). O sea, no poseen pedúnculo, ni muescas junto a la base, y esta es rectilínea o cóncava, y la forma, pentagonal (Milanich, 1994: 56: Fig. B), pero aparecen también triangulares, como el tipo general mencionado. La región de presencia más amplia es el norte de Florida, aunque correlatos morfológicos de las puntas Dalton se reportan también en el extremo sudeste de la península, condado de Miami Dade, durante el período Paleoindio tardío (Carr *et al*, 2010; Carr, 2012).

Por su parte, las puntas Colbert Dalton se presentan con dimensiones y forma similares a las de las Nuckolls Dalton. Tampoco poseen espiga o pedúnculo y su silueta es pentagonal o triangular, no presentan muescas junto a la base y esta es igualmente rectilínea o cóncava. El período de tiempo es el mismo: *Dalton late* (Colbert Dalton Points, Florida Museum of Natural History, 2021). Para algunos, las puntas Colbert y Nuckolls comparten muchas características: "[...] it would appear that there is questionable validity in distinguishing between Colbert and Nuckolls variants" (Roberts, 1977: 14). "The Colbert and Nuckolls variants appear to be nearly identical" (*Ibid*: 14).

La punta *Cowhouse slough* a que se ha hecho referencia por su posible parecido con la punta Guaní de Caibarién, es "[...] ovoide ancha, de tamaño mediano a grande (de 3 a 5 pulgadas) con una sección transversal elíptica a aplanada [...] La lámina es arqueada, curvándose hacia la punta y hacia la base [...]" (Lunsford, 2008-2021). Se distribuyen en el norte y centro oeste de la península, fundamentalmente, se ha dicho, en la zona de Tampa. Existen, no obstante, reportes de su presencia en el sudeste de Georgia.

A las características de las Nuckolls Dalton y de las Colbert Dalton, por tanto, se agregan las de las *Cowhouse slough*, pues los rasgos de ambas se presentan en las puntas bifaciales que se asocian al Protoarcaico de Cuba. No obstante, hay que agregar otra tendencia que se presenta tanto aquí como en Florida. Se trata, generalmente, de puntas sin estrías en la base (*unfluted points*) (Farr, 2006: 46), tendencia que aparece de manera absoluta en Cuba: la ausencia de estrías. Este tema requiere ser tratado con cierta especificidad.

43

En Florida y en el sudeste de Estados Unidos, entre el período Paleoindio y el Arcaico temprano, se produce un cambio de técnicas, aunque se mantienen algunos procedimientos precedentes, como el uso del *fluting* (estrías en las puntas):

> In Florida and in the greater Southeast, notched projectile points mark the transition from Late Paleoindian to Early Archaic adaptation, but the tool kit retains the fluted point characteristics of bifacial reduction (including use of fluted preforms) and formal unifacial tools that indicate technological and stylistic continuity with fluted point paleoindian technology (Faught, 2006: 174).

Sin embargo, las puntas del horizonte o cultura Dalton (Roberts, 1977) presentan características particulares al respecto: estas aparecen con o sin estrías en la base (*fluted or unfluted*) (Fagan, 2005). Por ejemplo, la mayoría de las puntas Dalton halladas en sitios arqueológicos de Tennessee no poseen estrías: *"[...] most of the East Tennessee Dalton points are basally thinned and are not fluted"* (Roberts, 1977: 75).

En Kentucky Lake, Humphrey county, Tennessee, se halla el sitio base, *Nuckolls site* (Roberts, 1977: 97), que da nombre a este tipo de puntas que abundan en la península de Florida. *"The Nuckolls site material contributed the Nuckolls and Greenbriar Dalton variants to the literature"* (*Ibid*). Farr (2006: 46) generaliza que las puntas Dalton no poseen estrías: *"Dalton points are unfluted lanceolates, of much the same age as the Suwannees and Simpsons"*.

Por otra parte, están las puntas *Cowhouse slough*, que se sugiere podrían representar la etapa final de las puntas Simpson: *"[...] it has been suggested that these points may represent the final preform stage for the Simpson type"* (Lundsford, 2008-2021), artefactos característicos del Paleoindio temprano y medio de Florida. Las puntas Simpson comparables con las puntas *Cowhouse slough* pueden presentar estrías o no: *"This point is finely finished and may be fluted"* (www.projectilepoints.net). Sin embargo, las puntas que han permitido la comparación con las puntas cubanas —en el oeste y el sudeste floridano— no presentan estrías.

Las puntas *Cowhouse slough* forman parte igualmente del período de tránsito puntas estriadas-no estriadas, aunque, a tenor de las cronologías más recientes, tal vez de una época un tanto anterior a las puntas de la serie Dalton. Como en el caso de dicha serie, se hallan al margen de rasgos que apunten al Arcaico, como pedúnculos y aletas estilo Bolen. Al igual que una muestra representativa de puntas Dalton —Nuckolls y Colbert Dalton— y *Cowhouse slough*, de Florida, como se ha aludido antes, se insiste en que las puntas bifaciales del Protoarcaico de Cuba tampoco poseen estrías.

J. E. Morrow y T. A. Morrow (1999: 115-230) estudiaron las variaciones continentales de las *fluted projectile points* a partir de una data de 499 puntas de todo Estados Unidos, 31 de América Central y 61 de Suramérica, y comprobaron la persistencia de esa tecnología en Centro y Suramérica, derivada, según estos autores, de América del Norte, con variaciones concomitantes con ese proceso de desplazamiento: *"The results of this analysis indicate gradual, progressive changes in fluted point outline shape from the Great Plains of western North America into adjacent parts of North America as well as into Central and South America"* (Morrow & Morrow, 1999: 115). A estas ideas también se refiere K. M. Faught (2006: 181), en cuanto al surgimiento de las llamadas puntas cola de pescado (*fishtails*) en Centro y Suramérica, como producto de esos cambios.

En fecha más reciente, S. Perrot-Minot (2014: Tab. 1, 2015), citando a otros autores (Kelly, 1993; Lohose *et al*, 2006, en Perrot-Minot, 2014), hace un análisis de una muestra de *fluted projectile points* de Centroamérica, que resulta numéricamente comparable con el número de herramientas bifaciales halladas en Cuba, a pesar de que, como se ha mencionado, estas son escasas. No obstante, en el archipiélago cubano varias están asociadas directa o indirectamente con sitios arqueológicos. La mayoría de las puntas de proyectil bifaciales de Florida y de Centroamérica, y en general, proceden de hallazgos fuera de contexto arqueológico (Purdy, 1981). Vale recalcar que las herramientas bifaciales de Cuba todas son *unfluted* (no estriadas), y que las puntas de Centroamérica son generalmente estriadas (*fluted*), presentan pedúnculo y/o aletas de las llamadas colas de pescado, aspectos importantes que se deben tener en cuenta.

Por otra parte, en las puntas de proyectil se observan alteraciones sensibles, producto de un uso amplio durante la vida útil, lo que produce variaciones que contribuyen a malentendidos en relación con los tipos y su difusión en las diferentes regiones. Sobre las puntas Dalton se dice: *"The Dalton's extensive use-life alterations certainly contribute to the misunderstanding"* (Farr, 2006: 49). En los casos de Cuba se comprueba también la característica de uso y reutilización de este tipo de artefactos.

En los sitios arqueológicos Seboruco 3 y Seboruco 5, respectivamente, en Mayarí, Holguín, han sido reportadas una raedera bifacial y una raedera parcialmente bifacial (Febles, 1988: Fig. 11: 4 y 3), que poseen rasgos semejantes a los de las puntas Nibuján y Yaguajay: retoques superficiales, forma triangular, base rectilínea, ancha, y extremo acuminado, así como dimensiones comparables con las de las mencionadas puntas, rasgos generales de las puntas Dalton. Artefactos como estos [Figs. F4, F5, F6, F7 y F8], modificados por los requerimientos del uso, aparecen en sitios de la Florida. Las raederas del Protoarcaico, en suma, parecen indicar que se realizaron sobre la base de preformas semejantes a las llamadas puntas para-Dalton de Cuba.

Es necesario llamar especialmente la atención al hecho de que J. Kozlowski hizo un comentario adicional acerca de que las puntas Yaguajay y Nibujón mostraban influencia mesoamericana, específicamente de México, a las cuales supone del primer milenio d.n.e. o del último a.n.e. (Kozlowski, 1975; Pérez Carratalá e Izquierdo, 2010: 13). J. Kozlowski no menciona esta información en trabajos posteriores (Kozlowski y Ginter, 1975), y tampoco lo hace J. Febles (1988, 1991) en sus referencias a estos casos. Se ha mencionado que la tradición Dalton se expandió hacia el suroeste de Estados Unidos (Justice, 1987) y existen referencias a la remodelación de puntas Dalton, como la Saint Patrice y otras, en cuanto a muescas en la base, en comparación con la remodelación de puntas de proyectil que aparecen en Centroamérica, en las llamadas puntas cola de pescado (Faught, 2006). Entre estas tradiciones hay diferencia de criterios, incluso, sobre si las del área mesoamericana provienen de Norte o de Suramérica.

O sea que, en Mesoamérica, como dice J. Kozlowski (1975), podrían hallarse semejanzas con las puntas Yaguajay y Nibujón; pero en esa área las puntas de proyectil, se reitera, son generalmente estriadas, con pedúnculo y cola de pescado. Las puntas Yaguajay y Nibujón mantienen claros rasgos de las puntas Dalton de la Florida, que, se recalca, no tienen estrías, muescas o pedúnculos. Y sobre la cronología que atribuye el arqueólogo polaco a la influencia en esas puntas, es oportuno llamar la atención acerca de que la aparición de herramientas bifaciales semejantes a las puntas Yaguajay y Nibujón en los sitios Seboruco 3 y 5, en contextos plenamente del Protoarcaico, permiten datar las mencionadas puntas en una época mucho más temprana que la que él estimaba.

La apreciación de Kozlowski (1975) es interesante y toca el tema de Centroamérica, que se aviene a los propósitos de este trabajo. Pero hay que tener en cuenta que no existía información sobre la serie Dalton, en esa época, tan completa como la de Justice (1987), Faught (2006) y Faught & Pevny (2019), por citar solo algunos especialistas. La similitud de las puntas bifaciales de Cuba con las herramientas bifaciales halladas en los sitios del Protoarcaico, por tanto, descalifican la propuesta de la posible influencia mesoamericana en estas puntas. Otra serie de argumentos que se exponen concuerdan con ello.

Asociaciones de estas piezas afirman su relación con los contextos pre-agroalfareros y, especialmente, con el Protoarcaico. La punta Yaguajay, si bien no está vinculada a un sitio arqueológico de manera directa, se asocia con un área, Yaguajay, Banes, donde se reportan sitios arqueológicos prea-groalfareros: Cueva del Presbítero y el sitio el Lindero (*Censo arqueológico de Cuba*, 2012). Estos sitios, además, se encuentran dentro del límite de lo que los arqueólogos F. Escobar Guío y J. Guarch Rodríguez (1991: 48-57) consideran una nueva área de arte rupestre para Cuba. Entre estos está la Cueva del Jobo, junto al cauce del Yaguajay, y la Cueva del Júcaro, cercana a los anteriores sitios y cuevas, aunque en el territorio de Antilla, donde se encuentran pictografías semejantes a las de la Cueva de los Cañones, de Seboruco. En la Cueva del Júcaro han sido hallados artefactos de sílex, incluida una punta de proyectil, por lo que se estima un sitio Protoarcaico.

La punta Nibujón tampoco se vincula con un asentamiento arqueológico directo, pero en el entorno se encuentran sitios preagroalfareros poco estudiados, como Cueva Nicho Claro y el sitio las Grandes Piedras (*Censo arqueológico de Cuba*, 2012). La punta que ha sido bautizada como Guaní fue hallada en la zona de Caibarién en Villa Clara, donde existe un sitio arqueológico preagroalfarero de ese nombre, junto al cauce del río Guaní (*Ibid*). G. Izquierdo, F. Ortega y R. Sampedro (2015) lo incluyen en el ajuar protoarcaico. Se han mencionado coincidencias entre esta punta y la punta Montecristo, de Guantánamo, vinculada con un ajuar de sílex con características tempranas.

Existen algunas semejanzas entre estas puntas y las puntas Yaguajay y Nibujón, que permitirían compararlas con la tradición Dalton, de Florida —véase el tratamiento que se da a algunas coincidencias entre las puntas *Cowhouse slough* [Figs. E4, E5, E6 y E7] en la comparación con el sitio *Cutler Fossil site* de Miami Dade, Florida—, en la cual parece más probable la comparación de las puntas Guaní y Montecristo con las puntas *Cowhouse slough*, de una época y contexto semejantes o anteriores a las de la serie Dalton. 47

Esto hace que los casos de herramientas con retoque bifacial, en el Protoarcaico, se extiendan a seis. Pero la llamada por J. Febles (1988: 73) como punta Cuba, aún requiere de algunos comentarios al respecto. Esta pieza, que se encuentra depositada en el Museo Montané de la Universidad de la Habana, sin referencia geográfica o cultural, según J. Kozlowski y B. Ginter (1975: 72) se asemeja a una punta Belle Glade de la Florida. Sin embargo, tras una revisión en detalle de las clasificaciones de puntas de proyectil, actualizadas, de dicha región, un tipo denominado Belle Glade no aparece en los inventarios. La comparación de esta pieza quizás les fue propiciada a los autores citados (Kozlowski y Ginter, 1975: 73) por alguna publicación anterior a la década de los setenta que no ha podido localizarse en esta oportunidad.

Sí es muy conocida, en cambio, la llamada cultura Belle Glade, que se diferencia de la cultura de los Glades del sur floridano. La cultura Belle Glade se localiza en asentamientos alrededor del lago Okeechobee y del valle del Kissimmee River, en la porción centro sur de Florida, desde 1000 a.n.e. al

1770 d.n.e. En una revisión de las puntas de proyectil y artefactos de sílex que caracterizan a los sitios de esa área, según un sitio representativo, se ha determinado la presencia de cuatro tipos de puntas de proyectil para dicha cultura (Buttler & Lawres, 2014): *"[...] four categories represented: non-diagnostic bifaces (Figure 4), a Hernando type projectile point (Figure 5), a Newman type projectile point (Figure 6), and Pinellas type projectile points (Figure 7). Pinellas type projectile point the majority of the sample"* (Buttler & Lawres, 2014: 121).

Las puntas Hernando (Buttler & Lawres, 2014: Fig. 5) presentan aletas *sui generis*; las puntas Newman (*Ibid*: Fig. 6), aletas y pedúnculo. Estos rasgos propios de ambos casos, al igual que la cultura en que aparecen, pertenecen al Arcaico. Pero entre las puntas sin diagnóstico (*Ibid*: Fig. 4), alguna posee una forma aguzada, rasgo este que es generalizado en las puntas Pinellas, tipo más representativo de la muestra, amén de tener una base rectilínea (*Ibid*: Fig. 7). Tanto estas puntas como las de diagnóstico no conocido, que pudieran representar el supuesto tipo Belle Glade, poseen todas menos de 3 cm de ancho y muy pocas superan esta cifra de largo (ver Buther & Lawres, 2014: Fig. 4, 7), por lo que pueden considerarse puntas microlíticas o de pequeñas dimensiones, rasgo del Arcaico tardío.

La punta Cuba, en cambio, posee 8 cm de largo por 2. 6 de ancho, tiene base rectilínea y una figura triangular alargada, propia de correlatos de la Dalton y que se halla presente —la figura triangular alargada— tanto entre las puntas Colbert Dalton, por ejemplo, en Alachua County (Museo de Historia Natural de Florida, 2021) como entre las puntas Nuckolls Dalton del noroeste (Milanich, 1994: 56, Fig. A). De este modo, la llamada punta Cuba podría considerarse tipológicamente dentro de los rasgos de las otras puntas para-Dalton halladas en Cuba, lo cual redondearía los paralelos ya apreciados de las herramientas bifaciales del Protoarcaico con las del Paleoindio tardío de Florida [Fig. F3: (A) Punta Cuba; (B): Nuckolls Dalton triangular elongate, Manatee County, Florida; (C): Colbert Dalton elongate, Alachua County, Florida; (D): *Ibid*: Jackson County, Florida; (E): Greenbriar Dalton elongate without ears].

El Paleoindio tardío se refiere a la época del reemplazo de las puntas estriadas del Paleoindio temprano y medio por las puntas Dalton, estriadas o no, entre las que se encuentran las ya mencionadas tipo Dalton presentes en el sudeste del país y especialmente en la península de la Florida. Se incluye, en dicho tránsito, a las puntas con pedúnculo a base de muescas, que son representativas del Arcaico temprano. Como se ha señalado, las puntas *Cowhouse slough* comparten con las Dalton los demás rasgos del período anterior al Arcaico.

El advenimiento de las puntas sin estrías se interpreta como la respuesta adaptativa a los cambios medioambientales que afectaron la fauna y la flora a finales del Pleistoceno:

> The last subperiod, the Late Paleoindian, is characterized by Dalton points. Some archaeologists would include side-notched forms in this subperiod; however, most include them as Early Archaic types. The replacement of fluted point forms by non-fluted points is believed to reflect a change in the adaptive strategy, away from hunting Late Pleistocene megafauna toward a more generalized hunting of small, modern game, such as deer, and a collecting subsistence strategy within the southern pine forests as they replaced the boreal forests (Peach State Archaeological Society, 2020).

La referencia cronológica a este cambio se remitía, antes, a los 10 000 o 9000 años AP, pero estudios más recientes han alejado la época de dicho proceso. En la actualidad se estima la cronología de las puntas Dalton en los 12 500 a 11 500 años AP:

> Temporal Placement Goodyear (1982: 389-392) dated Dalton at approximately 12, 500-11, 500 B.P., principally on the basis of two radiocarbon dates from the Rogers Shelter site (Farr, 2006: 50). Se afirma que en ese intervalo de tiempo se produce la entrada de esa tradición en el Paleoindio de Florida, fenómeno que se conoce como la influencia Dalton: [...] wath might be called the Dalton influence (Faught & Pevny, 2019: 79).

Las herramientas bifaciales asociadas con el Protoarcaico de Cuba, en suma, tienen una figura lanceolada, triangular o pentagonal, no poseen pedúnculo, tampoco muescas, aletas o cola de pescado, y carecen de estrías en la base. No hay otra semejanza comprobable de estas piezas del Protoarcaico con tipología, más cercana geográficamente, que no sea la de las puntas Dalton y puntas *Cowhouse slough* de Florida. Por este motivo, se les denomina en el trabajo puntas parecidas a las Dalton, puntas para-Dalton (*Dalton-like*) o puntas para-Cowhouse (*Cowhouse-like*). La presencia de herramientas bifaciales en sitios del complejo Seboruco, donde se hallan piezas modificadas que pueden atribuirse a la influencia Dalton, se recalca, sirve de base para definir tipológica y cronológicamente este grupo de siete herramientas bifaciales.

Otro artefacto se añade, no obstante, a las herramientas bifaciales de Cuba. Se trata de una hachuela bifacial o parcialmente bifacial del Protoarcaico, de la región centroccidental, que reportan varios arqueólogos de dicha zona y se recoge en la publicación más reciente sobre el tema (Izquierdo, Ortega y Sampedro, 2015) [fig. J3]. Esta posee las características de las hachuelas bifaciales Dalton de Florida (www.piclick.org) y otras regiones del sudeste [F J4 1], lo cual coincide, no por casualidad tal vez, con los demás rasgos de esta serie que aparecen en el Protoarcaico.

Podría pensarse quizás, por ello y por los otros indicadores del registro mencionados, en una extensión de la influencia Dalton y de otras puntas del Paleoindio al archipiélago cubano. Esta estaría provocada por el desplazamiento del ajuar de esas tradiciones hacia los sitios del sudeste de Florida, próximos a las costas de Cuba, que parecen haber precedido la ubicación de otros artefactos del Paleoindio tardío, como las puntas de talla unifacial, en áreas de la vertiente norte, desde centroccidente hasta oriente. En esa área predominan los asentamientos de las comunidades protoarcaicas, en lo que puede especularse hubiera sido la ruta de poblamiento seguida por las comunidades más tempranas en la Mayor de las Antillas.

CRITICA A LAS HIPÓTESIS DEL POBLAMIENTO INICIAL DE CUBA DESDE SUR Y CENTROAMÉRICA

Como señala R. T. Callaghan, la mayoría de las ideas sobre el primer poblamiento de las Antillas ha sido sustentada sobre pocos artefactos y solo algunos tipos o técnicas de manufactura: *"The majority of the suggested origins for the Greater Antillean Preceramic cultures are based on comparisons of a few artifacts, a few artifact types, or manufacturing techniques"* (Callaghan, 2003: 323). A la consideración necesaria de muestras más representativas de los conjuntos comparados debe agregarse, como complemento, el papel de los contextos arqueológicos generales y las características medioambientales de los territorios comparables, así como proyecciones del monto y dinámica poblacional de los grupos humanos en cuanto a los posibles movimientos migratorios.

Una de las vías hipotéticas de poblamiento de las Antillas, según las investigaciones de R. T. Callaghan (2003) acerca de las corrientes marinas, sería la proveniente del norte de Suramérica. Los arqueólogos M. Veloz y C. A. Martín (1973: 13-39), citados a propósito por R. T. Callaghan (2003), apuntan rasgos de interés de sitios arqueológicos de Venezuela, como son: el carácter unifacial de las herramientas, y, además de referencias generales a láminas, cuchillos y técnicas de talla, los tipos de artefactos siguientes (Callaghan, 2003: 334-335):

Blades:
1.- *plano convex perforators*
2.- *plano convex blades with retouch on the dorsal surface*
3.- *semilunate scrappers with dorsal retouch or backed scrappers*
4.- *bilateral semilunate scrappers with dorsal retouch*

Flakes:
5.- *notched scrappers*
6.- *scrapper with marginal retouch*

Los nombres de estos artefactos, según aparecen en Veloz y Martín, 1973 (Callaghan, 2003: 333-334) hacen referencia a tipos que existen en Cuba y en Florida, donde se conocen con los términos siguientes: *blades* (láminas), *plano convex perforators* (perforadores en láminas convexas de Cuba), y *plano convex perforator* de Florida. *Plano convex blades with retouch in the dorsal surface* son láminas retocadas dorsalmente de Cuba, y *modified blades* de Florida. *Semilunate scrapers* son los raspadores en lámina redondeados de Cuba y *scrapper oblong* de la Florida. *Flakes: notched scrappers* se refiere a los afiladores de dardos (artefactos con muescas) de Cuba y *spokeshaves* de Florida. Y los *scrapper with marginal retouch* pudieran tratarse de raspadores en lasca retocada en Cuba y *Carinatte scrapper* en Florida.

Estos constituyen apenas cuatro tipos de artefactos en láminas y dos tipos de artefactos en lascas que —salvo los *Carinatte scrapper*, que en la Florida y Cuba aparecen en el Arcaico tardío—, tienen rasgos comunes en los ajuares del Paleoindio en diversas culturas del continente (Milanich, 1994: 48). No obstante, los aspectos del ajuar de artefactos unifaciales, al ser muy homogéneos, no resultan suficientes para establecer posibles relaciones entre ellos.

Es necesario un estudio más profundo que pueda establecer una interrelación significativa desde los puntos de vista cualitativo, cuantitativo y contextual. No obstante, la similitud de estos tipos de artefactos de Suramérica, por una parte, y de Cuba y Florida, por otra, si un estudio mostrase que es aceptable, apuntaría a que la posibilidad más válida de relaciones fuese entre los territorios abrumadoramente más cercanos de Cuba y de Florida, con una ruta marítima entre ellos muy favorable también según R. T. Callaghan (2003).

El estudio comparativo realizado entre los conjuntos del Protoarcaico de Cuba y el Paleoindio de Florida se desarrolla, a propósito, en los planos cualitativo, cuantitativo y como estudio de los contextos. Esto permitió comprobar que, en ambos casos están representados todos los géneros y subgéneros de la lista tipológica de artefactos del Protoarcaico de Cuba, así como la presencia en la Florida de la casi totalidad de los tipos particulares de dicha lista.

En la investigación se comprobó la existencia de rasgos tipológicos y funcionales de los conjuntos que se relacionan con regularidades de los contextos arqueológico, histórico y medioambiental. Un análisis de esta naturaleza en relación con los ajuares del norte de Suramérica, independientemente de la lejanía, podría aportar resultados comparables, pero algunas características tipológicas y contextuales, hasta el momento, parecen indicar que es poco probable la asimilación de los ajuares suramericanos, en esta etapa, con las culturas más tempranas de las Antillas Mayores.

R. T. Callaghan (2003: 334) menciona que los conjuntos de artefactos que se presentan en el trabajo de Veloz y Martín (1973) referentes al estado de Falcón, podrían ser más convincentes que los demás con vistas a la comparación, pero conviene en que el análisis carece de información sobre las series de los artefactos (Callaghan, 2003: 335). Los propios autores señalan la no existencia de una plena correspondencia de los ajuares del norte de Venezuela y las Antillas Mayores (Veloz y Martín, 1983; Callaghan, 2003: 334). S. Perrot-Minot (2015: 14) coincide en esta falta de coincidencia: *"Toutefois, leur définition, leur contexte et leur chronologie demeurent très problématiques"*. Este autor se inclina por el origen centroamericano, el cual había sido apuntado también por M. Veloz (1976: 83), quien pensaba que las puntas unifaciales de las Antillas solo tenían paralelos en dicha región. Este detalle tipológico particular, conforme se aporta en el presente trabajo, ha cambiado según las investigaciones más recientes.

Perrot-Minot (2015: 14-15: Fig. 10) le niega posibilidades al origen de las comunidades más tempranas de las Antillas en el norte de Suramérica, además, por la presencia de la técnica Levallois en los sitios de esa región, lo cual, según él, no es pertinente en la comparación con las Antillas: *"Les rapprochements concernant les unifaces pointus et les pointes 'Levallois' nous semblent être les plus pertinents"* (Perrot-Minot, 2015: 14-15: Fig. 10). Sin embargo, las primeras investigaciones sobre estas comunidades en Cuba habían mostrado la presencia de esta técnica en la cultura Seboruco (Trzeciakovski y Febles, 1981; Febles, 1991), y en la Florida ha sido comprobada la presencia de la técnica Levallois en investigaciones relativamente recientes (Purdy, 1981, 2008). Según el citado autor, en Centroamérica no aparecería tan difundida esta técnica, lo cual puede ser discutible.

Los materiales líticos a que se hace referencia como provenientes del estado de Falcón son los que se relacionan con la conocida serie joboide, cuyo sitio principal es el emblemático asentamiento de El Jobo (Yatacoi y Moroni, 2012: 9-42), estudiado, desde hace décadas, por eminentes arqueólogos (Cruxent y Rouse, 1956, 1961, 1978). Investigaciones recientes reiteran que ese registro arqueológico pertenece a los más tempranos del área venezolana.

Se reconoce la existencia en América del Sur de dos etapas distintas de comunidades cazadoras-recolectoras que coinciden, según los conceptos de la Arqueología social, con dos modos de vida y de trabajo diferentes. El primero, caracterizado por oleadas de pueblos paleoasiáticos que llegaron alrededor de los 40 000 AP (44), con la llamada tecnología del *preprojectile point* (Sanoja, 2013: 44). El segundo, con bandas de cazadores especializados que habían desarrollado la tecnología de las puntas bifaciales alrededor del año 14 000 AP (*Ibid*: 49).

Parte importante de este segundo modo de vida es el conjunto de asentamientos "[…] identificado por la mayoría de los arqueólogos con base en el fósil director conocido como tradición de puntas foliáceas u horizonte

El Jobo-Lauricocha-Ayampitín [...] que va desde 14.000 a 12.000 años A. C., en el sitio El Jobo, Venezuela [...]" (Bate, 1983, en Sanoja, 2013: 47, 49). La serie joboide ha sido calificada como el primero y más antiguo de los cinco conjuntos que se remiten a la etapa preagroalfarera en la región (*Ibid*: 49). "Lo relevante de El Jobo es la asociación de las poblaciones humanas con fauna pleistocénica como mastodontes y glyptodontes, entre otra diversidad de restos animales". Esta asociación con la fauna de la época glacial es un hito cronológico importante a la hora de la comparación, pues la extinción de dichas especies ocurre en la Florida a partir del 12 600 AP, cuando desaparece la especie vegetal *Sporomiella* (Faught & Pevny, 2019: 77). Es la época en que comienzan a producirse cambios tecnológicos importantes en la industria de sílex del Paleoindio (Faught & Pevny, 2019: 77-80), los cuales parecen haberse propagado, entonces, a Cuba. La megafauna y el ajuar lítico asociado con su captura podrían haber perdurado más tarde que en Florida en el territorio norte venezolano. Por este motivo, a pesar de ciertas similitudes con algunos artefactos de las Antillas, existe una amplia tipología en la serie joboide, relacionada con las actividades de caza mayor, que constituyen indicadores diferenciales respecto a la industria del Protoarcaico de Cuba y del Paleoindio tardío de Florida.

Las puntas foliáceas de El Jobo, el tipo más característico de la serie, son puntas de proyectil con forma de hojas alargadas, finas y con bordes denticulados (Ver: Sanoja, 2013: Fig. 23). Su paralelo tipológico hay que hallarlo en las puntas solutrenses en forma de hoja de laurel y hoja de sauce, propias de una época coincidente con la caza de grandes presas en otras partes del mundo (Kozlowski y Ginter, 1975: 130: lámina XXVI: Figs. 1, 2 y 3). Estos artefactos no se hallan en el *Paleo late* de Florida y, por supuesto, tampoco en el Protoarcaico de Cuba.

También se hallan en estos ajuares *fluted points* semejantes a los tipos Clovis y Folsom (Ver: Sanoja, 2013: Fig. 24), que aparecen en el Paleoindio temprano de Florida y que tienen cierto grado de paralelismo con las puntas Swanee y Simpson del Paleoindio temprano-medio de la península (Dumbar & Hemming, 2004; Dumbar, 2012; Nami, 2016). Como diría A. Jaimes [2010]: "Clovis para ellos y Jobo para nosotros". Tales artefactos están ausentes tanto en el Protoarcaico de Cuba como en la época tardía del Paleoindio floridano. Además, aparecen en El Jobo hachas de mano bifaciales (Sanoja, 2013: Fig. 20), ausentes del Protoarcaico. En fechas más tardías aparecen igualmente puntas pedunculadas y las conocidas puntas cola de pescado (Nami, 2016), que se hallan también en conjuntos más recientes de Sur y Centroamérica, pero están ausentes de las Antillas Mayores.

El conjunto 2 de Suramérica "[...] alude a la llamada tradición toldense, 10.650 a.n.e., cuyos sitios de habitación se localizan en las regiones de llanuras y mesetas orientales del Cono Sur, en asociación también con las denominadas puntas de proyectil cola de pescado" [Sanoja, 2013: 49]. El 3 "se identifica ya con poblaciones de cazadores, recolectores, pescadores [...]" (*Ibid*). El 4 se refiere al uso de herramientas unifaciales de piedra tallada y, como rasgo distintivo, a puntas de proyectil de hueso (*Ibid*). Mientras, el conjunto 5 incluye el denominado horizonte andino de puntas pedunculadas o de base escotada localizado en los Andes meridionales y la pampa argentina, cuya antigüedad se remontaría a 9000 años a.n.e. (Sanoja, 2013: 49, 50).

La presencia de las puntas de proyectil de la época Clovis en América del Sur y en Mesoamérica representa un punto de encuentro entre investigadores de Latinoamérica y Estados Unidos, en relación con el tema del poblamiento del continente (Sanoja, 2013: XVII-XVIII). Otro tanto puede decirse acerca de otras características de las puntas de proyectil, como son las estrías en la base, las *fluted points* y las mencionadas reiteradamente puntas cola de pescado (*fishtail*).

J. E. Morrow & T. A. Morrow (1999) *"[...] examines geographic variation in fluted point morphology across North and South America [...] The results of this analysis indicate gradual, progressive changes in fluted point outline shape from the Great Plains of western North America into adjacent parts of North America as well as into Central and South America"*. En esta última zona (Suramérica), las puntas estriadas aparecen casi exclusivamente en puntas pedunculadas y de forma no lanceolada, lo cual es una diferencia significativa con las otras áreas: *"[...] fluting points in South America"* (Dyllehay, 1992: 182-183, en Borrero, 2006: 17).

Se hace énfasis también, como indicador importante para comprender el proceso de intercambio de los grupos paleoindios, en las puntas de proyectil cola de pescado, que presentan atributos compartidos con los especímenes del Paleoindio en Norteamérica (Nami, 2006). Estas poseen puntos de comparación con el este de Estados Unidos y con la región caribeña aledaña a Mesoamérica, específicamente la cadena de islas en el Mar Caribe, entre el Golfo de México y el norte de Suramérica (Nami, 2006).

Así, algunos autores, más que hacer referencia al poblamiento de las Antillas desde el norte de Suramérica, en el Paleoindio, hablan del cruce a través del Caribe hacia América del Sur. Incluso alguien ha planteado el posible tránsito a través de las Antillas Mayores tras los grandes edentados (Crespo, 2013), lo cual parece menos probable.

Se plantea que las puntas Clovis con cintura (*waisted*) siguieron a las Clovis rectas (*straight*), y se continuaron con las *fishtails*. En este caso se plantean ideas acerca de la difusión de estas desde el sur o desde el norte, y se inclina la balanza hacia la posibilidad de que se trate de un intercambio entre diferentes poblaciones (Faught, 2006: 181).

La característica que parece distinguir las puntas cola de pescado es su obtención mediante reformación de la silueta de la pieza por reutilización, lo que provoca el mencionado tipo de cola u orejas. La presencia en estas piezas centroamericanas de esas características tiene paralelos con las puntas con espigas y aletas de Norteamérica. Como ejemplo comparativo se mencionan las puntas San Patrice Dalton, que tienen características hasta cierto punto comparables con las de aquella región (Faught, 2006: 179).

S. Perrot-Minot (2014: Tabla 1) reporta un estudio de 25 puntas de proyectil de sitios arqueológicos centroamericanos: dos en Belice, una en México, tres en el Salvador, cinco en Panamá, seis en Costa Rica y ocho en Guatemala. Las puntas que se reportan para el Protoarcaico de Cuba son cinco, más dos herramientas bifaciales obtenidas por la modificación de punta, son siete, numéricamente comparables con las de las otras regiones de Centroamérica y superan a las de Belice. La muestra de puntas de proyectil bifacial de Cuba, por tanto, permite ser analizada en busca de asociaciones. En fecha más reciente S. Perrot-Minot (2015: 6) menciona un número mayor de puntas para Belice: "[...] 12 pointes paléoindiennes" (Perrot-Minot, 2015: 6), pero la diferencia, ahora siete en Cuba y 12 en Belice, no cambia sustancialmente el razonamiento anterior. Además, las puntas de Cuba parecen tener una relación más estrecha con el contexto arqueológico que las de Centroamérica.

Las puntas de Cuba, como se ha explicado en el acápite precedente, carecen de estrías, y, particularmente, son puntas del tipo que no posee pedúnculo, orejas, aletas ni cola, de base plana o cóncava y silueta triangular o pentagonal. Pueden compararse con puntas de proyectil del sudeste de Estados de Estados, con morfología semejante, atribuibles al Paleoindio tardío.

Las puntas de Cuba con características de las puntas Dalton se diferencian de otras variantes de esta serie que se encuentran distribuidas en Norteamérica, desde el sudeste hacia los llanos del oeste, de manera que se comprende espacialmente mejor la posible relación de estos últimos casos con Centroamérica.

En resumen, las características contrastantes de *fluted/no-fluted*, *fishtail/no-fishtail*, diferencian, por tanto, las puntas de proyectil bifaciales del norte de Suramérica y de América Central de las piezas que aparecen en los conjuntos protoarcaicos de Cuba, y algunas zonas del Paleoindio tardío de Florida.

Desde Centroamérica, precisamente, se ha supuesto otra vía de poblamiento importante hacia las Antillas Mayores. R. T. Callaghan (2003) la señala, pero critica algunos aspectos de esta argumentación. Este autor (Callaghan, 2003: 335) llama la atención de lo discutible de partir solo de un basamento en cronología y técnicas de manufactura: "*We should be cautious about making a connection between the Yucatan Peninsula and the Greater Antilles on the basis of manufacturing technology and chronology alone"*. Y añade que sería necesario explicar por qué numerosos aspectos de los ajuares arqueológicos de la península no tienen paralelo con las culturas de las Antillas: *"[...] it would be necessary to question why other aspects of the Belizean assemblages are not found in the Greater Antilles. There are significant differences"*.

Si algunas puntas unifaciales de Yucatán tienen similitud con las de las Antillas, dice R. T. Callaghan (2003), se diferencian en el grado de elaboración: *"[...] pointed unifaces that resemble some of the unifacially worked macroblades from the Greater Antilles but differ in the degree of working"* (Callaghan, 2003: 335). Diferencias aparte, si este tipo de puntas poseyera un paralelo real con las Antillas, sería con sitios de La Española, donde aparecen puntas unifaciales pedunculadas, no con los sitios de Cuba, donde este tipo de puntas no es común. Callaghan hace referencia, además, a tipos de artefactos específicos como los llamados *constricted unifaces*, que no aparecen en los ajuares antillanos (*Ibid*). Culmina generalizando que la observación detallada de los ajuares obtenidos en los sitios Sand Hill y Orange Wall, de Belice, demostraron la existencia de muchos artefactos que no tienen contraparte en las Antillas (Callaghan, 2003).

Las dudas de R. T. Callaghan (2003) sobre la posible relación de sitios de la 57 península de Yucatán y sitios de las Antillas, son esencialmente ciertas. Entre los ejemplos de artefactos de los sitios de Sand Hill y Orange Wall (Callaghan, 2003: Figs. 4 y 5) se aprecia también la presencia de piezas microlíticas y piezas de pequeño y mediano tamaño, y una industria fundamentalmente de lascas. Entre las piezas microlíticas, en los dos conjuntos, aparecen los llamados raspadores de uña, que B. Purdy (1981) reporta para la Florida en el Arcaico, artefacto muy raro en Cuba. Además, también en ambos casos, se muestran fragmentos de punta de proyectil con espiga y aletas laterales, conforme se ha mencionado, no presentes en Cuba.

Un aspecto que destaca S. M. Wilson (1998) es la comparación cronológica de Belice con los sitios más tempranos de Cuba y República Dominicana, según fechados radiocarbónicos. Se parte de las secuencias arqueológicas obtenidas por R. Zeitlin y J. Zeitlin (en Wilson, 1998: 392) en Belice desde 9000 hasta 2000 AP, aunque se aclara la mala conservación que mostraron las evidencias obtenidas en estos trabajos (Wilson, 1998: 392).

Los fechados radiocarbónicos más tempranos para el Caribe eran 3190+-170 ane, para el sitio Levisa en Cuba, y el fechado de 3630 +, - 80, para el sitio Vignier 3, en Haití (Moore, 1991), que sería el más antiguo (Wilson, 1998: 392). Es oportuno señalar el relegamiento, en esta comparación, de las cronologías relativas establecidas en Cuba para ajuares del Protoarcaico, ubicadas tipológicamente de forma estricta por debajo del nivel fechado más temprano de Levisa 1, y, por supuesto, más tempranas también que la del sitio Vignier 3, en Haití.

S. M. Wilson (1998: 392) señala:

El componente más temprano data aproximadamente de 3500-2000 a.C. y el posterior alrededor de 1500-900 a.C [...] [citado de varios autores] [y] este contiene lo que posiblemente sea un lugar de producción lítica *in situ*, con grandes macrocuchillas, núcleos nodulares, núcleos de navajas preparados y navajas más pequeñas. Los conjuntos líticos de ambos componentes incluyen láminas de sílex, incluidas las grandes macroláminas que recuerdan el material temprano de Seboruco, Levisa, Mordan, Vignier y otros lugares.

Estos rasgos que describe no indica que se encuentren en una secuencia estratigráfica, sino que se trata del conjunto de piezas de una misma unidad de producción local. Sin embargo, lo compara con el nivel más antiguo de Levisa 1 (Wilson, 1998: 393): "I am paying particular attention to [...] the lower levels at Levisa 1 in Cuba" [los más bajos niveles de Levisa 1 en Cuba].

De todos modos, su descripción parece tratarse de una tendencia: "desde núcleos de grandes láminas, y algunos de lascas, hasta núcleos más pequeños, para la obtención de láminas consecuentemente más pequeñas". Esta secuencia no es comparable con contrapartes del espectro cultural del Protoarcaico o del Paleoindio, sino con una secuencia tipológica desde el período temprano (Protoarcaico) hasta los más tardíos del Arcaico (en Cuba, Preagroalfarero medio y tardío).

En resumen, se refiere a las grandes láminas del conjunto que menciona de manera muy general y contrasta con las grandes láminas de Levisa y Seboruco, en Cuba, Vignier, en Haití, y Mordán, en República Dominicana. Pero dicho índice —las grandes dimensiones de las láminas— por sí solo, es un rasgo puntual que se observa en sitios de diferentes niveles culturales y que puede depender, en general, de la relación de los sitios arqueológicos con fuentes de materia prima (Pantel, 1988). O sea, tal rasgo no es pertinente para establecer, sobre esa sola base, comparaciones culturales ni sustentar una hipótesis de poblamiento.

S. M. Wilson, en definitiva, se refiere al proceso de cambio dentro del sitio arqueológico Levisa, al parecer, ahora, fuera del último nivel estratigráfico del sitio, que va de talla de láminas a talla de lascas, como un supuesto proceso de degeneración, y cita para ello a J. Kozlowski (1974: 42), en traducción literal. Pero, independientemente de cita alguna, la referencia a la disminución de las dimensiones como degeneración no posee un significado peyorativo de decadencia cultural. Es conocido el proceso de evolución de las industrias de piedra tallada, de índices macrolíticos a microlíticos, donde predominan los artefactos en lascas, desde los grupos cazadores a las sociedades en tránsito a la economía agrícola.

J. Febles (1991: 400) ha definido dicho proceso a través de una cronología relativa para el Preagroalfarero en Cuba con tres etapas denominadas Preagroalfarero temprano o Protoarcaico, Preagroalfarero medio y Preagroalfarero tardío. Ha especificado que "[...] las magnitudes de las herramientas y sus tipos han evolucionado desde formas masivas, sin series de ellas, hasta formas esbeltas [...] [Preagroalfarero medio y tardío] aún grandes y con un inicio de elaboración de dichas series de herramientas, luego disminuye el tamaño de estas y aparece la consiguiente proliferación de sus series, especialmente las construidas en lascas" (Febles, 1991: 399).

R. Valcárcel *et al* (2019) ofrecen una interpretación certera cuando señalan que *"Jorge Febles identifies the Levisa complex today as the latest expression of the Pro-to-Archaic Age"* [la última expresión de la era Protoarcaica a la Arcaica]. Además, apuntan sobre dicho sitio que posee índices laminares menores que otros complejos culturales: *"Its blade industry is considered smaller in size and diversity than the ones reported for other complexes"* (*Ibid*).

J. Febles (1991: 391-395) ha dicho textualmente:

Sobre la antigüedad del hombre en Cuba, tenemos que el fechado más temprano que existe hasta ahora es el obtenido en la capa 7 del residuario Levisa, Mayarí de 5470 años AP, cuyo ajuar de piedra coincide, como hemos señalado, con las industrias del Preagroalfarero medio y tardío. De los restantes sitios arqueológicos con filiación preagroalfarera cuyos materiales líticos estudiamos aquí, no hay fechados de carbono 14, pero las piezas descubiertas presentan características tecnológicas y tipológicas indudablemente muy arcaicas, y su antigüedad debe ser mucho mayor que la de Levisa (L 1) ya mencionada.

El Preagroalfarero temprano se refiere, ya se ha dicho, al Protoarcaico (Febles, 1991: 400). El Preagroalfarero medio y tardío se refieren claramente, según los sitios representativos de dichas fases (Tabío, 1991: Tabla 1): medio: a Cueva Funche, y tardío: a El Carnero, o a lo que —en cuanto a la periodización precedente— serían referencias al Ciboney Guayabo Blanco y el Ciboney Cayo Redondo (Tabío y Rey, 1966). Esos planteamientos de J. Febles (1991) son, entre otros aportes de su trabajo, los que permiten reconocer los rasgos del Preagroalfarero medio y tardío mediante el ajuar de sílex, pues esos complejos culturales anteriormente solo se identificaban a través del ajuar de concha y piedra utilizada y pulida, así como por sus patrones de asentamiento y restos alimenticios.

La indeterminación en cuanto al ajuar y la cronología del sitio Levisa 1, tema aclarado por R. Valcárcel *et al* (2019), puede deberse a que en la publicación de E. Tabío (1991b) titulada "Proyecto para una nueva periodización de la Prehistoria de Cuba", temporalmente paralela o anterior a la de J. Febles (1991), se utiliza el factor cronológico como elemento determinante. Así, Levisa 1 se ubica en el Preagroalfarero temprano, sin tener en cuenta que tal criterio ya ha variado a partir del trabajo de J. Febles (1991). Tal enfoque, aparentemente por motivo semejante, se había materializado en trabajos anteriores de J. M. Guarch (1981, 1987), donde se hace referencia a una de las variantes del Protoarcaico como levisoide. Puede considerarse que implícitamente se asumía que ese Preagroalfarero temprano y variante levisoide se remitían solo al estrato más temprano del sitio Levisa 1, lo cual ha sido mal comprendido por algunos investigadores extranjeros.

Pero lo verdaderamente importante en el presente caso es que la comparación de S. M. Wilson (1998) entre sitios de Belice y Levisa 1 en Cuba es una contrastación entre ajuares del Arcaico, no entre el Protoarcaico de Cuba y los ajuares de Belice. Wilson afirma, inclusive, que los pueblos que habitaron los enclaves que él compara con Levisa 1 conocían el uso de plantas domésticas, lo cual constituye un rasgo propio del Arcaico tardío. En un extenso párrafo apunta: "La investigación reciente en el sitio arqueológico de Colha plantea otra posibilidad muy interesante sobre su economía y estilos de vida. El trabajo paleobotánico reciente realizado en el pantano adyacente al sitio, dio evidencia de que los habitantes precerámicos en Colha cultivaban maíz (*Zea mays*) y posiblemente mandioca (*Manihot esculentum*) desde el año 2500 a.n.e., y más tarde cultivaban chiles y algodón" (Jones, 1994, en Wilson, 1998: 393).

Para S. M. Wilson (1998: 393), por tanto, la no constatación de plantas domésticas en los sitios preceramistas tempranos es una supuesta evidencia igualmente de un proceso degenerativo: "*Moving into such a rich and uninhabited environment as the uncontested top predators probably made horticulture unnecessary*". Esta interpretación obvia la realidad arqueológica de los sitios cazadores-recolectores, que, además, califica impropiamente de predadores, en cuyos residuarios es notoria la ausencia o escasez del registro de evidencias alimenticias o de artefactos confeccionados con materiales orgánicos, a causa de las condiciones naturales de los suelos y las características propias de su economía.

Esto se comprueba en el Protoarcaico de Cuba (Febles, 1991), en el Paleoindio de Florida (Faught & Pevny, 2019: 77), y en otros sitios de Norteamérica: "*Only stone tools survived from the paleoindian period. This rapid loss of organic artifacts is true for most Ohio paleoindian sites [...]*" (Barans, 2016). Igualmente es conocida la existencia de dicha realidad en sitios paleolíticos de otras regiones del mundo (Clark, 1968: 277; Issac, 1968: 258-259; Birdsell, 1968:240).

S. M. Wilson (1998: 393) apuntaba que las fechas obtenidas en excavaciones arqueológicas de Belice tenían un lapso de 1 800 años con el complejo cultural Seboruco Mordán, pero la diferencia se establecía sobre la base de los fechados del sitio Levisa 1 a que se ha hecho referencia. Incluso S. M. Wilson incluye en la bibliografía de su trabajo un artículo de Frank García (1991) donde el autor explica el fechado y la estratigrafía de Levisa 1 y los estimados de 10 000 años para los estratos más tempranos, sobre la base de criterios tecnotipológicos y geológicos (García, 1991: 2) que Wilson no tiene en cuenta. Tampoco menciona el rango de 16 000 a 12 000 años propuesto por el propio F. García (1991: 15), a partir de la valoración de parámetros paleoclimáticos y tipológicos.

S. M. Wilson (1998: 393) afirma que los datos de las excavaciones en el sitio Colha, en el norte de Belice, en la región Maya (3500-200 BC) sí satisfacen los requerimientos cronológicos del fechado de Levisa 1 y también de sus rasgos tipológicos, pero se ha visto que hallazgos del sitio se refieren a evidencias de plantas cultivadas. Investigaciones recientes (Prufer *et al*, 2019) reasignan una nueva cronología para los tecnocomplejos líticos del sur de Belice, desde 9000 a 12 000 años AP, donde se recuperaron numerosas evidencias de artefactos de ocasión (*expedient tools*): *"[...] tools that likely were used for cutting or scraping, as well as hundreds of simple chopping, hammering, and grinding tools made from locally available river cobble"*. Debe destacarse esta última referencia a artefactos de roca modificada —*grinding tools*— correspondientes con fases del Arcaico tardío, lo cual desafía el límite temprano de esta propuesta cronológica.

Además, se menciona la presencia de un tipo de puntas de proyectil propia de la region de Belice: *"[...] large, straight stemmed, barbed bifaces with flat to slightly concave bases and frequently featuring unifacial beveling on alternate edges, classifies them typologically as Lowe points, which were previously assigned to the Late Archaic 4,500–3,900 BP"* (Prufer *et al*, 2019: 16, 17). Los autores (*Ibid*, 2019: 17, 18, 19) argumentan que "[...] nuestra cronología revisada para Lowe se ajusta a una tendencia general en Norteamérica y Suramérica, hacia la diversificación de bifaces con pedúnculo y aletas en ~12,000 AP, que coinciden con los dramáticos cambios climáticos y ambientales al comienzo del Holoceno".

Las puntas Lowe del norte de Belice son semejantes a las puntas Bolen de la Florida en el sentido de poseer espigas destacadas y aletas pronunciadas: *"[...] sharply defined barbs, very large parallel sided stem [...]"* (Bostrom, 2014). Otro tanto puede decirse de las puntas Sawmill de dicha región, que presentan esas características, pero son más alargadas. Las fuentes las asignan al Arcaico tardío (*Ibid*). En resumen, los trabajos citados (Prufer *et al*, 2019) que reasignan a la cronología de Belice 3 000 años más, queda claro que hacen referencia a una tipología propia del Arcaico temprano y a cientos de artefactos de roca modificada que se remiten a la fase tardía de dicho período. La mencionada extensión cronológica se remite en su momento más temprano al fechado más tardío del Paleoindio de Florida (12 000 AP), que sí se asocia con los ajuares del Protoarcaico de Cuba, además, geográficamente más próximos.

S. Perrot-Minot (2015: 14) señala la pertenencia de estas puntas al Arcaico de Belice y coincide al señalar su ausencia en las Antillas: *"[…] convient de souligner, à présent, l'absence de certains objets caractéristiques du Belize archaïque, dans les niveaux précéramiques des Antilles. C'est le cas des pointes bifaciales des types Lowe et Sawmill, qui ont été signalées dans le nord et l'ouest du pays centraméricain".*

Este autor (Perrot-Minot, 2015) reitera, además, prácticamente los mismos argumentos de S. M. Wilson (1998) acerca del origen del poblamiento de las Grandes Antillas, desde la región de Belice, sin darse por aludido acerca de las abrumadoras evidencias del Paleoindio y el Arcaico temprano de Florida, para esta fecha el territorio más próximo al norte de Cuba.

En cuanto a Belice, como su predecesor (Wilson, 1998), se refiere a tipos de artefactos propios del Arcaico, por demás, ya se ha dicho, no presentes en el Protoarcaico de Cuba. Específicamente se refiere a las puntas unifaciales que Callaghan (2003) ya ha señalado que difieren de las características que tienen estas piezas en las Antillas, que son, además, puntas unifaciales pedunculadas, no existentes en el Protoarcaico de Cuba.

S. Perrot-Minot (2015) hace especial hincapié, como otros autores, en la presencia en Belice de macroláminas comparables a las del sitio Levisa 1, el mismo tipo de desfasaje de S. M. Wilson (1998) con el contexto cultural del mencionado sitio de Cuba. S. Perrot-Minot (2015), con el propósito de apoyar el poblamiento desde Belice, apunta que las macroláminas están presentes en Belice y no en Guatemala, Yucatán ni Honduras (Perrot-Minot, 2015: 11): *"Cette technologie semble être restée très localisée, en Amérique Centrale, à la période Archaïque; nous ne la retrouvons ni au Yucatan, ni au Guatemala, ni au Honduras".* A ello hay que recalcar lo ya señalado: las macroláminas utilizadas como un indicador arqueológico resultan un argumento impreciso a causa de la generalidad de su presencia en los contextos tempranos.

Es conocido que, en las industrias de piedra tallada, las macrolascas, macroláminas, láminas y lascas son una fase inicial de los procesos de talla. Al respecto, es importante la cercanía de la fuente de materias primas (Pantel, 1988), que determina los guijarros y núcleos que pueden ser utilizados. Por otra parte, son preformas para confeccionar otros artefactos particulares. Por este motivo, utilizar láminas o macroláminas como indicador arqueológico es, en resumen, problemático.

Por ejemplo, en Florida, láminas grandes (Purdy, 1981) fueron utilizadas en la confección de artefactos de dos funciones (Purdy, 1981) que pueden compararse, prácticamente término a término, con las llamadas herramientas polifuncionales, en macroláminas, del Protoarcaico de Cuba. Esta comparación es más significativa en cuanto a los artefactos confeccionados en tales piezas que en cuanto a las preformas mismas.

Todo ello demuestra que la supuesta exclusividad de la región de Belice como lugar de origen de las macroláminas de las Antillas es discutible. En el estudio de los orígenes del poblamiento es necesario, como se ha anotado antes, el estudio integral de los ajuares. Por otra parte, las preformas de gran tamaño y los artefactos confeccionados a partir de ellas, de Florida y de Cuba, son más tempranos que las de Belice.

I. Roksandic coincide con las ideas acerca del origen centroamericano. Señala la presencia de evidencias cloviSoides en Mesoamérica y menciona que las puntas de proyectil con estrías de dicha región muestran similitud con la tecnología de láminas del sitio Levisa 1: "[…] *the fluted points found in Mesoamerica display a definite similarity to the early blade technology found throughout the western Caribbean and at some early sites in Cuba such as Levisa"* (Roksandic, 2016: 9).

En Cuba, se reitera, no han aparecido puntas de proyectil con estrías, por lo que dicho autor quiere referirse, al parecer, al carácter laminar de la industria lítica básica de la época Clovis, que en ese aspecto —la tipología laminar— tiene semejanzas con ese rasgo de las culturas tempranas de Cuba, algo tan general como las ideas de otros autores sobre las grandes láminas. Además, la presencia de la técnica laminar está presente en la industria de sílex del sudeste de Estados Unidos —14 500-13 000 AP— (Sain y Goodyear, 2014) desde fechas más tempranas que la de su aparición en Mesoamérica —12 000-9 000— (Prufer *et al*, 2019), incluso, si se acepta el discutible límite temprano de ese rango para Belice. La industria laminar de los sitios del archipiélago cubano, por tanto, tiene sus antecedentes más cercanos, desde los puntos de vista tipológico, cronológico y geográfico, en el sudeste de América del Norte. El tema de las puntas Courí con características de la tradición de talla del sudeste estadounidense es un argumento de más peso que las láminas mismas.

Una de las hipótesis más estructuradas sobre el poblamiento temprano de las Antillas desde América Central ha sido la del arqueólogo I. Rouse (1992), que tiene repercusiones hasta fecha bien reciente. Por ejemplo, en el trabajo de R. Rodríguez Ramos y J. Pagán Jiménez (2006: 110-111) se señala: "[…] desde la península de Yucatán hacia Cuba y posteriormente hacia República

Dominicana (serie casimiroide)". Para S. M. Wilson (1998), sin embargo, I. Rouse aprecia el problema de la tipología de Levisa 1 de manera enrevesada. Wilson (1998) piensa que Rouse (1992) ve el cambio evolutivo al revés: *"[...] sees this evolutionary change the other way around, with blade production being a later elaboration by the people making Courian Casimiroid subseries artifacts in the Dominican Republic and Haiti after 2000 BC"* (Wilson, 1998: 394). Esta opinión tampoco toma en cuenta los estudios tecnotipológicos sobre esta época en las Antillas Mayores.

La hipótesis de I. Rouse (1992) no se trata, para nada, de una inversión, sino que interpreta los ajuares más tempranos de las Antillas, conformados por una industria laminar, que en los asentamientos arcaicos deviene más grácil que en los de la etapa lítica. A partir de ello, el Arcaico temprano da paso a las fases posteriores, en las que, a propósito, las interpretaciones acerca de las láminas y puntas Courí han jugado un papel importante.

La perspectiva de I. Rouse (1992), además, ha sido criticada, anota R. T. Callaghan (2003: 324), a causa de un enmascaramiento de la variabilidad de los conjuntos de artefactos: *"Rouse's classification has been criticized for masking variability in the assemblages"*. Esto ocurre cuando I. Rouse (1992: 56: Fig. 16) incluye en los artefactos casimiroides ajuares de sílex, de concha y útiles de piedra picoteada y pulida. Esto parece tratarse de una teoría de hibridación posterior al poblamiento inicial, pues la serie casimiroide la divide en tres subseries: *casimirian, courian* y *redondan*: *"It may be divided into three subseries: casimirian which ocurred in both islands [...]* [Cuba y la Española] *during the lithic age; courian which succeded it in Hispaniola, during the archaic age; and redondan which replaced it in Cuba"* (Rouse, 1992: 51).

Rouse (1992: 51) piensa que los casimiroides en la etapa lítica fueron los primeros pueblos que se movieron a las islas y aquí se acercaron a la etapa arcaica: *"The casimiroide peoples were the first settlers, apparently moving from Middle America, into Cuba and Hispaniola, around 4000 B.C, while still in the lithic age, and advancing into the archaic several millenia later"*. La idea parece referirse al poblamiento durante la era lítica y el paso de esos inmigrantes a la etapa arcaica más tarde, con lo cual se establece cierto paralelo con las fases del Preagroalfarero temprano, medio y tardío de J. Febles (1991: Fig. 11).

Rouse sitúa la época lítica en un punto coincidente con el fechado más temprano de Levisa 1, por lo que incurre en el mismo desenfoque que los investigadores antes mencionados e, inclusive, su hipótesis de hibridación concuerda con esa visión. Las referencias tipológicas de S. M. Wilson (1992) son aparentemente las mismas en que se había basado antes I. Rouse (1992) acerca de los sitios centroamericanos, y no satisfacen una comparación con los ajuares del Protoarcaico o del Paleoindio. Sus argumentos se desarrollaron a partir del criterio restringido de utilizar insistentemente un área, un fechado puntual y referencias tipológicas muy generales, como indicadores arqueológicos básicos.

MIGRACIONES A CUBA DE PUEBLOS ARCAICOS

En cuanto a una posible migración desde Centro y Suramérica por vía marítima, es necesario delimitar las referencias al supuesto arribo del llamado complejo lítico-paleoindio del más probable acceso desde el continente de conjuntos del Arcaico. Se recuerda la llamada serie manicuaroide, proveniente de Venezuela, que se suponía hubiera dado origen a la fase Guayabo Blanco del precerámico, y otra fase más tardía, Cayo Redondo, según los criterios de entonces (Rouse, en Tabío y Rey, 1966), aspectos que I. Rouse parece considerar más tarde como un todo: redondoide (Rouse, 1992: Tabla 16). El arqueólogo cubano E. Alonso (1988: 46-47) considera también una perspectiva de conjunto respecto a estos registros arqueológicos:

> [...] existen pruebas de que un mismo grupo humano, en diferentes épocas del año habitó en lugares distintos dejando en ellos residuos que [...] podrían ser atribuidos a grupos distintos, de diferente filiación cultural e incluso de épocas diversas.

A pesar de que esa idea es posible considerarla en una etapa tardía, en el sitio arqueológico Cueva Funche, en Guanahacabibes, Pinar del Río, el antes llamado registro manicuaroide aparece en niveles estratigráficos más tempranos que las evidencias de piedra modificada.

Al parecer, a estos registros, o al módulo más tardío, se refieren R. Rodríguez Ramos y J. Pagán Jiménez (2006: 112), como "el complejo *edge-ground cobble/millingstone*", cuya relación con las Antillas ha sido argumentada mediante estudios de traceología experimental y análisis de almidones, en guijarros afacetados y manos irregulares, en Puerto Rico (Rodríguez Ramos, 2005b, Pagán Jiménez *et al*, 2005, en Rodríguez Ramos y Pagán Jiménez, 2006: 112), un "[...] repertorio culinario que fue similar en las Antillas y en la porción sur del área istmo-colombiana, relacionados en ambas regiones con el mismo conjunto de herramientas" (*Ibid*: 110-111).

Esta es una relación entre el norte de Suramérica y las Antillas que reivindicaría una de las vías de poblamiento propuestas por R. T. Callaghan (2003). Ella permitiría, a su vez, una hipótesis acerca de la llegada inicial de comunidades de este complejo por la costa sur de Cuba, en Guanahacabibes, provincias occidentales, Ciénaga de Zapata, Isla de la Juventud, Camagüey y Golfo de Guacanayabo. Pero no queda totalmente explicado en esta idea si existen diferencias cronológicas entre el arribo de los concheros y el complejo *edge-ground cobble/millingstone*.

Estos arqueólogos señalan que este complejo no se encuentra en Yucatán y Belice (Rodríguez Ramos y Pagán Jiménez, 2006: 116). No obstante, como se ha mencionado, recientes investigaciones (Prufer *et al*, 2019) plantean la presencia de ajuares de roca modificada en sitios del sur de Belice: *"hammering and grinding tools"* (Prufer *et al*, 2019: 16-117), así como la presencia de plantas domésticas en las inmediaciones del sitio de Colha (Jones, 1994, en Wilson, 1998).

Los sitios donde se han hecho esos hallazgos, en Belice, sin embargo, son escasos, y, tal vez, no corresponden con la época y los conjuntos estudiados en Suramérica y Puerto Rico. De todos modos, parecen evidencias de pueblos arcaicos, mas la referencia es apenas un atisbo de similitud tipológica que no permite afirmar categóricamente la existencia de contactos con Cuba, ni mucho menos en qué sentido se hubieran producido estos.

La presencia de un artefacto tan emblemático como es la gubia del caracol *Strombus*, replantea la alternativa entre diferentes complejos o un mismo conjunto, pues a su generalización en Cuba y abundancia en el extremo occidental del territorio hay que añadir que aparece con fechados tempranos en Colombia, como azadas de *Strombus* (Bonzani y Oyuela, 2014: 24, 26), y se halla como gubias propiamente dichas (*shell gouges*) en la región sudeste de la Florida (Rouse, 1992), aunque sus fechados más tempranos en la península están aún por delimitar. Mientras, el Arcaico temprano de la región se remite a una cronología tanto o más antigua que la de las Antillas Mayores, si se tienen en cuenta los fechados del Arcaico en Levisa 1, Cuba, y en Vignier 2, en Haití.

R. Rodríguez Ramos y J. Pagán Jiménez (2006: 116), además, mencionan hipótesis de los años cincuenta, sesenta e inicios de los setenta, acerca de una manifestación cultural independiente de las series casimiroide y ortiroide —anteriormente conocida como banwaroide—, "[...] que pudo trasladarse a través del mar abierto directamente a las Antillas Mayores y/o las Islas Vírgenes desde la porción sur del área Istmo-Colombiana". Es interesante volver a mencionar al respecto la serie de azadas líticas con esa cotaduras —citadas en párrafos anteriores—, originarias del valle del Cauca en la Cordillera Central de Colombia (Aceituno y Rojas, 2012: 143), y que guardan semejanzas con algunas piezas de la Florida y de Cuba. En sitios del norte de Colombia se reportan asimismo ajuares de piedra tallada, roca modificada y concha (Bonzani y Oyuela, 2014: 24, 26) que parecen apoyar ahora aquellos apuntes, y serían referencias también a posibles migraciones desde el norte de Suramérica en fechas posteriores al Paleoindio.

Otras propuestas se han referido al poblamiento preagroalfarero no completamente por vía marítima, sino desde el norte de Suramérica, por Centroamérica y arribo a través de Nicaragua, Honduras y las Antillas Occidentales (Varios autores en Tabío, 1991a). I. Roksandic (2016) vuelve a referirse a este tema cuando afirma que el acceso a las Antillas podría haber ocurrido, específicamente, a través de un grupo de islas de las costas de Nicaragua que se mantendrían emergidas a causa del nivel del mar en una época temprana: *"[...] a significant number of small islands over the Nicaraguan Rise were exposed in the period between 8,000 and 5,000 years BP (6000–3000 BC) and that by 4,000 years BP (2000 BC) the sea level had risen significantly to effectively submerge most of them"* (Roksandic, 2016: 13). *"In archaeological terms, this would mean that initial contacts between the Greater Antilles and the mainland were probably established during the period when hundreds of small islands allowed easy access to the Greater Antilles and that they were followed by actual migrations"* (*Ibid*: 16). Esta hipótesis, que se limita también al fechado puntual de Levisa 1, tampoco tiene en cuenta la cronología relativa del Protoarcaico, ni que por esta vía las evidencias más próximas en el archipiélago cubano pertenecen al Arcaico.

FLORIDA Y LAS REGIONES VECINAS DURANTE EL PLEISTOCENO

En el sudeste de Estados Unidos han sido hallados numerosos sitios arqueológicos del Paleoindio. En la Florida, para el año 2012, se conocían un total de 235 sitios (Dugging, 2012: 63), y en Georgia habían sido reportados también más de doscientos yacimientos paleoindios (Anderson, n. d., Georgia Encyclopedia). Otro tanto puede decirse de las Carolinas y Alabama. En esta última región se destacan importantes asentamientos con artefactos que presentan huellas de técnicas levalloisienses. (Ensor, 2013, 2018). En esta zona cercana al noroeste de Florida han aparecido igualmente ajuares con este tipo de técnicas (Purdy, 2008). En North Carolina cabe mencionar el importante sitio Topper, de la época Clovis (Sain y Goodyear, 2012), con muestras de técnica laminar.

En la península, los sitios arqueológicos paleoindios se extienden desde el Panhandle hasta la altura de Tampa Bay, por el oeste (Dugging, 2012: 63, 68), aunque hay importantes sitios localizados en la zona de los ríos St. John e Ichetuknee, en el nordeste, donde ha sido hallado el mayor número de puntas de proyectil paleoindias en el territorio (Milanich, 1994: 43). Existen, además, localidades con evidencias del período paleoindio en el extremo sudeste (Carr, 2012).

La región del sudeste estadounidense más cercana a las Antillas era mucho más ancha que en el presente a causa de las tierras emergidas debido al bajo nivel del mar en el Pleistoceno (Milanich, 1994: 38). Se extendía mayormente hacia el oeste de la península, pero la actual zona de la cayería, en el sur, formaba también parte de la masa de tierra que se extendía más allá de los límites actuales (Milanich, 1994: 39, Dugging, 2012: Figs. 5.2-5.5). Se afirma que el arribo de los grupos paleoindios a la Florida ocurrió hace 14 500 AP o antes, y es coincidente con la tecnología pre-Clovis hallada en el sitio Page Ladson, en el noroeste (Faught & Pevny, 2019: 75).

El escenario estaría caracterizado por la escasez o inexistencia de ríos interiores, lagos, aguas superficiales o marismas (Milanich, 1994: 38). Las aguas serían captadas en las depresiones cársicas, caracterizadas por *sinkholes*: pozos profundos o sumideros (*Ibid*: 39). Por lo tanto, el territorio era mucho más frío y árido que en la actualidad, aunque esta situación sufrió fluctuaciones en ese intervalo de tiempo.

Estas características y la distribución de sitios arqueológicos propician las ideas, ampliamente aceptadas, acerca del patrón de asentamiento de los paleoindios de la época temprana, como un Modelo de Oasis (*Oasis Model*), que consistiría en lo siguiente: tanto las especies animales como las comunidades humanas se orientarían en torno a las mencionadas depresiones cársicas donde se depositaba el agua, en busca de ese recurso vital y zonas favorables para la caza (Waller, 1970; Waller y Dunbar, 1977; Dunbar y Waller, 1983; Milanich, 1994: 39-40; Faught & Pevny, 2019: 77).

Durante los períodos Paleoindio y Arcaico temprano parecen haber ocurrido tres grandes pulsos de deshielo (*three meltwater pulses*: MWP) que se producirían, el primero (MWP 1a), alrededor de 14 500 años AP, coincidente con el registro arqueológico pre-Clovis en el sitio Page Ladson, cuando el nivel del mar subió 20 metros en un período de 800 años: "*The first of the three meltwater pulses —MWP 1a— began roughly 14,500 cal yr BP, coincident with the pre-Clovis presence at the Page-Ladson site the sea level rose roughly 20 meters over an 800-year period*" (Faught & Pevny, 2019: 75-77).

El pulso de deshielo siguiente (MWP 1b) ocurriría alrededor de los 11 500 AP y debió marcar el límite de los períodos Pleistoceno y Holoceno, al final del evento conocido como el Younger Dryas. Este proceso sería similar en tiempo y magnitud al MWP 1a, aunque fue el más dramático en cuanto a la pérdida de superficie de tierras: "*MWP 1b occurred around 11,500 cal yr BP, and this pulse marks the Pleistocene–Holocene boundary and the end of the Younger Dryas [MWP 1b] was similar in timing and magnitude to MWP 1a, but it was the most dramatic of the three pulses in Florida in terms of landscape loss due to the low continentalshelf gradient*" (Faught & Pevny, 2019: 75-77). Estos son los procesos que ocurrieron antes del cambio del Pleistoceno al Holoceno.

El segundo evento correspondió al cambio de las puntas de proyectil lanceoladas a las puntas con muescas, un incremento en el número de sitios y distribución más amplia de artefactos. Estos hechos coincidieron con el inicio de la utilización de territorios que no habían sido ocupados por dichas poblaciones durante el Paleoindio temprano (Faught & Pevny, 2019: 76).

El tercer pulso de deshielo ocurriría alrededor del 8200 AP: It "*[...] occurred around 8200 cal yr BP, resulting in a 10-meter sea-level rise that occurred over 1000 years*" (Faught & Pevny, 2019: 75).

En el sitio de Page Ladson se observaron comportamientos explosivos, picos, de la especie vegetal *Sporomella*, paralelos al aumento de polen de ambrosía y el carbón vegetal entre 14 400, 13 700 y 12 950 años AP. Esta especie vegetal está ausente del registro a partir del 12 600 AP, lo que significó la extinción de los megaherbívoros (Faught & Pevny, 2019: 77). Después de ese marco cronológico ocurre la desaparición de taxones de los bosques, se amplía el polen de *Chenopodiaceae* y aumenta el carbón (Perroti, 2016, en Faught & Pevny, 2019: 77). Estos procesos traen aparejados cambios significativos en la disponibilidad de territorio en la península, lo cual se reflejó en el registro arqueológico.

El área de Florida antes del primer evento de deshielo era de 325 313 km², y luego de dicho evento fue de 235 638 km², lo cual representó un notable decrecimiento, mientras, por el contrario, ocurrió un incremento de cuatro veces el número de evidencias prehispánicas (Faught & Pevny, 2019: 80). Esto, indirectamente, representó una notable pérdida de territorio y un aumento drástico de población que debieron constituir una situación estresante en la región. Algunos autores (Faught y Waggoner, 2012, en Faught & Pevny, 2019: 80) plantean que ello obligó al abandono del territorio peninsular: *"To see if the population increase was equal to or different than the land-loss estimates, we see that the area of Florida before MWP 1b was 325,313 km² in size and the area after was 235,638 km² —a 1.38 time".*

Dicho movimiento poblacional, según criterios expresados en décadas precedentes (*Ibid*), habría ocurrido entre los 10 000 y 9000 años AP, marco cronológico especialmente sugestivo, pues había sido sugerido ya por arqueólogos cubanos como época del posible poblamiento del archipiélago por las comunidades protoarcaicas —"Los pobladores más tempranos llegaron a Cuba hace aproximadamente 10 000 años, en el 8000 A.N.E." (Domínguez, Febles y Rives, 2002: 6)— sobre la base de estudios tipológicos anteriores (Febles, 1987, 1991; Febles y Rives, 1988; Febles y Rives, 1991; Rives y Febles, 1988). Y, ¿hacia qué lugar más cercano del territorio floridano que el archipiélago cubano pudieran haberse movido si no tales pobladores? Así que, al menos a esa fecha podría remitirse el arribo a Cuba de los primeros inmigrantes.

CAUSAS DEL POBLAMIENTO DE LAS ANTILLAS

El arqueólogo J. Ulloa (2000: 16), en cuanto a los primeros habitantes antillanos, plantea lo siguiente: "[...] una pregunta que salta de inmediato es la referida al momento en que los hombres de ciertas zonas del continente decidieron arriesgarse en ese tránsito peligroso y hacia una ruta hasta cierto punto desconocida; sin embargo, es justo pensar que ningún grupo humano decidido a cambiar de hábitat lo hace al azar y he ahí uno de los primeros puntos a considerar [...]". A. Pérez Carratalá y G. Izquierdo (2010: 6) apuntan, además, que las causas del poblamiento en la época más temprana no deben limitarse a los componentes físico-geográficos y a las posibilidades del paso o estancia en el entorno, sino que deben referirse, en última instancia, a los aspectos de la vida material.

S. Perrot-Minot (2015: 17) ha mostrado también preocupación acerca de los posibles motivos del movimiento migratorio desde Belice y señala la diferencia de la masa geográfica de Suramérica en relación con la de América Central, como argumento de las causas migratorias más probables para esta última región. No da ninguna posibilidad a la ruta desde Estados Unidos. Según dicho autor:

> [...] la période Archaïque se caractérise par une diversification du population, des modes de subsistance, une intensification de l'exploitation des milieux naturels, une forte croissance démographique et une plus grande diversité culturell; nous pouvons conjecturer que cette période a également vu un développement notable des conflits. Naturellement, la pression sociale générée par un tel contexte devait être plus sensible dans l'étroite Amérique Centrale, qu'en Amérique du Sud.

Los sitios arqueológicos de Centroamérica, región a la que se refiere S. Perrot-Minot, son escasos tanto en el Paleoindio como en el Arcaico. Ni unos ni otros son comparables con el número de sitios de la península de la Florida. Centroamérica, en cuanto a la capacidad para asumir procesos de superpoblación, es abismalmente mayor que la estrecha franja de tierra floridana, la cual perdió una gran masa de tierra en el proceso de cambio climático. Las evidencias arqueológicas de Belice y Florida argumentan aún más acerca de esas diferencias.

K. M. Faught (2006) plantea que existe una diferencia cuantitativa entre los sitios arqueológicos de América Central y de Florida, que depende del monto poblacional en una y otra región durante el Pleistoceno tardío y el Holoceno temprano. Este autor afirma que en Centroamérica hay escasez de evidencias arqueológicas y los sitios poseen magnitudes menores, mientras que abundan en Florida, donde su incremento llegó a representar, al parecer, una verdadera explosión demográfica:

> [...] the differences in magnitude are more likely the result of differences in population size at the end of Pleistocene and in early Holocene. In Central America, a lower population density probably produced a sparce of archaeological records. In Florida, there are both high population and apparent long-term occupation in Late Paleoindian and Early Archaic times" (Faught, 2006: 180).

Esa escasez del registro arqueológico en Centroamérica y, por consiguiente, en la península de Yucatán y Belice, no argumenta acerca de un incremento poblacional que provocase insuficiencias de recursos naturales y situaciones perentorias en el ámbito socioeconómico. El escaso número de sitios conﬂ trasta, por otra parte, con el gran monto de sitios arqueológicos del Arcaico —780—, en Pinar del Río, la provincia más occidental de Cuba (*Censo de sitios arqueológicos de Cuba*, 2012), territorio allende el mar más cercano a Belice. Solo en el limitado espacio de la península de Guanahacabibes en el extremo oeste de la Isla se localizan 162 sitios del Arcaico (*Ibid*).

El balance entre esa gran cantidad de sitios del Arcaico en el extremo de Cuba y el escaso porcentaje de sitios del Arcaico —y una cifra aún mucho menor de evidencias clovisoides— en Belice, pueden argumentar poco o nada que cambios en el relieve y el clima producto de la transición Pleistoceno-Holoceno estimularan el traslado de comunidades arcaicas, y mucho menos paleoindias, hacia Cuba, como sí podría haber ocurrido desde la península de la Florida. Además, ese exiguo número de sitios arqueológicos en el continente y, en cambio, el alto monto de sitios arqueológicos en el extremo occidental de Cuba, permiten pensar que las posibilidades de contacto podrían haberse desarrollado desde la isla hasta el continente y menos probablemente viceversa.

Esto explicaría la presencia de las puntas Courí en dicha región como un préstamo de las Antillas. Según afirman algunos arqueólogos, "[...] resulta posible que las láminas Courí en Honduras Británicas sean de procedencia antillana" (Kozlowski, 1975; Izquierdo *et al*, 2015: 53). Se ha mostrado en párrafos precedentes cómo las referencias más tempranas de dicha tipología (los tipos Courí) se encuentran en el sudeste de Estados Unidos, Cuba, Haití y República Dominicana, en ese orden espacio-temporal. Otras características comparables del registro arqueológico en Belice podrían ser también causa de ese tipo de intercambios. Los experimentos realizados por R. T. Callaghan (2003), entre otros notables resultados, plantean que la navegación desde el occidente de Cuba hasta la península de Yucatán tendría pocas dificultades: *"[...] there was little navigational problem in reaching the Yucatan Peninsula from western Cuba"* (Callaghan, 2003: 334).

El Paleoindio del norte de Suramérica, específicamente en el actual territorio de Venezuela, sobre cuyos ajuares han sido expuestas similitudes y diferencias con evidencias del Protoarcaico de Cuba y del Paleoindio de Florida, se ha mencionado, además, que, cronológicamente, se asocia a una época en que la megafauna de la región aún era objetivo de las actividades económicas de aquellos pobladores. Además, indicadores importantes del registro arqueológico difieren sustancialmente de los ajuares mencionados. Para esas culturas, los cambios climáticos a finales del Pleistoceno, en vez de recrudecer las características del medioambiente, parecen haber mejorado las condiciones de habitabilidad.

I. Rouse y J. M. Cruxent (1963, en Sanoja, 2013: 188) mencionan un número discreto de complejos arqueológicos sucesivos de la etapa paleoindia: el Camare, Las Lagunas, El Jobo y Las Casitas, este último con referencia al Arcaico. A. Jaimes (2010) se refiere a una base de datos de sitios en el tránsito Pleistoceno-Holoceno, que van desde los cazadores de la megafauna hasta economías más generalizadas y tardías. Se destacan El Jobo, Manzanillo, Muaco, Taima, Cucumchú y Rancho Peludo, la Hundición, el Vano, etcétera. Estos en los estados Zulia, Falcón y Lara.

Al parecer, entre los 13 000 y 10 000 años AP, se habría producido un descenso en el nivel del mar en la región que habría determinado la situación siguiente:

> [...] formación de sabanas costeras secas con vegetación de suculentas, leguminosas, espinares [...] cortadas quizás de trecho en trecho por selvas de galería a lo largo de los ríos que bajaban de las montañas hacia el mar, socavando los sedimentos sobre los cuales se habrían formado las sabanas, y propiciando el desarrollo de terrazas fluviales escalonadas en distintos niveles sobre el cauce de sus aguas (Sanoja, 2013: 187, 207).

Un escenario con tales características habría propiciado una mayor concentración de la fauna en torno a los valles, ciénagas y cursos fluviales, optimizando así la posibilidad y la capacidad de los cazadores para apropiarse de la fauna variada y los recursos vegetales que caracterizarían ese

74

tipo de entorno (*Ibid*). O sea, que los cambios paleoclimáticos de ese evento transicional propiciarían condiciones para un incremento de las comunidades paleoindias en esos territorios, que no eran muy numerosas hasta esos momentos, y no circunstancias deficitarias que provocasen movimientos más allá de las tierras aledañas. Es difícil argumentar, por tanto, procesos migratorios emergentes desde dichas regiones hacia las Antillas Mayores en dicha época.

Sin embargo, en cuanto a una época más tardía, el conjunto 3 de grupos apropiadores de Suramérica, que L. F. Bate (1983, en Sanoja, 2013: 49-50) identifica con poblaciones de cazadores, recolectores y pescadores tropicales, desarrolla, según dichos arqueólogos, una gran dispersión geográfica en la mayor parte del continente sur, incluidos el Caribe colombiano, y que parece haberse extendido hasta las Antillas Mayores (*Ibid*). Ello debió representar una explosión demográfica y provocar desplazamientos migratorios.

Como parte de estos eventos pudo producirse una migración de grupos arcaicos que se trasladarían directamente por mar a las Antillas Mayores y las Islas Vírgenes, como han señalado otros investigadores. Y, en fecha algo más tardía, o no, un desplazamiento de índole semejante por comunidades asociadas con el llamado complejo *edge ground cobble Millingstone*, cuyas relaciones con el ámbito antillano han sido refrendadas por estudios especializados (Rodríguez Ramos & Pagán Jiménez, 2006: 112).

Estas corrientes migratorias de comunidades arcaicas —de cazadores, pescadores y recolectores— pudieron arribar al sur del archipiélago cubano en fechas tempranas, como señala el mencionado gran número de sitios arqueológicos del Arcaico existentes en el sur y principalmente el occidente del territorio, así como los fechados radiocarbónicos obtenidos en algunos de esos sitios. Solo en la península de Guanahacabibes, Pinar del Río, existen más de cien sitios tal vez emparentados con lo que anteriormente se denominaba serie manicuaroide, y alrededor de cuarenta sitios arqueológicos preagroalfareros con presencia de artefactos de concha y de piedra modificada-picoteada y/o pulida, un 27 % del total de la muestra (Gabino la Rosa Corzo, 2020: "Revisión de los sistemas de asentamiento de la península de Guanahacabibes, Pinar del Río, Cuba" [trabajo en preparación], comunicación personal), número también varias veces superior a las referencias de este tipo de registro en sitios arqueológicos de Belice.

Los sitios de Orange y Sand Hill en Belice tienen cronologías datadas, las más tempranas, desde 3500 hasta 2000 AP, y, las más tardías, 1500-900 AP (Wilson 1998: 392); el sitio Colha, desde 3500 hasta 200 AP (*Ibid*: 393). Las plantas domésticas en las cercanías del sitio Colha se han fechado en 2500 AP. En el sitio Cueva Funche, en Guanahacabibes, el nivel más temprano fue fechado en el 4000 AP. Las evidencias de piedra picoteada habrían aparecido en el territorio cubano alrededor del 2000 AP (Tabío, 1991b: 6: Tabla 1), aunque recientes investigaciones mencionan fechas aún más tempranas (Cooper, 2007; Echinique y Rodríguez, 2012; Echinique *et al*, 2015, 2016). Estas dataciones son más tempranas que algunos de los registros de Belice con tipologías del Arcaico. Quedan, pues, en espera de ser comprobados, el posible contacto entre los dos territorios en esta etapa y el sentido de ese contacto. Las evidencias parecen apoyar la existencia de posibles interacciones entre ambas regiones, lo que demuestra, también en este limitado escenario, el error de haber considerado antes el "[...] arco antillano como un área marginal", según han planteado oportunamente los arqueólogos R. Rodríguez Ramos y J. Pagán Perdomo (2006: 109-110).

MARCO CRONOLÓGICO DEL PRIMER POBLAMIENTO DE CUBA

La pérdida de territorios y el abandono de Florida por algunos de sus habitantes alrededor del 10 000 AP (Faught & Pevny, 2019: 80) podría haber tenido precedentes. Existen evidencias acerca de que desde fechas anteriores al 11 500 AP podrían haber sucedido movimientos poblacionales en la península y, puede suponerse, desde esta. El ajuar de las comunidades protoarcaicas de Cuba, correlacionable con las evidencias del sudeste estadounidense, así como determinadas circunstancias medioambientales, parecen argumentarlo.

La comparación establecida entre artefactos del Paleoindio del sudeste norteamericano y del Protoarcaico de Cuba (Apéndice 2 y ss.), permitieron comprobar varios rasgos tipológicos de los conjuntos, presentes en Cuba, que abogan por ser ubicados cronológicamente antes del inicio del evento conocido como Younger Dryas. Otras herramientas contrastadas podrían ser aún más tempranas.

Desde finales del Pleistoceno, en las comunidades cazadoras-recolectoras de Florida y las regiones del sudeste se aprecian aspectos de cambio. Uno de los más importantes, si no el más, es la transformación de las técnicas de talla del sílex, de manera que se incrementa el uso de los artefactos elaborados en preformas unifaciales (*expedient tools*) y disminuye la talla bifacial (*curated tools*): "[...] *changes in chipped-stone technology, including an increase in the use of expedient tools and a concomitant decrease in curated tools*" (Faught & Pevny, 2019: 80). Esta alternativa se comprueba de manera contundente en los ajuares del Protoarcaico: prácticamente todo el conjunto está elaborado en preformas unifaciales y los artefactos bifaciales son escasos.

Rasgos como estos se desarrollan en la fase conocida como *Paleo late* o Paleoindio tardío, cuando desaparecen los patrones clovisoides clásicos en los conjuntos de puntas de proyectil. Aunque herramientas con características propias del Arcaico en fechas posteriores continúan reproduciendo formas antiguas (Faught, 2006: 174), la mayoría de estos casos del Arcaico floridano son puntas con pedúnculo y aletas (Borrero, 2006: 17), no presentes en Cuba y escasamente en el Paleoindio tardío de Florida.

En este lapso existe, además, una tendencia a sustituir las puntas estriadas por puntas no estriadas —*fluted points by unfluted points*— como parte, al parecer, todos estos cambios, de la sustitución de las actividades de caza de la megafauna por el de especies modernas de dimensiones medias y pequeñas, así como del desarrollo de estrategias de recolección de especies vegetales (Dalton types. Peach Sate Archaeological Society, 2020). Las puntas Dalton más representativas de la Florida y otros tipos como la *Cowhouse slough*, parecen haber sido parte de esos cambios en la tecnología de talla de las puntas de proyectil.

Esta transición, cuya referencia cronológica, como se ha mencionado, se remitía antes a los 10 000 o 9 000 AP, estudios recientes la alejan más en el tiempo. En la actualidad se estima la cronología de las puntas Dalton en los 12 500-11 500 AP: *"Temporal Placement* (Goodyear, 1982: 389-392) dated Dalton at approximately 12,500-11,500 B.P."* (Farr, 2006: 50). La tradición de las puntas Dalton aparece estratigráficamente por debajo de las llamadas puntas Bolen con muescas, que surgen en el Arcaico temprano (10 000-8 000 AP): *"[Dalton points] [...] occur slightly lower stratigraphically than the fully notched points such as Bolen"* (Faught, 2006: 174).

La posibilidad de que esta referencia cronológica sea válida para Cuba se refuerza por las asociaciones tipológicas que se han analizado en capítulos y párrafos precedentes, y que se repasan a continuación. En primer lugar, la semejanza de los artefactos bifaciales hallados en asociación con sitios arqueológicos del Protoarcaico poseen características de las puntas Dalton o de las puntas *Cowhouse slough*. En cambio, las puntas del tipo Bolen, y cualesquiera de sus rasgos, están ausentes del Protoarcaico.

Es importante mencionar dos tipos de artefactos elaborados en preformas unifaciales: los *edgefield scrappers* y los *Waller knives* que se asocian en los contextos arqueológicos de Florida con las puntas Bolen: *"Two tool types common to Early Archaic assemblages are Edgefield scrappers and Waller knives (Figure 7). Both types have been recovered from Bolen contexts at a number of sites in Florida and from dated contexts at site 8LE."* (Faught & Pevny, 2019: 81). Estos constituyen también indicadores del Arcaico temprano (*Ibid*: 80-81).

Los raspadores *edgefield* con muescas en la base no aparecen en el Protoarcaico, y solo un ejemplar atípico ha sido hallado en un sitio del Arcaico tardío de Cuba (Protoagroalfarero). Los *Waller knives* a los que se ha hecho referencia por su semejanza tecnotipológica con las que se consideran puntas de proyectil unifaciales en las Antillas, en el Protoarcaico carecen absolutamente de muescas en la base para confeccionar algún tipo de pedúnculo, ni aletas, que son las características principales de los *Waller knives* del Arcaico floridano.

Las puntas elaboradas en preformas unifaciales aparecen desde fechas tempranas en el Paleolítico universal y en el Paleoindio de diferentes lugares de América, incluso la Florida y el sudeste del continente. Las puntas unifaciales del Protoarcaico son semejantes a esos artefactos en su fase temprana, para nada comparables con los que poseen aletas o pedúnculos hechos mediante muescas. Se ha mencionado que las puntas unifaciales de La Española, a diferencia de las de Cuba, sí poseen pedúnculo, pero su morfología —escasez o ausencia de muescas y aletas—, difiere de las puntas unifaciales pedunculadas de Florida. Por ello pudieran interpretarse, quizás, como una evolución de carácter local.

La presencia de artefactos confeccionados en láminas, abundantes en el Protoarcaico, se ha observado también en el sudeste estadounidense —láminas modificadas: *modified blades*—, con antecedentes en la época Clovis (Sain & Goodyear, 2014). En la zona de Chipola, en el noroeste de Florida, se ha apreciado asimismo un predominio estadístico de artefactos en lámina por encima de los confeccionados en lascas (Tyler, 2008).

Otros rasgos que validan una cronología de los conjuntos de artefactos del Protoarcaico con el Paleoindio tardío son los siguientes: las llamadas muescas oblicuas o *humpies* (jorobaditas) de Cuba, aparecen en la región centroccidental del archipiélago, y se ha mencionado su posible vinculación con lugares húmedos asociados con un medioambiente y fauna propios del final del Pleistoceno. Este aspecto coincide con las asociaciones de dichos artefactos (*humpies* originales) con ambientes comparables en Estados Unidos: "*[...] onto ancient paleo-shorelines*" (Hisrt, 2020). Estos se hallan en el este de Estados Unidos desde el Paleoindio tardío (Robinson *et al*, 2004), aunque aparecen también en la época arcaica.

Es significativo el paralelismo constatado entre la serie de artefactos denominados hachuelas Dalton (*Dalton adzes*) de Florida y las que se han llamado provisionalmente hachuelas Melones-Dalton (unifacial) del Protoarcaico, así como las hachuelas del Protoarcaico centroccidental Dalton (bifacial o parcialmente bifacial). Uno de los ejemplares de hachuela tipo Melones aparece en el mismo sitio que una raedera parcialmente bifacial, posible modificación de una punta con característica de las Dalton o punta para-Dalton. Aparentemente, por consiguiente, la llamada influencia Dalton (*Dalton influence*) que arriba a Florida alrededor del 12 000-11 500 AP, según más de una asociación, pudiera haber accedido también al archipiélago cubano, donde rápidamente sufriría cambios.

Mas, por otra parte, tanto en el Protoarcaico (Febles, 1991) como en el Paleoindio (Purdy, 1981, 2008), se ha reconocido la existencia de la técnica de talla Levallois o semejante a esta. En Cuba, en Florida y Alabama se ha comprobado, inclusive, la presencia específica de puntas de proyectil Levallois de primera y segunda serie (Apéndice 2: Lista tipológica: tipos: 1-6-15, 1.6.16), así como puntas desviadas o pseudo-Levallois (Apéndice 2: Lista tipológica: 1.6.14). Esto en cuanto a los artefactos de la lista tipológica

79

del Protoarcaico, pues la coincidencia de evidencias con técnica de talla Levallois, o como se identifican, *Levallois-like technique* (Ensor, 2013, 2018) en ajuares del Protoarcaico y del Paleoindio, se extiende aún más.

Núcleos de tipo Levallois que pueden ser considerados clásicos por su forma (Febles, 1988: Fig. 19, 3), y núcleo discoidal levalloisiense más generalizado (Febles, 1988: 18, 2), se hallan, ambos tipos, en el Protoarcaico de Cuba, y están presentes también en sitios del sudeste estadounidense (Ensor, 2013: Fig. 7 y 11). Asimismo, el núcleo Levallois de lascas y la lasca Levallois de segunda serie (Ensor, 2013: Fig. 17; Kozlowski y Ginter, 1975: Lam VIII: Figs. 4 y 8)) se encuentran presentes en los conjuntos de las Antillas y del sudeste del continente.

Otras evidencias asociadas a los artefactos arqueológicos paralevalloisienses se hallan en sitios de la península y del archipiélago. Uno de los casos es el de los restos de taller con retoques y huellas de utilización, presentes de forma abundante en ambos territorios (Febles y Rives, 1988; Purdy, 1981). Incluso una herramienta elaborada en resto de taller hallada en el sitio Melones 10, considerado uno de los asentamientos más tempranos del Protoarcaico de Cuba (Febles, 1988: Fig. 8:3 y 4), se reporta también en el sitio con evidencias de *Levallois-like* Container Corporation of América, de Florida (Purdy, 2008: Fig. 3, 3, B).

Otro caso es el de las hachas-tajadores masivos de la región centroccidental de Cuba, que tienen sus paralelos tipológica y geográficamente más cercanos en Florida, Georgia y especialmente en los sitios con *Capps-Levallois technology* de Alabama, cercanos a la frontera noroeste de Florida (Erson, 2008, 2013).

Los sitios arqueológicos de Alabama y Florida con estos tipos de evidencias requieren de un acercamiento en detalle porque en estos no ha podido establecerse aún fechados absolutos. No obstante, aspectos tecnológicos permiten adelantar un carácter temprano: *"Presently Capps prepared core technology is undated although the degree of patination would appear to suggest some degree of antiquity as suggested by the work of Clark and Purdy on similar Florida chert"* (Ensor, 2013: 15).

El sitio Container Corporation of America, en el noroeste de Florida, con presencia de la técnica *Levallois-like*, argumenta especialmente acerca del temprano uso de esta técnica en la región. La excavación realizada aquí permitió determinar dos niveles estratigráficos bien diferenciados: (1) *"An upper sand zone containing recognizable stone artifacts dating from the paleoindian period 12 000 year ago to AD 1000 and (2) a lower sandy clay zone containing crude stone implements that are very weathered and technologically so distinct from the tools in the analizing sand that no cultural continuity is evident"* (Purdy, 1981: 86).

Esta discontinuidad estratigráfica y cultural argumenta que las evidencias de la técnica *Levallois-like* en el sitio de Florida son anteriores al Paleoindio tardío, circunstancia que parece confirmarse en los sitios con esta técnica en el estado vecino. En Capps y Shelley, en el suroeste de Alabama, pudo aislarse convenientemente la mencionada técnica y sectores con evidencias del Paleoindio tardío y el Arcaico, sin prueba de contacto entre estos últimos y las evidencias levalloisienses. Además, en estos sitios tampoco se reporta la presencia de artefactos de la época Clovis: *"Capps technology apparently lacks traditional Clovis and later Holocene thin-biface technology"* (Erson, 2013: 36-37), lo cual ocurre igualmente en el sitio floridano.

Se considera que la tipología Clovis de Florida es contemporánea con las puntas recuperadas de sitios Clovis norteamericanos fechados (13,000-12,700 cal año BP, Waters y Stafford 2007, en Faught & Pevny, 2019), aunque solo se ha identificado una punta Clovis en la península en contexto estratigráfico (Faught & Pevny, 2019: 77-78). Un corto rango temporal de la cultura Clovis justificaría su escasa detección en contextos estratigráficos, mientras su presencia en casi todos los rincones del sudeste parece indicar una difusión rápida. El lapso a partir del aparente fin de Clovis coincide con la desaparición de los grandes herbívoros (12 700 AP), y podría coincidir con la aparición de la técnica *Levallois-like* en el territorio, según la estratigrafía y la tipología de los sitios.

Se hace alusión, sin embargo, a una posible cronología pre-Clovis o anterior a esta para las evidencias de la técnica *Levallois-like*, dado que la tecnotipología Folsom-Clovis se asocia en alguna medida con la del Paleolítico superior (Ensor, 2008: 15). Por su semejanza, aunque morfológica, con las técnicas del Paleolítico medio, las evidencias paralevalloisienses serían anteriores a Folsom-Clovis, de acuerdo con los esquemas del Viejo Mundo.

Este tipo de esquema, que ha probado con anterioridad su escasa eficiencia, es particularmente discutible en esta oportunidad. Como ha señalado B. H. Erson (2008, 2013) respecto a la tecnología Capps, que convenientemente no denomina Levallois, sino *Levallois-like technology*, artefactos de tipología y tecnología similar no necesariamente derivan unos de los otros. *"It is clear that a case for independent invention or diffusion must be carefully study through proper methodology"* (Erson, 2013: 62).

Las evidencias del llamado período pre-Clovis son escasas y aparentemente relacionadas con la actividad cinegética tradicional. En Florida, donde ha podido establecerse cronológicamente una presencia anterior a este período, en el sitio Page Ladson, alrededor del 14 500 AP (Faught & Pevny, 2019: 77-78), ese tipo de hallazgos es consistente *"[...] with the small number of artifacts found at other Pre-Clovis and some Clovis butchering and scavenging sites"* (Halligan *et al*, 2016), implícitamente indicativos de la práctica

81

de la caza de mamíferos de gran talla. Su comparación tecnotipológica con las evidencias de los sitios *Levallois-like* no muestra similitudes suficientes. Las evidencias *Levallois-like* aparecen esporádicamente en otros lugares de Estados Unidos, sin pruebas definitivas, tampoco, de una gran antigüedad.

Es importante apuntar, por tanto, otro rasgo de interés del grupo de sitios con la técnica *Levallois-like* de Florida y Alabama, y es su ubicación en las inmediaciones de fuentes de material silíceo con características particulares (Ensor, 2008: 15). Esto se repite en otras localidades en que aparecen estas evidencias (Febles, 1991): *"Capps and Shelley are designated as quarry/workshop sites or lithic procurement sites since Ocala chert was likely available over a long period of time at both locations"* (Erson, 2013: 38).

El chert Ocala se formó a través del reemplazo de la piedra caliza fosilífera anterior por sílice, lo cual es claramente evidente en secciones delgadas del material. Los especímenes muy silicificados fueron sustituidos por pedernal criptocristalino (University of Alabama, 2004). No se observa en el ajuar de los sitios Capps y Shelley que el chert haya sido sometido al calor: *"No heat treatment was noted for any of the Capps technology specimens, although Ocala chert was regularly heated by Gulf Coastal Plain Archaic and Woodland groups [...]"* (Erson, 2013: 38). Sobre su coloración se dice que : *"[...] non-cortical flaked surfaces of Capps-related artifacts are generally very pale orange, to pale yellowish orange, to grayish orange, to dark yellowish orange in color"* (*Ibid*: 38-39).

Como es de conocimiento general, la disponibilidad y características del sílex influyen en gran medida en la tipología de los ajuares líticos. Por ejemplo, los conjuntos de evidencias de piedra tallada en el Caribe *"[...] appears to clearly demonstrate technological variability as a result of differential raw source materials rather than a factor of cultural variation"* (Pantel, 1988: 169). The *"[...] higher quality material allowed the artisan a higher degree of options to produce artifacts than the lower grade materials"* (*Ibid*: 166).

Estudios específicos sobre la técnica Levallois en otras partes del mundo indican que esta no se limita a contextos del Paleolítico medio: *"[...] this technology can emerge in more diversified contexts than usually described"* (Soriano y Villa, 2017), y en lugares como esos se hallan pruebas del papel de las características del sílex para este tipo de talla, tanto en el Paleolítico medio como en el Paleolítico superior. Han sido definidos diferentes tipos de chert mediante estudios microscópicos, en sitios de Jebel Qalkha, en el sur de Jordania, *"[...] the larger volume of Type M chert is likely to have been more suited than Type FH for Levallois core reduction in the Late middle paleolithic and the production of robust blades in the Initial upper paleolithic"* (Suga *et al*, 2022).

La tecnología *Levallois-like* de los sitios del sudeste, delimitada categóricamente de testimonios del Paleoindio tardío, según la estratigrafía, y sin contigüidad espacial o tipológica con la cultura Clovis, podría indicar que esta última no hubiese tenido contacto con las evidencias levalloisienses, a causa, tal vez, del cambio abrupto que representaría, alrededor de la misma fecha, el lapso en que desaparece la megafauna y ocurren eventos climáticos concomitantes. Todo ello, relacionado con un entorno con gran profusión de fuentes naturales de sílex que propiciarían el surgimiento de las técnicas necesarias en las nuevas circunstancias. La aparición de esta técnica en otros sitios de Estados Unidos podría indicar que el hecho constituyó una regularidad.

Otros aspectos tecnológicos y tipológicos parecen coincidir con esta alternativa. En Florida, durante el tránsito Pleistoceno-Holoceno se aprecia, como se ha señalado, un incremento de los artefactos unifaciales respecto a los bifaciales, lo cual se argumenta que está relacionado también con el mencionado proceso de cambios en las condiciones naturales (Faught & Pevny, 2019: 80), especialmente el tipo de fauna que ya no se trata de los grandes herbívoros. Exámenes de residuos de sangre en artefactos diferentes de las puntas bifaciales comprueban su imbricación en la procuración de especies faunísticas para la subsistencia: *"Blood residues indicate a number of different tool forms were used to procure and process faunal subsistence resources"* (Faught & Pevny, 2019: 83).

En los sitios en que aparece la tecnología *Levallois-like* los artefactos bifaciales son escasos, mientras que las llamadas puntas-cuchillo, obtenidas mediante dicha técnica, junto a otras herramientas de tipo unifacial, son la característica dominante. O sea, que, en estos sitios, desde fecha temprana —alrededor del 12 700 AP—, prexistieron características tecnotipológicas que iban a sucederse de manera general en la industria de sílex de la península, durante el Paleoindio tardío y el Arcaico temprano.

La presencia de la técnica paralevalloisiense en Cuba, donde no existieron grandes herbívoros, sería otra prueba en favor de los argumentos precedentes. Aquí, puntas unifaciales de tipo paralevalloisiense, junto a un *stock* variado de artefactos unifaciales que se consideran puntas de proyectil, fueron dedicadas a las actividades cinegéticas, lo cual contribuye también con dichas pruebas. Los sitios de las comunidades protoarcaicas de Cuba aparecen asociados a fuentes de material silíceo en espacios abiertos (O. V. Acanda, en Pino, 1991; Febles, 1991), paralelismo significativo con las fuentes de chert de los sitios de Florida y Alabama.

Los yacimientos junto a los sitios protoarcaicos, como en aquel caso (University of Alabama, 2004; Erson 2013) son igualmente de caliza silicificada, conocida también como silicita (Acanda, 1986). En el ajuar se aprecia además pátina de chert arqueológico (Acanda, 1988). Los colores del

83

material son de cierta forma parecidos al chert (sílex) de Ocala. Tampoco se ha apreciado en las evidencias de Cuba calentamiento para la talla. Los sitios protoarcaicos donde aparece la técnica de talla levalloisiense son también los más tempranos del archipiélago —Seboruco 2, 3, 4 y 5, Melones 10, en Mayarí, Holguín—. Lo mismo se asume de los sitios de la Cuenca del Río Damují en la provincia Cienfuegos (Borges García y Borges Sellén, s/f: 3.1), por su tipología y ubicación en zonas con características semejantes: zona fluvial alejada de las costas (Rodríguez Matamoros y Putonet Toledo, 2008).

Durante los primeros hallazgos de la técnica de talla levalloisiense en los sitios junto al río Mayarí, en la década de 1970, se pensó también en una gran antigüedad para estas evidencias. Ante los dígitos de los fechados obté tenidos hasta ese momento, los arqueólogos europeos que participaban en los trabajos de campo decían en tono humorístico: ¡faltan ceros! (J. Febles, comunicación personal; Trzeciakowski y Febles, 1981). Posteriormente se ha considerado la presencia de esas evidencias como emergencia local o invención independiente de ese tipo de técnicas.

El presente estudio comparativo podría señalar que estos testimonios serían indicativos de que esa emergencia se propagó mediante contactos entre comunidades del sudeste de Estados Unidos y Cuba, con este tipo de tecnología independiente, en época más temprana que el Paleoindio tardío, período al que parece remitirse la mayor parte de las similitudes entre los ajuares de aquella región y los del Protoarcaico de Cuba.

Estos paralelismos se enmarcan en un lapso de aproximadamente mil años entre dos momentos principales, el primero, alrededor del 12 700 AP, y el segundo, en una época anterior al evento del Younger Dryas. Esta alternativa concuerda, significativamente, además, con características paleoambientales que harían favorables los arribos a Cuba en ese marco cronológico.

El edafólogo F. Ortega Sastriques, otros investigadores y en especial los arqueólogos G. Izquierdo y R. Sampedro (Ortega *et al*, 2019; Izquierdo, Ortega y Sampedro, 2015) se refieren respecto a Cuba a los sucesivos procesos de deshielo de finales del Pleistoceno que difieren poco de los que se han mencionado respecto a la Florida: "1) el comienzo del deshielo hace 19 000 años; 2) hace unos 14 500 años […] 3) hace unos 11 300 años, fin del Younger Dryas" (Ortega *et al*, 2014: 47; Izquierdo, Ortega y Sampedro, 205: 63).

Según estos investigadores:

> […] los manglares como productores primarios en la zona litoral […] [estimularían] los procesos biológicos de la plataforma y con seguridad el aumento del número de especies y de individuos en esta zona, en especial crustáceos y moluscos que viven directamente

84

o se reproducen entre las redes del manglar" (Izquierdo, Ortega y Sampedro, 2015: 6).

El mangle, además, protege la línea costera de la erosión del oleaje "[…] [y reduce] la turbidez de las aguas costeras, lo que permite el mejor desarrollo de los corales" (*Ibid*: 63). Y la barrera coralina es un hábitat especial donde se multiplican innumerables especies de peces, moluscos y crustáceos (*Ibid*: 64). Pero, previamente a estos procesos, "[…] la vegetación de manglar estuvo restringida" (*Ibid*). La "[…] estrechez de la franja de marea durante el período glacial a causa de la aguda pendiente del veril […] hacía difícil la acumulación en la línea de costa de sedimentos blandos imprescindibles para el enraizamiento eficiente de la vegetación del manglar" (Ortega *et al*, 2014: 47; Izquierdo, Ortega y Sampedro, 2015: 62).

Las barreras coralinas "[…] no rebasan en Cuba los 20 a 25 metros, lo que significa que comenzaron a formarse solo en el Holoceno temprano" (Yunin, 1967; en Izquierdo, Ortega y Sampedro, 2015: 64). Y "[…] los manglares tuvieron la oportunidad de expandirse desde las zonas deltaicas hacia el resto de la franja costera cuando el nivel del mar alcanzó la superficie de la actual plataforma insular" (Ortega *et al*, 2016: 47; Izquierdo, Ortega y Sampedro, 2015: 63). Esto tuvo lugar entre el 13 000 y el 11 500, en torno al evento conocido como Younger Dryas, de acuerdo con varios factores, como "[…] la pendiente y cota del tramo de la plataforma considerada, así como de los movimientos neotectónicos".

Las turbas en los alrededores de la Laguna del Tesoro comenzaron a formarse hace 11 000 años (Furrazola *et al*, 1964, en Ortega *et al*, 2014: 47). Por tanto, las posibilidades de obtención de especies del mar y sus costas, vinculadas al desarrollo de los manglares y a la barrera coralina, debieron ser muy limitadas para las poblaciones de los llamados cazadores-recolectores si hubieran arribado al archipiélago cubano antes del Holoceno temprano. Esta época de arribo parece corroborarse en el registro de restos alimenticios en los sitios arqueológicos.

Es conocida la ausencia de evidencias alimentarias en los sitios arqueológicos del Protoarcaico, lo cual se achaca a la gran movilidad de las comunidades apropiadoras y al aprovechamiento intensivo de los recursos alimenticios a su alcance en esa etapa, aspectos que se señalan para situaciones semejantes en otras regiones del mundo. No obstante, las mencionadas características de los ambientes costeros en la época preglacial e incluso a finales de esta, en el archipiélago, podrían engrosar las causas de la escasez de restos de dieta en los sitios protoarcaicos.

Otra aproximación al marco cronológico del primer poblamiento puede realizarse a través de sitios arqueológicos afines al período, pero que se consideran multicomponentes, o sea, sitios arqueológicos cuyo espectro estratigráfico está integrado por registros desde el Protoarcaico hasta el Arcaico. Se trata de los sitios arqueológicos de Levisa 1 y, principalmente Seboruco 1, en Mayarí, Holguín.

Este último, a causa de la notable extensión superficial de su área fértil, ha sido objeto de diversas exploraciones y excavaciones en distintas épocas y por diferentes investigadores. Entre ellas es necesario resaltar la realizada por el arqueólogo José M. Guarch (Guarch y Vázquez, 1991: 42-78), pues a diferencia de otros trabajos en el lugar, en este caso se publica la información sobre el hallazgo de los restos alimenticios "[…] mediante una identificación y cuantificación de la fauna presente en la muestra […]" (Guarch y Vázquez, 1991: 43), registrada por cada nivel estratigráfico.

Se ha demostrado (Febles, 1991; Pino, 1991) que el registro estratigráfico en el sitio Farallones de Seboruco (Seboruco 1), en el nivel inferior, el más temprano, posee evidencias del período Protoarcaico, mientras que en los niveles subsiguientes aparecen testimonios del período Arcaico (Preagroalfarero medio y tardío). Evidentemente, los restos alimenticios clasificados de acuerdo con esos mismos niveles deben referirse a evidencias arqueológicas concomitantes.

Resulta de interés que en el estrato más temprano del sitio (Guarch y Vázquez, 1991: Tabla 8: "Farallones de Seboruco") se hallan ausentes totalmente evidencias de peces, moluscos marinos, litorales y sublitorales. Esto parece coincidir con las limitaciones de la línea costera en la época anterior al Holoceno temprano. Además, en dicho nivel, se encuentran restos de especies terrestres: en primer lugar, mamíferos autóctonos, como corresponde a las características principales del entorno en aquel entonces, e, igualmente, moluscos pulmonados y crustáceos terrestres.

Es de destacar, como otro rasgo distintivo, la presencia de aves, de quelonios, y, con un alto índice de representatividad, de los saurios. Estos son datos interesantes, pues se señala la presencia en Cuba, durante el período glacial, de especies como aves, quelonios y, en la cúspide de las cadenas tróficas, saurios (Izquierdo, Ortega y Sampedro, 2015: 36), junto a otros elementos de origen terrestre como moluscos pulmonados, el cangrejo ruricola y caprómidos que también se supone que existieran en el Pleistoceno. O sea, en el sitio Seboruco 1, las evidencias dietarias, en el nivel más temprano, parecen corresponderse estrechamente con las características de la época glacial, no con el período postglacial.

Hay pocos cambios en la segunda capa estratigráfica de Seboruco 1: continúan sin aparecer los peces, disminuye el monto de saurios y de aves, también los mamíferos terrestres, y aparecen por primera vez —y se desarrollan en el nivel siguiente—, los moluscos litorales. ¿Testimonio inicial de una época posterior en la que ya comienzan a desarrollarse el mangle y la barrera de coral? De ser afirmativa esta propuesta, los niveles subsiguientes representarían momentos tardíos del sitio, contrastantes con los precedentes, según indica la presencia, en unos y otros, de fauna de dos entornos bien diferentes. Esta alternativa es corroborada por la presencia de artefactos proto y arcaicos en unos y otros casos.

Es importante, al punto, la contrastación entre la presencia de restos alimenticios en los niveles tempranos del sitio Seboruco 1 y de Cueva Funche, en Guanahacabibes, Pinar del Río (4000 AP), referente del Arcaico pleno y del Holoceno. Ello coincide igualmente con las diferencias tipológicas de los ajuares del Protoarcaico y del Arcaico.

En Cueva Funche aparecen, con altos índices numéricos, los restos de peces desde los primeros estratos, y se observa, por el contrario, ausencia total de aves y de saurios. Por tanto, los primeros niveles estratigráficos de los sitios Seboruco 1 y Cueva Funche se muestran como denotativos de dos épocas distintas. Esto parece otra prueba de la coincidencia de los niveles tempranos de Seboruco 1 con la época inmediatamente anterior al Holoceno, o a un lapso en que aún ese hábitat no se hubiese hecho familiar a los habitantes tempranos del sitio.

Existen, no obstante, otras evidencias acerca de estas circunstancias. En la región centroccidental de Cuba se han reportado sitios arqueológicos pertenecientes al Protoarcaico desde épocas tempranas, lo cual ha sido corroborado recientemente por la actualización tipológica general de esos conjuntos de artefactos (Izquierdo, Ortega y Sampedro, 2015). Como en el caso de la región de Mayarí, en Holguín, y se supone propio para los cazadores-recolectores del período, en la mayor parte de los casos las evidencias se reducen a artefactos e instrumentos de sílex, o sea, nada de herramientas de concha o piedra picoteada o pulida, ni restos de alimentos.

No obstante, uno de los sitios que se afilian a esta cultura, para algunos, al menos en parte de su espectro estratigráfico, suscita controversias por estar asociado el material de sílex a evidencias alimentarias, y tratarse, tal vez, como en los casos de los sitios Seboruco 1 y Levisa 1, de un yacimiento multicomponente. Se trata de Sierrezuela 1, ubicado en la llanura de Corralillo, en Yaguajay, en la provincia de Sancti Spíritus, descubierto en la década de los noventa del siglo pasado por el Grupo Espeleoarqueológico Cayobarién, del municipio de Caibarién, Villa Clara. Los materiales exhumados en este sitio han sido estudiados por varios investigadores (Baena, MacDonald y Méndez, 1993; Córdova, s/f, Izquierdo, Ortega y Sampedro, 2015).

El arqueólogo G. Baena ha planteado que en el sitio Sierrezuela 1, "[...] desde la superficie hasta 0.50 m existía una disminución en el tamaño de las formas básicas líticas, o sea [...] una industria de pequeñas a medianas proporciones, hasta las capas más tempranas, 0.50-1.10 m, el ajuar mostraba un predominio de mayores tallas [...]" (Izquierdo, Ortega y Sampedro: 164). Esto parece haber inclinado a G. Baena a pensar en una diferencia cultural, a juzgar por ello, entre un ajuar del Protoarcaico y un ajuar del Arcaico (Baena, MacDonald y Méndez, 1993).

Los arqueólogos G. Izquierdo y R. Sampedro, al examinar los materiales en el año 2008, piensan que las diferencias se refieren al uso de materias primas diferentes (Izquierdo, Ortega y Sampedro, 2015: 165). Sin embargo, el uso de distintas materias primas por personas que continúan residiendo en el mismo entorno, indicaría diferencias en la selección de los materiales que pueden significar un cambio en el plano cultural de aquellos o el arribo de otros pobladores, lo cual apoya la idea de G. Baena.

Por otra parte, el estudio de los restos alimenticios del sitio arqueológico Sierrezuela 1 (Córdova, s/f), aporta algunos elementos a la discusión. El autor del artículo especifica que la "[...] recolección y la caza predominan en sus actividades de subsistencia, con especies de mamíferos ya extinguidos [...]" (Córdova, s/f: 1), al igual que en Seboruco 1, puede añadirse. La excavación en el sitio alcanzó los 1.60 m de profundidad, mediante capas artificiales de 0.20 cm (Córdova, s/f: 2). Sin embargo, la información dietaria se analiza en tres momentos: 1.60-1.00 m, 1.00-0.50 m y 0.50-0.00 m, lo que puede oscurecer la comparación, pues se incluyen dos niveles en uno.

88

En el primer momento se hallaron solo dos ejemplares de moluscos marinos, una presencia vestigial, y, por el peso de los ejemplares —quizás una intrusión de los niveles 20-40 y 40-60—, a causa de movimientos de solifluxión. Significativamente, no aparecen evidencias de peces, y los moluscos y crustáceos hallados fueron terrestres. Los mamíferos están representados por restos de cuatro especies extinguidas, y hay apenas un caso de especie actual, que podría atribuirse asimismo a una mezcla de niveles, recordándose que la muestra analizada implicó niveles estratigráficos diferentes unidos.

En el momento 2 (1.00-050 m) se reporta el hallazgo de aves, y en especial de restos de la especie extinguida *Ornimegalonyx oteroi*, el búho gigante de Cuba, lo cual parece tratarse de otro indicador de que en el sitio existe mezcla de estratos. En el sitio Seboruco 1 ocurrió un hallazgo comparable, pero ubicado por debajo de las evidencias culturales, como debía esperarse en Sierrezuela 1: "En las excavaciones realizadas en 1979 —en Seboruco 1—, en estratos estériles subyacentes a las capas arqueológicas se exhumó una vértebra de una gran ave rapaz, la *Antillovultur varonai arredondo*, un vultúrido que poseía la talla del Cóndor de los Andes" (Arredondo, 1984: 8, en García, 1991: 9).

El hallazgo de un resto de una especie actual, *Capromys pilorides*, por debajo de los restos de la *Ornimegalonyx oteroi*, parece confirmar la idea de la mezcla de sedimentos. En este segundo momento, igualmente solo aparecen dos especies de caprómidos extinguidos y se hallan los moluscos marinos en un monto más representativo, junto a moluscos terrestres. En el tercer momento los restos son vestigiales.

A pesar de la posible mezcla de evidencias, en el sitio se observa una tendencia comprensible: ausencia total de restos de peces, y evidencia mínima, o probablemente ausencia, de moluscos marinos, en el nivel más temprano —posibles alusiones a la era glacial—. Además, hay predominio de especies extintas, de mamíferos y de una singular ave, que pueden ser indicadores del período pleistocénico. La mezcla de sedimentos podría explicar, tal vez, las disensiones entre los arqueólogos citados en cuanto a aspectos de la tipología lítica y la selección de los materiales.

No obstante, parece posible presumir que en Sierrezuela existieron características semejantes a las del sitio Seboruco 1, pues los recursos de las zonas de manglar y de la barrera coralina no parecen haber sido familiares a los pobladores del lugar en el momento más temprano. *V.gr.*, el sitio Sierrezuela 1 muestra una contradicción con el sitio Cueva Funche, en Pinar del Río, semejante a la existente entre Seboruco 1 y Funche, en tanto a la ausencia en uno y abundancia en el otro de restos de peces.

En Sierrezuela 1 se comprueba una paradoja semejante en relación con un sitio arqueológico también de la región centroccidental, excavado, al igual que los anteriores, con un control estratigráfico apropiado: Hoyo de Padilla, en la provincia Cienfuegos (Rankin, 1975). En el nivel estratigráfico 0.00-0.25 m (Rankin, 1975: Tablas: 1 y 2; Pose y Rives, 2017: Tablas 13 y 14) se aprecia un gran monto de evidencias líticas: 743 de sílex, 667 de cuarzo y 36 de piedra utilizada, con características de las comunidades arcaicas. Entre los restos alimenticios aparece una cantidad notable de restos de peces y de moluscos marinos y, en menor medida, moluscos terrestres, mamíferos y reptiles.

De nuevo se aprecia una diferencia significativa, ahora entre sitios arqueológicos de la misma región, uno con pruebas del uso intenso de especies de la zona de manglares y de la barrera de coral (Hoyo de Padilla) —y un ajuar característico del Arcaico— y otro (Sierrezuela 1) con un registro de sílex asociado al Protoarcaico, que, en su etapa más temprana, como en el caso de Seboruco 1, obvia los recursos naturales de esas zonas.

Los sitios arqueológicos del Protoarcaico en la cuenca de Mayarí aportan argumentos a esta problemática. Uno de los sitios más importantes del Protoarcaico en dicha área es Melones 10, el cual fue explorado exhaustivamente y excavado por personal del Departamento de Arqueología de la Academia de Ciencias de Cuba a inicios de la década de los ochenta: "En el mes de diciembre de 1982, continuando con el estudio de las comunidades

89

protoarcaicas de la cuenca del río Mayarí, en la provincia de Holguín, realizamos una excavación arqueológica rigurosamente controlada en el sitio Melones 10, ubicado en el barrio de Río Arriba, dentro de la presa Melones en construcción" (Febles y Rives, 1984).

La excavación consistió en un bloque de 2 x 1 m, con una profundidad de 0.85 m (hasta lo estéril) en la terraza más antigua del río. El primer nivel estratigráfico excavado fue de 0.25 m, ya que el terreno estaba sembrado de maíz y el arado había penetrado de 0.20 a 0.25 m. Todos los niveles posteriores fueron de 0.10 m, fijando todas las evidencias exhumadas por coordenadas cartesianas, hallándose ellas hasta los niveles más profundos y con una relativamente alta frecuencia de aparición (465 piezas de sílex). Sus características tecnotipológicas coinciden con las ya señaladas para el sitio encontradas en la exploración anterior [...] (Febles y Rives, 1984; Febles, 1982).

Las tipologías de las piezas exhumadas allí se encuentran entre las más tempranas examinadas hasta entonces.

Además, se practicaron 15 calas de prueba de 0.50 m³ a todo lo largo y ancho del sitio para determinar el alcance de este, cuya área de concentración de artefactos es de unos 3 600 m² —en la que se han colectado unas 2 000 piezas—, aunque se encontraron evidencias fuera de dicha área. "Los perfiles de la excavación indican dos capas culturales bien definidas, ambas con arcilla compacta, pero la superior es oscura y la inferior, carmelita claro" (Febles y Rives, 1984). O sea, que el carácter temprano de la tipología fue refrendado por la profundidad a que fueron hallados los artefactos y las características de la deposición de los sedimentos. En la capa inferior se presentaron características tipológicas muy antiguas. No fueron halladas evidencias de restos alimenticios.

En una recogida sistemática de superficie, en relación con las 15 calas de prueba distribuidas en el sitio, tampoco fueron hallados restos de alimentos, lo cual permitió pensar que fuese producto de las condiciones de movilidad habitacional y la explotación intensa de los recursos al alcance de aquellos hombres. Un microestudio de muestras de sedimentos tomadas en la excavación y las calas de prueba, en busca de evidencias de restos de alimentos, fue infructuoso por circunstancias técnicas adversas.

En este caso hay ausencia de evidencias faunísticas que, junto al carácter temprano de la tipología, parece indicador de una antigüedad sensiblemente mayor que la de los niveles tempranos de Seboruco 1 y Sierrezuela 1, posiblemente referentes ellos a una época anterior a la formación de la barrera coralina y la vegetación de manglares, período correlacionable, por tanto, con la época glacial.

Algunas de las características del Protoarcaico comparables con las del Paleoindio de Florida se encuentran precisamente en el conjunto de evidencias líticas del sitio Melones 10. Por ejemplo, varios artefactos polifuncionales, en lámina, con tipologías de gran antigüedad, y cuya contrapartida en el Paleoindio floridano son los llamados raspadores Hendrix, tienen su máxima representación en este sitio. Fueron hallados también aquí las que se han denominado hachuelas Melones-Dalton, por su semejanza con las herramientas de este nombre propias del *Paleo late* floridano.

Pero lo más importante es la presencia en el sitio, en proporción significativa, de artefactos confeccionados con la técnica para-Levallois o *Levallois-like* a que se ha hecho referencia en párrafos precedentes, lo cual reafirma la cronología temprana del registro coincidente con el de las evidencias de los asentamientos de Florida y Alabama con este tipo de técnica.

Otro aspecto de interés son las llamadas puntas/cuchillo, o puntas de proyectil unifaciales del Protoarcaico, cuyos paralelos en la Florida son los ya mencionados *Waller knives* o *Waller knife scrappers,* pero desprovistos en el Protoarcaico de las características que distinguen a estos últimos en el Arcaico peninsular. Estos artefactos poseen una gran representatividad en número de tipos y proporción estadística en el sitio, incluidas entre ellos puntas levalloisienses.

Un estudio estadístico de tales artefactos en Melones 10, suscitado por el número de puntas halladas en el lugar, permitió comprobar la existencia, en la muestra, de dos tipos de funciones: puntas de dardo y puntas de lanza; y, además, en ellas, dos subtipos: de impacto y de penetración (Febles y Rives, 1991: 115-124). A la vez, otro estudio estadístico de esas piezas en toda el área de la cuenca del Mayarí posibilitó comprobar que estos se distribuían de manera significativa en diferentes subáreas, caracterizadas por taxones que serían objetivos de caza mediante tipologías alternativas (Febles y Rives, 1991b: 174-184).

Se adelantó que en la zona donde predominaron las puntas de impacto la fauna sería de pequeñas dimensiones y características particulares de agilidad, y que su captura requeriría de útiles más contundentes que punzantes, con objeto de dejarlos fuera de combate —sin tener que proporcionarles necesariamente la muerte, lo cual tendría sus ventajas—. Mientras, en la zona donde predominaron las puntas de penetración, las especies serían de dimensiones medias, características y costumbres, como cierto peso, fortaleza y movilidad, que requerirían de su muerte para lograr su captura.

El arqueólogo y geógrafo F. García (1991: 11-15), en un ensayo sobre el paleoclima del archipiélago cubano, comprobó que esa alternativa tipológica coincidía con zonas geográficas y especies faunísticas propias del Pleistoceno, sobre la base de información edafológica competente (Ortega y Arcia, 1982;

Ortega, 1983, Ortega y Shuraliova, 1984; Ortega, 1984) y estudios de la paleo-fauna. Dicho autor (García, 1991) constató que esos hábitats contrastantes de la época glacial en el norte de las provincias orientales consistían, por un lado, en "[...] extensas áreas con climas desérticos y semidesérticos con cualesquiera de las temperaturas empleadas" (Ortega, 1983: 63; García, 1991: 13), y, por otro, en las zonas altas (montañas bajas) donde "[...] el clima era templado y húmedo [...]" (García, 1991: 13), de tipo continental (*Ibid*: 15).

Esas dos regiones resultaron "asombrosamente coincidentes [...] [con] las características tecnotipológicas en las herramientas de caza en el [...] norte de Holguín, Cuba" (*Ibid*: 13). O sea, que las puntas de penetración —dardo y lanza— "[...] están distribuidas espacialmente en las áreas con probables climas de estepas y desiertos, mientras que las puntas de impacto se concentran en las zonas de posibles climas continentales con invierno seco" (*Ibid*: 11-14). El análisis comparativo recién realizado entre artefactos del Paleoindio de Florida y del Protoarcaico de Cuba y los conocimientos actuales acerca de la fauna pleistocénica contribuyen a revalorizar este argumento.

"En los territorios con clima estepario que predominaban en el interior de la Isla existía una fauna de vertebrados de cierto tamaño factibles de ser procurados mediante la caza" (Izquierdo *et al*, 2015: 52). En las condiciones climáticas de esas regiones, al menos desde el Pleistoceno medio, eran "[...] dominantes los elementos xeromorfos de hojas pequeñas, esclerófilas o espinosas en la flora y la vegetación" (Borhidi, 1996, en Izquierdo, Ortega y Sampedro, 2015: 31). G. Izquierdo, F. Ortega y R. Sampedro (2015: 31) recalcan que entre "[...] los vertebrados de mayor talla capaces de prosperar con estos recursos alimenticios se encuentran los quelonios terrestres como los testudos (*Geochelone sp*) que serían abundantes en la época pleistocénica en Cuba", así como varias especies de perezosos (Condis *et al*, 2008).

Además de los quelonios, otros reptiles de la época eran los saurios, que también podían alcanzar cierto tamaño, como muestran las iguanas actuales (*Ibid*: 32). Se hace referencia, asimismo, al cocodrilo como parte de la fauna dulce acuícola (Veloz, 1976: 84; Izquierdo, Ortega y Sampedro, 2015: 67), el cual alcanza dimensiones notables. Los saurios son ágiles, fuertes, y su piel o escamas hacen que los artefactos de penetración sean los más apropiados para su captura.

Entre los mencionados es necesario destacar la "[...] adaptación y especiación de mamíferos de talla media y de metabolismo lento (edentada), como *Megalocnus rodens* y otras especies" (Izquierdo, Ortega y Sampedro, 2015: 31-32). Se menciona, incluso, la presencia de simios no arborícolas (*Ibid*). Las características de los perezosos grandes y medianos serían proclives igualmente al uso de esos artefactos.

La convivencia de los edentados con el hombre en Cuba ha tenido un amplio espacio en la literatura arqueológica. La proyección del arribo de las comunidades protoarcaicas a Cuba en el Pleistoceno, sin embargo, aconseja revalorizar el tema de su convivencia con estas especies.

G. Izquierdo, F. Ortega y R. Sampedro (2015: 32) piensan que los hombres del Pretribal temprano (léase comunidades protoarcaicas) pudieron utilizar los edentados, y se pronuncian por la posible extinción de estos a causa de esas actividades. En Cuba, varios autores han señalado (Ver en Pose y Rives, 2017: 71-75) la presencia de edentados en relación con sitios arqueológicos, tanto preagroalfareros como agroalfareros, por lo que la posible extinción de estos por los protoarcaicos puede ser discutible. En el sitio arqueológico La Masanga, situado en una cueva, en la provincia Holguín, M. Pino y N. Castellanos (1985) hallaron restos de perezosos y de un equímido hoy extinguido, en asociación con evidencias de piedra tallada como puntas de proyectil unifaciales de tamaño mediano.

Este sitio, que había sido "[...] datado mediante el método coágeno por el arqueólogo Roberto Rodríguez, del Museo Montané, con una fecha relacionada al tercer milenio [...] hace pensar que se correspondiera con niveles del Arcaico temprano de los sitios Seboruco 1 y Levisa 1" (Pose y Rives, 2017: 74).

M. Veloz (1976: 83) afirma que la "industria de las grandes puntas, referida a las zonas montañosas de la isla [...] [La Española] se relacionaría con la cacería de varios tipos de edentados grandes". Evidencias de estas especies han sido fechados en 850 años AP en la República Dominicana y Haití (Veloz, 83 :1076). Este arqueólogo insiste en el tema cuando dice que un "[...] fechado realizado en un hueso de *Parocnus* nos hace pensar en la posibilidad de que las grandes puntas de la Cordillera Central, forjadas en magnífico sílex, y con excelente técnica de lascado, fuesen utilizadas en este tipo de cacería" (*Ibid*: 83).

Otros fechados radiocarbónicos de restos óseos de edentados parecen probar su supervivencia hasta fechas relativamente recientes, y más tardías que en otros lugares del continente:

The Caribbean ground sloth, the most recent survivors, lived in the Antilles, possibly until 1550 BCE. However radio carbon dating suggests an age of between 2819 and 2660 BCE for the last occurrence of megalocnus in Cuba. Ground sloths had been extinct on the mainland for 10,000 years or more. They survived 5,000–6,000 years longer in the Caribbean than on the American mainland, which correlates with the later colonization of this area by humans (MacPhe, Iturralde-Vinent, Jiménez Vázquez, 2017: 94-98).

Estos fechados tampoco permiten afirmar una extinción de los edentados en Cuba provocada por las comunidades protoarcaicas. Habría que pensar en la influencia de comunidades más tardías y otras causas, como los cambios ecológicos producto del proceso de transición Pleistoceno-Holoceno. No obstante, resulta una posibilidad real que los hombres del Protoarcaico practicaran la caza de estas especies.

En la segunda región, los climas predominantes en las montañas eran templados y húmedos, lo que "[...] permitiría el desarrollo de una importante vegetación forestal [...] La fauna debió ser variada [...]" (Izquierdo, Ortega y Sampedro, 2015: 37). "En las húmedas montañas debió existir una importante fauna de vertebrados, de menor talla que en las estepas" (Condis *et al*, 2008; Izquierdo *et al*, 2015), por lo que, en esta región, durante el Pleistoceno, puede pensarse en la presencia de capromidos, equimidos y otros mamíferos de pequeña talla, como el solenodón cubano. Así lo afirman G. Izquierdo, F Ortega y R. Sampedro (2015: 32).

Entre las aves pueden mencionarse zancudas (*Ibid*: 36) y los búhos y otras rapaces, como indicarían, quizás, las citas sobre presencia de ese tipo de especies asociadas —aunque tal vez no directamente— con el material aborigen en el sitio Sierrezuela 1 (Córdova, s/f) y en el sitio Seboruco 1 (Arredondo, 1948, en García, 1991). Las aves de tamaño mediano y pequeño podrían ser capturadas con artefactos de menos precisión, como puntas de impacto.

M. Pino (1991) menciona la presencia en el sitio Seboruco 1 de una pieza dentaria de la foca tropical o foca monje: *Monachus tropicalis, neomonachus tropicalis* (Jiménez, 2014: 730). Investigaciones recientes afirman que hubo una confusión en la identificación de dicha pieza, pues se trataba en realidad de un diente de *Sus scrofa*, aunque la evidencia se ha extraviado (Jiménez, 2014: 72-73). Algo semejante ha ocurrido en tres casos más. En el primero de ellos, dos dientes de individuos adultos, supuestamente de foca tropical, formaban parte de un collar de cuentas de concha, en Cueva la Pluma, Villa Clara (Rivero, 1981), pero, en realidad, se trataba de piezas dentarias de la especie *Turciops truncatus*, el delfín nariz de botella (Jiménez, 2014: 71).

Un segundo caso es la referencia a evidencias de foca tropical en el sitio Cueva del Sílex, en Santa Cruz del Norte, Mayabeque (Ortega y Córdova, 1991, en Ramos e Iglesias, 2014). Este testimonio no ha sido corroborado en la bibliografía citada, además de ser desmentido algún hallazgo de ese tipo en dicha región por la arqueóloga A. Martínez (1990 ,1986, s/f). En el tercer caso, se trató de dos fragmentos de costillas supuestamente también de foca tropical, provenientes del sitio Río Chico, en el Valle de Yumurí, Matanzas (Vento, 2001), pero las condiciones de análisis de tales materiales no parecen haber sido apropiadas, por lo que se descartó tal identificación (Jiménez, 2014: 73).

"De esta manera, se excluye la foca monje caribeña (*N. tropicalis*) del registro arqueológico de Cuba, quedando el manatí (*T. manatus*), mayormente, y el delfín (*T. truncatus*), escasamente, como las únicas especies de mamíferos acuáticos explotadas por los aborígenes precolombinos" (Jiménez, 2014: 73). M. Veloz (1976: 84) menciona el cachalote para República Dominicana. En Florida existen algunas referencias a la presencia fósil de la morsa o león marino (*Walrus*), pero poco documentadas si se trata de sitios arqueológicos o no: "*At least 6 fragments of fossil walrus tusks have been recovered from sites near Charleston, South Carolina, proving this species lived in the southeast long ago. Moreover, one amateur fossil collector reports finding a walrus fossil in Florida*" (Maekgelbart WordPress, 2011; Sanders, 2002). En cambio, apenas aparecen referencias a la presencia de la foca entre las especies asociadas con sitios arqueológicos.

Así y todo, algunos investigadores cubanos planteaban que a finales del Pleistoceno las aguas del ámbito circuncaribeño serían más frías y que las focas y los sirénidos serían más frecuentes, y acotan lo siguiente: "Este hombre hipotético cazador de focas, se debió desplazar a lo largo de la costa del Golfo de México hasta llegar a la Florida, aunque en esta península solo se conocen dos sitios de pobladores tempranos (Little Salt Spring y Alexón) sin que se pueda establecer una relación clara con la apropiación de vertebrados" (Ortega *et al*, 2019: 49-50).

La afirmación sobre la supuesta escasez de sitios paleoindios en Florida se basa en una cita de Cannon y Meltzer (2004), quienes, con un propósito global, presentan un mapa de sitios de Estados Unidos donde incluyen solo los dos de Florida mencionados. Pero la información es seleccionada con propósitos de generalización y desactualizada respecto a la península incluso para la fecha de la publicación. Bibliografía mucho más temprana sobre el Paleoindio de esta área, para citar solo casos en que se hacen reportes zonales, muestra que el número de sitios tempranos conocidos desde entonces era amplio, y se hace referencia en ellos acerca de una variada fauna de vertebrados (Purdy, 1981; Carbone, 1983; Milanich, 1994)). En trabajos recientes se aprecia que los sitios paleoindios en Florida son numerosos y su distribución, extensa (Dugging, 2012). Mas, a la foca, en general, apenas se hace referencia.

En el Museo de Ciencias Naturales de Florida, por ejemplo, existe un hueso de foca tropical: *Neomonachus tropicalis* (Object 36), proveniente de un sitio arqueológico de la tribu Calusa —datado alrededor del año 1770 d.n.e.—. Este, bien reciente, se estima una pieza casual obtenida por los habitantes del sitio al encontrar restos de este animal, arrojados a la costa por una tormenta, pues se dice que los indios de Florida no consumían su carne de manera frecuente: "*It's unusual to find seal bones in Florida archaeological sites [...] South Florida native indian people did not frecuently eat seals [...]*" (Macquardt, n.d.). Estos datos coinciden con las afirmaciones de O.

Jiménez (2014) sobre la ausencia de especies como estas en Cuba durante la época prehispánica.

De la presencia del manatí hay evidencias en unos veinte sitios de Florida (Maekgelbart Wordpress, 2016), pero parece tratarse en gran medida de sitios arcaicos y ceramistas. J. T. Milanich (1978), en una publicación temprana, mencionó la presencia de restos de manatí en sitios paleoindios, pero en fecha posterior no vuelve a hacerlo (Milanich, 1994: 46). V. Carbone (1983: 3-17), en su estudio de la fauna de esa época en Florida y el sudeste de Estados Unidos, no menciona al manatí.

Sin embargo, en la misma publicación en que aparece el trabajo de V. A. Carbone (1983) sobre la fauna del Paleoindio y el Arcaico, se publica una entrevista a Ben Waller, arqueólogo y submarinista, descubridor de numerosos enclaves paleoindios en Florida, donde este señala: *"We found that manatee was the most common animal at the early sites. The second most common bone was elephant, and then there was horse in that order. Deer come in fourth. At archaic sites deer invariably was first and turtle was second"* (Florida Anthropologist, 1983: 34).

El entrevistador —el destacado arqueólogo J. S. Dunbar (1983)— trata de precisar acerca del manatí: *"Do you know if the manatee bone was of late pleistocene age or could it have been earlier fossilized material?"*. Waller responde que no conoce ese detalle, pero reafirma la presencia en sitios paleoindios: *"I don't really know, although I couldn't believe it when a paper came out stating that manatee bone had not been used by Indians […] I have found tools carved from manatee bones […]"* (Florida Anthropologist, 1983: 34). De nuevo J. S. Dunbar (1983) trata de corroborar si el hueso de manatí tallado es de la época paleoindia, y Waller lo reafirma (Florida Anthropologist, 1983: 36). Así y todo, podría pensarse que, dadas las opiniones encontradas hasta fecha reciente acerca de los límites entre el Paleoindio tardío y el Arcaico temprano en cuanto a las series de puntas de proyectil Dalton y Bolen, entre otros rasgos, los hallazgos de huesos de manatí en sitios tempranos de Florida pudieran estar relacionados más bien con fases del Arcaico.

Por otra parte, la pesca o caza de especies como el delfín u otros cetáceos representa una actividad de cierta especialización que tal vez no se desarrolle en todo tipo y épocas de sociedades paleoindias. J. T. Milanich (1994: 48) se pregunta si durante la época paleoindia el uso de recursos de la costa, incluso, fue posible: *"It will be interesting to discover wether coastal resources such as shellfish and fish were part of their diet"*. M. Veloz (1976) afirmaba, además, que en esta época no se conocía la navegación. No obstante, se ha hecho mención a la presencia, en sitios de Florida y regiones limítrofes a esta, en dicho período, de artefactos a los cuales se atribuye por objeto el trabajo en madera y que pueden justificar la confección de algún tipo de embarcación para el transporte.

Quizás sería utilizada para moverse temporalmente a territorios favorables para actividades económicas terrestres y fluviales, por los ríos y la costa, con el fin de realizar colectas o intercambio de materias primas y alimentos, así como desplazamientos en busca de nuevas zonas para asentamientos permanentes. Esta explicación es probable también para la migración a otros territorios fuera de la península. Pero otra cosa bien distinta es la caza o pesca especializada en el mar en esta área, cuya limitada práctica en el Paleoindio parece ser atestiguada por la escasa presencia de sus restos en sitios arqueológicos. Otro tanto vale para las comunidades más tempranas de Cuba.

En relación con la captura del manatí por los protoarcaicos, deben tomarse en cuenta dos aspectos. El primero, que aquí, durante el Pleistoceno, las corrientes fluviales apenas alcanzaban las costas (Izquierdo, Ortega y Sampedro, 2015: 35): "La mayor parte de los ríos que debían atravesar extensas llanuras con clima desértico agotaban su limitado caudal por evaporación e infiltración sin llegar a alcanzar el mar". El segundo, que, como se ha mencionado, antes del Holoceno no había ocurrido aún la formación de la barrera coralina y el desarrollo de manglares: "[…] los manglares tuvieron oportunidad de expandirse desde las zonas deltaicas hacia el resto de la franja costera cuando el nivel del mar alcanzó la superficie de la actual plataforma insular" (Ortega *et al*, 2016: 47; Izquierdo, Ortega y Sampedro, 2015: 63).

Por tanto, el hábitat de esta especie debió estar también muy mermado durante dicho período. Además, el patrón de asentamiento de los grupos protoarcaicos se hallaba preferentemente lejos de las costas. La fauna terrestre, fluvial o lacustre, esteparia o boscosa, debió haber sido la fuente principal de alimentos de origen animal de estas comunidades.

Entre las localizaciones más estudiadas del Protoarcaico, ya mencionadas, se hallan las de los complejos Seboruco y Melones, que coinciden, precisamente, con las principales zonas contrastantes durante el Pleistoceno. Es oportuno agregar otro aspecto para la mejor comprensión de su patrón de asentamiento. Si se profundiza un tanto más en el contraste de la tipología entre ellas, la diferencia no es excluyente. Existe un predominio evidente de puntas de penetración en las que fuese zona esteparia y un predominio de puntas de impacto en la zona de montañas bajas habitadas en el Pleistoceno, pero uno y otro tipo de piezas no están ausentes totalmente en la otra región. Esto hace comprensible la variabilidad de las actividades cinegéticas y la posible interacción entre los pobladores de ambos territorios.

Las evidencias de restos alimenticios en el estrato más temprano del sitio Seboruco 1, compuestas por saurios, quelonios y mamíferos, comprueban los planteamientos de F. García (1991: 11-13) para la primera zona.

97

El análisis de la variabilidad de las puntas unifaciales de Melones 10 y el complejo Seboruco (Febles y Rives, 1991a y 1991b) refuerza la alternativa entre la zona esteparia y la de montaña. Como otro detalle sugestivo en estas alternativas, es sugerente observar que la presencia, aunque escasa, de puntas y herramientas bifaciales en estos enclaves, ocurre en la antigua zona esteparia, donde la precisión de ese tipo de artefactos coincidiría con el tipo de caza para la cual serían propicios.

En estas regiones de la época pleistocénica existen características que acentúan aún el contraste entre sus sistemas de asentamiento. A lo largo del río Mayarí, entre los complejos culturales de Seboruco y de Melones, se hallan siete lugares con evidencias de sílex, alineados podría decirse de forma estocástica, que evidencian escasez de artefactos, poca regularidad tipológica y ausencia o escasez significativa de puntas de proyectil del cualquier tipo.

Estos siete enclaves se han supuesto paraderos ocasionales, parte de algunas tareas recolectoras o simplemente estaciones de tránsito entre una zona y otra. La observación de algunas características de esta y de las áreas que delimita permiten corroborar que en el área de los sitios Seboruco la altitud promedio sobre el nivel del mar es de 20 m, mientras que en el área en torno a Melones 10 la altitud promedio es de 46 m (CD Taíno, 1990), como corresponde a una zona relativamente cercana a la costa, la primera, y de montañas bajas, la segunda. Sin embargo, en la línea de terrazas de los sitios intermedios, a pesar de que la altura en que se encuentra cada uno es diferente, el promedio es de 60 m (*Ibid*), o sea, una altitud mayor que las dos anteriores.

Si se consideran las características que se supone tuviesen las redes fluviales en la época pleistocénica, de escaso caudal y corrientes que no llegarían siquiera a la costa (Ortega *et al*, 2019: 40), esta zona intermedia, con mayor altitud y escabrosidad, podría suponerse que en la antigua cuenca poseyera condiciones diferentes a las otras, por lo que la flora y la fauna hubiesen tenido características peculiares. El río es navegable en la actualidad por embarcaciones de algún calado, solo en el transcurso de 15 km, y los sitios Seboruco se encuentran a una distancia promedio de la costa de 12 km. En la época pleistocénica, por consiguiente, el caudal a partir de la zona del complejo Seboruco debería haber sido intermitente y quizás menor.

Es probable, por tanto, que ambos conjuntos de sitios, los Seboruco y los cercanos a Melones 10, se ubicaran en zonas con características lacunofluviales particulares. Los sitios Seboruco se hallan, en la actualidad, en las cercanías del llamado Arroyo Bayatal, que se supone fuese, en su momento, fuente de materias primas silíceas (V. Acanda, en Pino, 1991). Este accidente lacustre, durante el final del Pleistoceno, debió poseer condiciones diferentes a las actuales. La zona de Melones 10, con sus sitios ubicados cercanos unos a otros en los meandros del Mayarí, debió estar asociada a un sistema acuífero con características propias, separados Seboruco, la zona intermedia y Melones, por diferentes líneas de cota y disímiles condiciones fluviales.

De esta manera, es factible comprender que la contrastación que estableciera el geógrafo y arqueólogo cubano entre regiones de la época pleistocénica y una respuesta tecnotipológica de cada ambiente (García, 1991: 11-15), es posible avizorarla, también, a partir de otros rasgos de la tipología y del paisaje. Esto subraya su correspondencia con ambientes propios del medio antes del evento del Younger Dryas.

LA CURVA DE PAJÓN

Los estudios sobre el comportamiento del clima alrededor de la época del primer poblamiento se han realizado primeramente sobre la base de investigaciones edafológicas (García, 1991; Izquierdo *et al*, 2015; Ortega *et al*, 2019). Pero un experimento en particular sobre el paleoclima (Pajón, 2006) ha jugado un papel central en el establecimiento de una cronología de esos eventos: una curva de paleotemperatura obtenida mediante isótopos radioactivos analizados en una formación secundaria de calcita en una caverna del archipiélago cubano.

F. Ortega y otros especialistas (Izquierdo, Ortega y Sampedro, 2015; Ortega *et al*, 2019) han subrayado la importancia de esta investigación y han señalado que coincide con resultados de los estudios sobre suelos. Pero algunos de los aspectos destacados por el experimento parecen coincidir de manera especial con la cronología que la comparación tipológica apunta en el presente caso.

El estudio parte de una estrategia de investigaciones geocronológicas que ha estado realizándose en Cuba durante décadas (Valdés, Fagundo y Pajón, 1981; Valdés y de la Cruz, 1982, etcétera), y que en esta oportunidad "[…] contrastó información geológica y geomorfológica de campo, identificación detallada y mapeo de las cuencas y paleocuencas de los principales ríos y arroyos presentes en el área" (Pajón, 2006: 3-19).

El "[…] comportamiento químico-físico de las aguas naturales de la cuenca del río Cuyaguateje y la dinámica de los procesos kársticos contemporáneos, constituyen en gran medida la base de los estudios isotópicos y su relación con los procesos paleoclimáticos y paleoambientales ocurridos en toda la cordillera de Guaniguanico en Cuba Occidental" (Arellano *et al*, 1992, en Pajón, 2006: 3-17). Específicamente:

[…] las cavidades o conductos de disolución pueden brindar una magnífica información sobre la posición del nivel del mar durante el Cuaternario […] Los conductos de disolución desarrollados en el lente de agua dulce registrarán la posición del lente y por tanto del nivel del mar. Como el nivel del mar varía, la lente de agua y los perfiles de los conductos desarrollados también variarán, preservando registros de la posición del nivel del mar en el pasado.

Los depósitos secundarios de calcita, mayormente las estalagmitas, experimentan períodos de crecimiento durante los estadios de bajo nivel del mar (máximos de hielo), y registran interrupción del crecimiento (*hiatuses*) durante las inundaciones debido al aumento del nivel del mar (mínimo de hielo) (Mylroie y Carew, 1988, en Pajón, Hernández y Estévez, 2006: 6-7). El experimento consistió en esta oportunidad en el estudio de una formación de calcita "[…] mediante isótopos estables de oxígeno y carbono, así como dataciones isotópicas por C14, en una estalagmita de 40 cm de altura (CDANAS.01) extraída de la cueva Dos Anas, en la Sierra de San Carlos [...] [Pinar del Río]" (Pajón, 2006: 3.10-11). Los resultados permitieron inferencias sobre el calentamiento paleoclimático del sector de montaña desde el último máximo glacial hasta el presente.

J. Pajón (2006: Fig. 2) hace referencia a los datos isotópicos de oxígeno (A: obtenidos en laboratorio de Edimburgo, Suecia, y B: obtenidos en laboratorio de Florida, USA), cuya notable coincidencia otorga gran confiabilidad a los análisis (Pajón, 2006: 3-11). Los dos registros "[…] muestran una considerable variabilidad isotópica con dos períodos o cronos bien diferenciados: un período que refleja condiciones frías (15 380-11 520 AP), dado por los valores de oxígeno isotópicamente más altos, y un período más cálido (11 520-4 500 AP), con valores isotópicamente más ligeros en la composición de oxígeno" (Pajón, 2006: 3.12).

En la curva de Pajón (2006: Fig. 3) se muestra la ocurrencia de tres eventos principales en el Pleistoceno del archipiélago cubano: el primero, desde 15 380 hasta 11 520 AP, un evento frío, pero que, en Cuba, según varios especialistas, no tuvo características muy extremas (ver Lámina I), [...] por dos razones; primera, el manto Laurentino, aunque perdió mucho de su espesor continuaba cubriendo superficies muy extensas, manteniendo el mismo albedo de la época glacial, lo que reducía el calentamiento del subcontinente norteamericano, mientras que el movimiento de los vientos polares hacia el sur era favorecido; y segunda, el deshielo de los glaciares de América del Norte aportaba un volumen muy grande de agua dulce gélida, la cual, en lo esencial, se evacuaba por el río Mississippi para llegar hasta el Golfo de México (Ortega *et al*, 2019: 44).

Un segundo evento, que sucede a partir del 11 520 AP y para el cual no hubo paliativos medioambientales, sí fue extremadamente severo, pues no fue esta vez amortiguado por las aguas del deshielo, ya que habían dejado su curso hacia el Golfo de México para desaguar directamente en el Atlántico Norte: "[…] los hielos del manto Laurentino dejaron de actuar como un dique natural" (Ortega *et al*, 2019: 45), por lo que este evento tuvo gran intensidad.

J. Pajón (2006) señala que el evento provocó un calentamiento elevado con notable alcance y severidad (Pajón, 2006: 3-12). En la Lámina I se aprecia una barra horizontal que lo representa, y cuyas dimensiones son significativamente mayores que las de los demás eventos (Lámina I, número 2). Eventos menores dentro de ese período apuntan a su inestabilidad (Lámina I, números 4, 3). J. Pajón (2006: 3-18) llama la atención sobre la severidad de este cuando se refiere a la Sierra de San Carlos, donde se recuperó la estalagmita estudiada: "En la Sierra de San Carlos (150-500 m s.n.m.), macizo que forma parte de la Sierra de los Órganos en Cuba Occidental, había una temperatura de 11^0 [...] observándose a partir de esta fecha [...] [el evento 2] un cambio climático abrupto con una tendencia general al aumento en las paleotemperaturas [...]" (Pajón, 2006: 3-18).

El "[...] tránsito de un sistema climático a otro muy diferente no se realiza de manera regular, sino a través de un período de gran inestabilidad e irregularidad de los procesos climáticos" (Izquierdo, Ortega y Sampedro, 2015: 53). "Las abundantes lluvias de este período caían en un paisaje cuya red de drenaje no estaba adecuada para evacuar esos volúmenes de agua, que triplicaban los del período anterior" (Izquierdo *et al*, 2015).

Un tercer evento, o derivación del anterior, ocurre a partir de los 9 200 AP, cuando se incrementa aún más la temperatura (Lámina I, número 1). "La apoteosis de este período cálido y muy húmedo es conocido en la literatura paleoclimática como Óptimo Climático Postglacial (OCP), comenzó hace 8 000 a 9 000 años atrás, se extendió hasta hace solo 3 500 a 4 000 años" (Ortega *et al*, 2019: 45).

Las condiciones climáticas drásticas del segundo evento pueden ser comprobadas también mediante testimonios del paisaje y de los suelos. Estos coinciden en que ocurrió un aumento violento de las precipitaciones (Ortega *et al*, 2019: 36). "Como resultado sobreviene un período de hambre generalizada para toda la fauna terrestre y a modo de respuesta aumenta la presión de los depredadores sobre sus presas" (Izquierdo, Ortega y Sampedro, 2015: 66).

G. Izquierdo *et al* (2015) y Ortega *et al* (2019) consideran los diferentes tipos de eventos señalados en el trabajo de J. Pajón (2006), pero no se pronuncian por un momento o lapso específico de ese espectro como el más propicio para el primer arribo de pobladores al archipiélago cubano. Al parecer, mantienen una posición discreta en relación con la escasez de fechados radiocarbónicos y la ausencia de una contrastación tipológica entre los ajuares de los territorios vecinos, que sí se realiza detalladamente en el presente caso.

Por un lado, anotan que, si en el momento del cambio brusco Pleistoceno-Holoceno, el hombre "[...] ya habitaba en el archipiélago debió extremar las actividades para la obtención de presas y de alcanzar recursos nuevos a su alcance, aunque se tratara de especies animales o vegetales de bajo nivel de proteínas [...]", o sea, que aceptan la posibilidad del arribo antes del evento. En otro párrafo apuntan que los primeros habitantes poblaron "[...] estas tierras durante el Óptimo Climático Postglacial" (Izquierdo, Ortega y Sampedro, 2015: 70). Es decir, que ofrecen dos alternativas contrastantes: en una se presume que pudieron arribar antes del Younger Dryas (11 500 AP) y en otra se hace alusión al Optimo Climático (9 000, 8 000 AP).

El patrón de asentamiento de los protoarcaicos era fundamentalmente de tierra adentro y las asociaciones de los restos alimenticios con el entorno en los sitios más tardíos de estos grupos, relativamente cercanos a las costas, no muestran evidencias de recursos marinos o litorales. Esto indicaría que debieron ser anteriores a la formación de la barrera coralina y los manglares, o que esos ambientes en formación no eran afines a las tradiciones económico-culturales de sus pobladores, aunque estos se remiten a la fase final del espectro protoarcaico.

El estudio de J. M. Pajón (2006) muestra una precisión aún mayor acerca del lapso previo a los cambios bruscos que ocurren a partir del 11 520 AP. En la representación gráfica de la curva, "la zona 7 indica la fase inicial del calentamiento, aunque con valores de Δ^{18} o menores que en las fases 1 y 2, lo cual indica que todavía en el período 15 330-13 850 años AP existió una fuerte influencia de las condiciones asociadas al Ultimo Máximo Glacial" (Pajón, 2006: 3-12). En la curva se aprecian cambios notables indicados con los números 5 y 6; el primero, con un rango desde el 12 000 hasta el 1 800 AP, una fecha anterior al Younger Dryas, y el segundo, anterior a ese, desde el 13 000 al 12 000 AP.

103

Se trataría de cronozonas del último glacial para el noroeste de Europa, que se señala tuvieron repercusión en los cambios climáticos de las áreas tropicales y subtropicales. La fase 6, en el rango de 13 000 al 12 000 AP, en que ocurriría un proceso notable de calentamiento, es seguida de la fase 5, entre el 12 000 y el 11 800 AP, caracterizada por una tendencia de enfriamiento (Pajón, 2006: 3-12). Esta alternancia, significativamente, coincide con dos referencias en los registros arqueológicos y el entorno de las comunidades más tempranas de Cuba y del Paleoindio tardío del sudeste de Estados Unidos.

Estos paralelos permiten argumentar que el poblamiento inicial del archipiélago cubano pudo ocurrir antes del Younger Dryas; las tipologías más tempranas, a partir del 13 000 AP (12 700 AP), correlacionables con el momento 6 de la curva, y las tipologías más tardías, desde el 12 000 hasta antes del Younger Dryas, con el momento 5 de la misma (12 000 al 11 800 AP).

Los resultados de estas contrastaciones se grafican en la Lámina II y su descripción se resume a continuación:

Lámina II (1a): a partir del 13 000 AP (12 700 AP) se registra la presencia de la técnica de talla Levallois, en ajuares de sitios arqueológicos de Alabama

(Ensor, 2013, 2016), cercanos a la frontera con Florida. En un sitio de esta localidad se reporta también la presencia de cientos de evidencias de esta técnica de talla (Purdy, 2008: 112). En sitios del Protoarcaico, tanto en la región oriental como centroccidental de Cuba, se ha reportado también la presencia de artefactos levalloisienses de una cronología relativamente comparable.

Lámina II (1 b): en el mencionado sitio de Alabama se reportan también, a partir de una datación semejante, artefactos similares a las hachas-tajadores del Protoarcaico (Ensor, 2013, 2016). Paralelamente, tanto en sitios de Florida como en Cuba aparecen herramientas en grandes preformas con dos y más funciones (Purdy, 1981; Febles, 1988), que pueden remitirse a fechas de una antigüedad comparable a las anteriores.

Lámina II (2a): alrededor del 12 000 AP se argumenta el advenimiento a la Florida de la influencia Dalton, que representó un cambio en las puntas de proyectil bifaciales de las épocas precedentes. Las puntas de proyectil bifaciales de Cuba muestran similitudes tipológicas con puntas de la serie Dalton, por lo que a partir de esa fecha es posible que haya ocurrido su entrada en Cuba.

Lámina II (2b): además, como parte de esos cambios en las técnicas de talla del sílex, se aprecia un incremento de las herramientas unifaciales y un decrecimiento de las herramientas bifaciales. Estos aspectos se hallan presentes de manera significativa en los ajuares del Protoarcaico, con herramientas unifaciales semejantes a sus contrapartes de finales del Pleistoceno en Florida y otros territorios del sudeste (Faught & Pevny, 2019: 76, 77 y ss.).

104

O sea, que las comparaciones entre los ajuares del Protoarcaico de Cuba y del Paleoindio de Florida presentan dos polos que se asocian, uno, a momentos posteriores al fechado de 13 850 AP de la curva de Pajón (2006) y, otro, a una época inmediata anterior al evento fechado en 11 520 AP en dicha curva. Ambos polos, anteriores al cambio brusco y prolongado que se deslinda a partir del evento Younger Dryas. Estas evidencias podrían indicar que el evento climatológico que se desarrolla entonces, con su incremento de temperaturas, grandes lluvias y desastres naturales, sería un período en que debió obstaculizarse la migración que venía ocurriendo, pues se comprometería la supervivencia durante el tránsito y el asentamiento en nuevos territorios.

EL LAPSO MIGRATORIO

A partir de una estructura argumental de regiones del Pleistoceno y artefactos del Protoarcaico, F. García (1991: 15) había propuesto que el poblamiento del archipiélago cubano debió haber ocurrido antes del advenimiento del Holoceno, entre los 16 000 y los 12 000 años AP. En este lapso de la época glacial se manifiestan las opciones naturales y ocurrirían las respuestas culturales en concordancia con ellas, lo cual aún representa una proposición válida. Solo que el análisis de indicadores tipológicos, otras referencias al registro y la correlación, revisitada, de estos con los entornos y los eventos paleoclimáticos, inclinan a hacer algunas apreciaciones.

Estas hacen pensar en el polo inferior de ese lapso, alrededor del 12 000 AP, como la fecha más probable y más importante del poblamiento. No obstante, este debió consistir en más de una expedición dentro del marco cronológico de 13 000 y 12 000 AP, las primeras de ellas en momentos posteriores al 13 000 AP.

105

A partir del 10 000-9 000 AP y hasta el 4 000-3 000 AP, "[...] durante el llamado período Optimo Climático Postglacial debieron producirse otros arribos al archipiélago de comunidades con una economía nueva, de caza, pesca, y recolección marina, y, tal vez, los primeros atisbos de la horticultura; pero las evidencias arqueológicas parecen indicar que estas inmigraciones podrían haberse producido principalmente desde el norte de Suramérica" (Rodríguez Ramos y Pagán Jiménez, 2006). Además, debe haberse producido algún tipo de interacción del occidente de Cuba con Centroamérica y, en cierta medida, también con la península de la Florida, en este caso, al parecer, durante el Arcaico tardío (I. Zhuravliova & G. La Rosa, s.f.).

La economía del Arcaico temprano requeriría más de los ambientes marítimos inmediatos en la región occidental que de los entornos más intrincados en que se habían asentado los protoarcaicos, asociados especialmente con ambientes pleistocénicos y fuentes de materia prima silícea que se hallan presentes en las zonas centro y este del país (Ortega y Zhuravliova, en Izquierdo, Ortega y Sampedro, 2015: 73). El progresivo cambio tipológico y tecnológico que se evidencia en los espectros estratigráficos de los sitios Levisa 1 y Seboruco 1 —ambos en Mayarí, Holguín—, por ejemplo, podría entenderse, quizás, como testimonio de un proceso evolutivo autóctono hacia el Arcaico en esa región.

PUNTO DE PARTIDA Y RUTA DEL POBLAMIENTO

Cientos de sitios arqueológicos paleoindios se reportan en el sudeste de Estados Unidos. En Florida específicamente se localizan en la mayor parte del territorio asentamientos que corresponden a todo el espectro del período. De ello da testimonio la presencia de tradiciones pre-Clovis, Clovis y diversas series de artefactos del Paleoindio medio y tardío.

Tras la época Clovis, nuevas evidencias arqueológicas y técnicas de talla se han descubierto en la península y otras localidades del sudeste. Esto representó un cambio relativamente drástico en la economía y la tecnología de la época, asociado también con la desaparición del objeto de la caza de las sociedades precedentes (Faught & Pevny, 2019: 75). El proceso implicó tipológicamente una transición de las puntas de proyectil lanceoladas a los tipos con tendencia triangular y pentagonal (Faught & Pevny, 2019: 76). Ello, en parte, se corresponde con la aparición en el territorio de la llamada

influencia Dalton y otras series de puntas. Concuerda, asimismo, con la relativa declinación de las puntas estriadas.

Se afirma que en este período ocurre además el incremento de las herramientas unifaciales en relación con las bifaciales. Esta diferencia es constante en los conjuntos artefactuales de todo el mundo, pero en esta época, en Florida, la desigualdad fue más patente. En el Protoarcaico de Cuba se reflejan de manera significativa aspectos de los mencionados cambios tipológicos y la abundancia de las herramientas unifaciales supera la del Paleoindio floridano.

Artefactos con técnica de talla y tipología un tanto inusuales en el hemisferio, como la tradición levalloisiense, que aparecen en sitios tempranos de Florida y Alabama, tienen también paralelos entre las evidencias más tempranas del Protoarcaico de Cuba. Ese tipo de evidencias se había interpretado en el archipiélago como una emergencia autóctona de técnicas independientes. Este podría ser el caso, igualmente, para el sudeste norteamericano. No obstante, se recalca que la cercanía y la aparente coincidencia temporal resultan sugestivas para pensar en posibles contactos entre ambos territorios, pero los mayores paralelismos existen entre los ajuares del Protoarcaico y del Paleoindio tardío.

Habría que suponer como válida para las evidencias más tempranas la hipótesis de que ese primer arribo a Cuba se realizaría de forma rápida, por mar (García, 1991), siguiendo una ruta aproximadamente similar a la que se analiza en detalle a continuación, respecto al Paleoindio más reciente. La escasa presencia de puntas de proyectil en excavaciones estratigráficas en sitios de Florida y, en cambio, la amplia difusión de esos mismos artefactos en yacimientos espaciales, puede ser testimonio de tales desplazamientos rápidos de población.

Particularmente, las puntas unifaciales y nuevos tipos de puntas de proyectil bifaciales que aparecen en los sitios paleoindios de Florida y los sitios protoarcaicos de Cuba constituyen indicadores especiales en el análisis de la ruta migratoria. Un yacimiento en particular, Cutler Fossil, en el condado de Miami Dade, es la ubicación más al sudeste de un sitio paleoindio en la península de la Florida, enclave de gran interés, además, por su cercanía a los estrechos de Florida, Bahamas y Cuba. Su importancia para el presente estudio es crucial. En este fueron halladas puntas de proyectil asociadas al mencionado período de cambio —por ejemplo, dos puntas Dalton y tres puntas Greenbriar Dalton— (Carr, 2012).

El descubrimiento inicial del sitio había planteado la interrogante de la presencia de materiales paleoindios tardíos, incluso del Arcaico temprano, junto a restos óseos de grandes herbívoros: *"The Cutler Fossil Site excavated in the 1980's revealed a Paleo Indian shelter and bones of mega fauna from the Pleistocene Era when sea levels were considerably lower"* (A. K. Frank, in Bailly, 2018).

El arqueólogo R. Carr (2012), quien llevó a cabo trabajos rigurosos en el lugar, aportó una respuesta precisa a este dilema que permitió deslindar las evidencias fósiles de los ajuares de tipo cultural y diferenciar artefactos elaborados con materiales de caliza local, por una parte, y artefactos elaborados con materiales provenientes de la región central de la península, por otra (Carr, 2012; Carr, Armelagos and Austin, 2015).

> [...] the mystery of human remains mixed with extinct fossil megafauna bones is revealed through the analysis of artifacts, animal bones, and the identification of burnt bones that were used to distinguish between the cultural and fossil assemblage [...] [and also] lithic artifacts made from local limestone as well as exotic chert artifacts from central Florida [...] (Carr, 2012: 27-46).

Esta última diferencia en el material de los artefactos es un signo evidente de movimientos internos en el Paleoindio floridano. Se ha supuesto que existirían otros sitios paleoindios en áreas cercanas a las costas del extremo sudeste que pudieron quedar sumergidos con el aumento del nivel del mar. Incluso, en fecha reciente, han sido halladas evidencias de presencia de paleoindios en un sitio de la cayería del sudeste de la península, enclave situado estratégicamente también en relación con los mencionados estrechos. El nombre del sitio es Grassy Key y es parte del conjunto de Cayo Marathon, condado de Monroe: *"Any Paleo-Indian sites would probably be submerged and closer to the Late Pleistocene shores although one site at Grassy Key, 8MO1297, suggests the possibility of Paleo sites on the current island mass"* (Carr *et al*, 2019: 9).

Los sitios ubicados en el extremo sudeste de la península, y su ajuar, son importantes para comprender el posible tránsito hacia las Antillas. Además, resulta sugestivo el patrón de asentamiento en torno a un antiguo *sinkhole* o sumidero, aunque la relación de la población aborigen con este accidente debió haber sido diferente a la del modelo clásico del Paleoindio temprano —el *Oasis Model* (Milanich, 1994: 39-40)—. Particularidades nuevas debieron caracterizar la interacción de los paleoindios tardíos con este entorno. Las evidencias muestran signos patentes de erosión por las aguas (Carr, 2012: 27-49), lo cual parece apuntar a cambios climatológicos posteriores al asentamiento.

La presencia de evidencias del Paleoindio en localidades del sudeste de la península, con condiciones kársticas diferentes a la de los asentamientos de la época Clovis, en el noroeste, podrían estar relacionada con este tipo de cuerpo de aguas, propio de la región. En la actual zona de la cayería existen lagunas de este tipo y son propicias a formarse. En la probable ruta hacia las Antillas, esos ambientes pueden haber sido recurrentes.

Es importante recordar ahora que Florida, antes del primer deshielo, se extendía, hacia el oeste, sobre el Golfo de México, englobaba la superficie de la cayería y se prolongaba más al sur de Key West (Cayo Hueso), y al sudeste del arco de isletas de los Upper Keys (Milanich, 1994: 39; Dugging, 2012: Figs. 5.2-5.5), con lo que la distancia de la península hasta Cuba sería más reducida que en la actualidad, aún más si se tiene en cuenta el incremento de la plataforma insular en el período. A la vez, el banco de Cayo Sal de Bahamas, entre dicho país, Florida y Cuba, con una superficie probablemente mayor que hoy, estaría mucho más cerca de un territorio ampliado de Cayo Marathon y del islote adjunto a este, Grassy Key, uno de los lugares de Florida más cercanos, entonces y ahora, a dicho banco. Evidentemente, también más cercano a las costas de Cuba.

Se ha tratado en acápites precedentes que la época del primer deshielo redujo la masa de tierra de la península, a la vez que ocurrió un proceso de crecimiento exponencial de sitios y evidencias arqueológicas. Esto representaría, se dice, un movimiento poblacional en consonancia con la reducción del territorio. Desaparece una gran porción del oeste floridano. Ya en vísperas del segundo evento de deshielo, el Younger Dryass, debieron haber ocurrido movimientos de grupos paleoindios hacia territorios dentro del ámbito peninsular, no colonizados antes, como es el caso de los sitios del extremo sudeste. Después del Younger Dryas debieron incrementarse esos movimientos poblacionales, ahora de pueblos arcaicos.

Primero, parte de la masa de tierra donde originalmente se practicaban actividades apropiadoras de alimentos desaparecieron, y en los nuevos lugares que se alcanzaban mediante los desplazamientos se debía enfrentar territorios poco conocidos, con condiciones ecológicas diferentes. Segundo, las fuentes de materia prima silícea, recurso vital para la confección de las herramientas de trabajo, que eran abundantes en la zona kárstica, noroccidental, eran escasas o inexistentes hacia el sur y el este: *"Chert is abundant on the Florida landscape and 20 recognized cherts, which occur mostly in exposed karst areas coincident to springs, early sites, and isolated finds, particularly in the crescent-shaped area along the peninsula's west coast [...] for Paleoindians and Early Archaic folks, a restricted chert procurement range was possible [...]"* (Faught & Pevny, 2019: 81).

Testimonios del sitio arqueológico Cutler Fossil, en Miami Dade, muestran un ejemplo del tipo de alternativas a que había que enfrentarse. Como se ha mencionado, en el sitio han aparecido evidencias de artefactos confeccionados con materiales de relativa baja calidad para dicho propósito, como la roca caliza (*limestone*), junto a artefactos elaborados con materiales de mejor calidad, provenientes de las fuentes de materia prima de la región kárstica: chert, pedernal o sílex (Acanda, 1988: 62-69), evidentemente traídos hasta el lugar mediante expediciones y/ o intercambios.

Microevaluaciones de las muestras de sedimento del sitio mostraron la presencia de abundantes restos de carácter botánico: *"A total of 46 botanical remains were analized in the site. Species include: pine, cypress, oak, and tropical hardwoods such as Ficus, Cherry [Prunus myrtifolia], Mahogany, Buttonwood, Stopper [Myrtaceae] [pino, ciprés, roble y maderas duras tropicales como la higuera y la ciruela; caoba, botoncillo y moras] and plants of the Marlberry family [Myrsinaceae] [de la familia Marlberry: moras, papayas, durazno, maracuyá, etcétera.]"* (Carr, 2012: 40 y ss.) De especial interés fue la presencia de semillas de *halzenut* (avellana), que no es oriunda de esta parte de la península, lo que reafirma la evidencia de contacto con las regiones septentrionales del territorio.

Evidencias de *cipress* halladas en el lugar no son propias de las zonas aledañas del sitio (Carr, 2012: 42), y la semilla de la *West indian cherry* (*Prunus martifolia*), al no ser tolerante a la salinidad (Bayley, 2018), apunta, tal vez, a diferencias entre las líneas de costa de la época del asentamiento y la actual. Las especies presentes en el sitio fueron principalmente árboles cuya madera pudo ser utilizada con variados propósitos y plantas de fruto

109

comestible. *"The most common species: pine, oak and wild figs [pino, roble, e higo salvaje]"* (Carr, 2012).

Es oportuno volver a puntualizar un hecho observado en este estudio, tanto en los ajuares paleoindios de Florida como en los del Protoarcaico de Cuba, referido a la escasez y baja representatividad de algunos artefactos, como truncadura retocada en lámina y raedera, destinados al trabajo en pieles. Y, a la vez, un gran incremento en herramientas como denticulados y raspadores, destinadas al trabajo en madera y otras sustancias vegetales. Esto representa una disminución de la utilización del reino animal y un aumento de la importancia del reino vegetal en los propósitos económicos de aquellas comunidades, también comprobada por las microevidencias botánicas del sitio de Cluter Fossil.

El estudio de las llamadas comunidades de cazadores-recolectores, en una perspectiva universal, plantea el problema de los límites entre las actividades propiamente cazadoras, aunque estas fuesen las más productivas, y la indudable actividad de recolección vegetal paralela a ella (Kelly, 2013: 44). La mencionada escasez de artefactos para el tratamiento de pieles en el Protoarcaico y en el Paleoindio tardío de Florida hace pensar que las actividades cinegéticas se habrían redirigido hacia una fauna de dimensiones medianas y pequeñas, más pronunciado esto en el caso de Cuba por las características de la fauna autóctona. Además, se evidencia en ambos conjuntos el incremento del uso de sustancias vegetales (Febles, 1991a; Carr, 2012). Por estas razones, a las comunidades protoarcaicas de Cuba se les denomina de aquí en adelante grupos recolectores-cazadores y no cazadores-recolectores.

En resumen, existen pruebas, faunísticas y botánicas, mineralógicas y culturales, de que antes del segundo deshielo se movieron comunidades paleoindias a territorios aún emergidos del extremo sudeste de Florida, con necesidad de ambientes económicamente fértiles, y escasez de materia prima silícea. Estas situaciones era imprescindible cambiarlas, y debieron ocasionar otros movimientos exploratorios y las migraciones de aquellos grupos humanos.

Esas podrían haber constituido, en consecuencia, las causas principales de la migración a lo largo de la costa y a través del mar hacia nuevos territorios, y no las tan mentadas ¡persecuciones de ciertas especies! En cuanto a los territorios de Florida, Bahamas y Cuba, se ha argumentado que la caza o pesca de focas (Jiménez, 2014), delfines o manatíes, por diversas razones, sería escasa o nula. Las especies con que se encontrarían los primeros pobladores en Cuba tenían características *sui generis*: caprómidos, equímidos, el *Solenodon cubensis* y diversos edentados eran en todos los casos autóctonos del archipiélago, como debieron ser los saurios, quelonios

110

terrestres, crustáceos, moluscos terrestres y, tal vez, por sus hábitos migratorios —la excepción—, algunos tipos de aves.

Los quelonios marinos están ausentes en los sitios de Cuba con evidencias de restos alimenticios que se consideran más tempranos: Levisa 1, Seboruco 1, en Holguín, y Sierrezuela 1, en Sancti Spíritus. En estos solo han aparecido quelonios terrestres. Poco que ver, por tanto, las especies autóctonas de Cuba con la fauna del continente. La migración más temprana hacia las Antillas tras la caza o captura de algunas especies podría tratarse, más bien, de un mito del siglo xx.

La ruta de ese posible poblamiento de Cuba desde el sudeste de Estados Unidos ha sido comentada por diferentes autores que concuerdan en que, con ese propósito, debió ser inevitable el tránsito a través del estrecho de la Florida, aunque sobre ello también se han interpuesto algunos impedimentos. Se ha argumentado que las corrientes marinas entre ambos territorios podrían haber sido un factor adverso, pues la confluencia de estas en el extremo de la península produce un aumento de la velocidad de las aguas que dificultarían la navegación en Canoa (Febles, 1991: 339-340). A pesar de mencionar ese problema, el arqueólogo J. Febles se muestra proclive a la existencia de esa ruta, aspecto que apoya con la comparación de la piedra tallada de sitios del Arcaico tardío de Florida y de Cuba (Febles, 1982, 1991, 1991a).

El arqueólogo E. Alonso (2007: 78) ha planteado: "[...] que objetos flotantes procedentes de Cuba occidental pueden recalar en la península de la Florida, sus cayos adyacentes o Bahamas. En ambos casos las condiciones naturales harían imposibles tales desplazamientos en sentido contrario", pues los vientos en esta área son casi todo el año de componente Este. No obstante, señala que ese régimen se altera en cortos períodos con vientos de componente Norte o Sur, que pudieran facilitar tales travesías.

Algunos investigadores apuntan, además, que "[...] el criterio de que solo se podía navegar a favor de las corrientes, sostenido por muchos colegas, es inexacto, toda vez que existen técnicas ancestrales que permiten navegar contra la corriente —en zigzag— o en forma tangencial, no sin gran esfuerzo, pero sí con efectividad" (Pérez Carratalá e Izquierdo, 2010: 7).

Otro argumento en contra del posible tránsito por mar quizás sea la idea de M. Veloz (1976) de que los cazadores-recolectores, en el Pleistoceno, no conocían el uso de la navegación. Esto tal vez pueda reenfocarse en el sentido de que aquellos hombres no utilizaran medios de navegación para la captura y pesca en alta mar de forma sistemática.

Los antropólogos, sin embargo, incluyen la captura de especies marinas dentro de las actividades apropiadoras de algunos cazadores-recolectores (Murdock, 1968: 13-20). A partir del estudio de las evidencias arqueológicas

111

de Florida y de Cuba se ha constatado, y mencionado apenas, la presencia de artefactos específicos, posiblemente destinados a la confección de embarcaciones (Faught & Pevny, 2019).

Debido a su cercanía con el archipiélago cubano durante la época pleistocénica, las tierras emergidas del Gran Banco de Bahamas han sido consideradas como posible lugar de tránsito inicial de las comunidades hacia las costas de Cuba: el "[…] cruce del Canal Viejo de Las Bahamas debió ser fácil, la distancia entre el Banco de las Bahamas y la costa norte central era inferior a los 20 km, 17 km en el lugar más estrecho, la costa de Cuba era visible desde la otra orilla […]" (Ortega *et al*, 2019: 35). Esto reduciría la distancia de navegación por mar.

Pero la línea de costa bahamense se encontraba muy erosionada en el Pleistoceno: "[…] los materiales podían ser movidos con facilidad por los fuertes vientos imperantes, lo que provocaba frecuentes tormentas de arena y polvo […]". No había fuentes de materia silícea, por lo que "[…] dicha porción era poco atractiva por su gran aridez y la ausencia de corrientes fluviales permanentes" (*Ibid*: 36).

El nivel del mar en la época pleistocénica exponía otros territorios cercanos: cayos, isletas y la plataforma insular, y, además, el banco de Cayo Sal, entre Bahamas, Florida y Cuba (Ortega *et al*, 2019: 35), por donde pudiera haberse propiciado el cruce hasta la región centroccidental del archipiélago. Cayo Sal, en la actualidad, a pesar de pertenecer oficialmente a Bahamas, está más cerca de las costas de Cuba que de dicho país (Cay Sal Bank, 1983).

Este accidente geográfico, conocido en castellano como Placer de los Roques, es uno de los mayores atolones del mundo (Cay Sal Bank, 1983), ubicado entre Bahamas —Canal de Santarem—, el canal de la Florida y el canal de Nicholas, al norte de Cuba. Dista 75 millas de Cayo Hueso, y de Cayo Largo, 65 millas. Pero es especialmente interesante que esté separado solo 40 o 50 millas de Grassy Key, en Florida, donde se ha mencionado la existencia de evidencias de paleoindios tardíos: "[…] a paleo site" (Carr *et al*, 2016). El banco de Cayo Sal se encuentra solamente a 25 millas de Cuba.

Es posible pensar que, sea gracias a condiciones climáticas particulares, como apunta E. Alonso (2007), o mediante las técnicas de navegación que se ha mencionado pudieran existir en aquella época (Pérez Carratalá e Izquierdo, 2010) —o ambas—, esta pudo ser la vía más factible para alcanzar las costas de Cuba. Una ruta desde Grassy Key al banco de Cayo Sal, y aquí a la costa norte de la isla.

Es de suponer que cuando el nivel del mar se hallaba más bajo que en la actualidad, los diversos cayos, islotes y rocas que componen el banco de Cayo Sal o Placer de los Roques poseerían una superficie emergida mayor. Hoy en día están deshabitados, pero en años anteriores han existido en él algunas instalaciones humanas. A pesar del escaso espacio sólido, hay sumideros y lagunatos en porciones emergidas, como específicamente en Cayo Sal, que poseen una fauna compuesta sobre todo por aves, quelonios, otros reptiles y batracios (Macking, 2016), especies cuyos restos aparecen también en sitios paleoindios de Florida (Carbone, 1983: 10).

Es de destacar que especies de *Anolis* del lugar tienen sus ancestros en la fauna de Cuba occidental y de Bahamas (Reynolds, 2018). Algo semejante ocurre con una especie de ave de Cuba (Macking, 2016). Todo ello indica el nivel de interacción de estos territorios en la actualidad y permite especular cómo hubiesen sido esas relaciones, en lo que hoy es un atolón, durante la época del primer poblamiento del archipiélago.

Puede presumirse que, durante el Pleistoceno tardío, en este enclave ubicado entre los territorios de Florida y Cuba debieron existir condiciones de alguna manera semejantes a las que había en el sudeste de la península, la cayería floridana y en el archipiélago cubano: cuerpos de agua que propiciasen el desarrollo de flora y de fauna asociadas a ellos, aprovechables por el hombre en incursiones exploratorias al banco o en procesos de tránsito.

En la región centroccidental, las "[…] lluvias y el drenaje deficiente favorecieron la aparición de grandes áreas de espejos de agua y humedales, donde se debió establecer con bastante premura una cadena trófica dulce acuícola […]" (Izquierdo, Ortega y Sampedro, 2015: 67). Ecosistemas al parecer semejantes y zonas fluviolacustres asociadas a sitios arqueológicos protoarcaicos existían también en el norte de la provincia de Holguín (*Ibid*).

El segundo aspecto, si no el más, en importancia, que los habitantes paleoindios de Florida debieron enfrentar, fue la necesidad inminente de fuentes de sílex para la confección de sus instrumentos de trabajo. Visto que este tipo de recurso natural no existía en Bahamas (Ortega *et al*, 2019: 35-36), el territorio más cercano con fuentes de esta naturaleza era el archipiélago cubano. A propósito de ello es oportuno citar al geógrafo español G. de Murga Murgatergui, cuando en su estudio de los derroteros marinos de las Antillas y zonas limítrofes menciona que las embarcaciones que navegaban desde Estados Unidos y tomaban el rumbo del este del Banco de los Roques, hoy Cayo Sal, iban a parar "[…] al oeste de la Punta Hicacos" (Murgatergui, 1863). Este punto de la costa de Cuba se dice que es el más cercano a los Estados Unidos, y a partir de él, hacia el este de la Isla, se encuentran notables yacimientos de sílex: "[…] la costa norte de Cuba, posiblemente a partir de la península de Hicacos hasta la Bahía de Nipe era muy seca, con rocas desnudas o arenales casi desprovistos de vegetación […] casi a todo lo largo de esta zona, hay frecuentes manifestaciones de sílex y rocas calizas cristalizadas […] el sílex se encontraba en la superficie del terreno, es aún fácil de localizar en las planicies rocosas desarboladas" (F. Ortega e I. Zhuravliova, en Izquierdo, Ortega y Sampedro, 2015: 73).

Los grupos humanos que arribaran cerca de la Punta Hicacos en Cuba, desde el banco de Cayo Sal, podrían trasladarse de manera relativamente segura hacia las costas centroccidental y oriental del archipiélago siguiendo las corrientes marinas. Recientes estudios meteorológicos apuntan circunstancias favorables para ello. Estas, según opinión de entendidos, pudieran ser comparables a las de hace 13 000-12 000 AP, pues la historia de las direcciones y del patrón actual de flujo de corrientes tienen apenas 2.5 millones de años de edad. De acuerdo con el geólogo M. Iturralde-Vinent (2002, 2003, en Pérez Carratalá e Izquierdo, 2010: 7), este debe ser considerado el patrón para el tránsito de las comunidades humanas.

Investigaciones actuales del Instituto Cubano de Meteorología señalan: "[…] que la mayor influencia de los sistemas de corrientes sobre las costas cubanas se encuentra en la parte occidental, zona donde la corriente de la Florida se acerca al norte de las provincias de La Habana, Mayabeque y Matanzas (Carracedo *et al*, 2019).

El uso de imágenes NOAA-AVHRR en el estudio de las corrientes marinas próximas a Cuba arroja interesantes resultados sobre las características de estas en el Estrecho de la Florida (Mojena *et al*, 2009). El procesamiento de imágenes térmicas ha permitido ubicar el comportamiento de las corrientes en esta zona, "con mayor o menor nitidez en dependencia de la estación del año; se observa con más claridad durante los meses de invierno cuando los gradientes térmicos son más pronunciados" (Mojena *et al*, 2009: 38).

La porción Este del Golfo de México hasta la costa oeste de la Florida, y más de la mitad de la costa Norte del canal de la Florida, está ocupada por aguas comparativamente frías. Desde el borde sur de esta lengua de agua fría, hasta la costa norte de las provincias de la Habana [y Mayabeque] y Matanzas, se observa una lengua de agua caliente que saliendo del Golfo de México se desplaza al sudeste y toma la forma de una cinta de tono muy oscuro que continúa al Este (*Ibid*: 39).

O sea, que se "pone de manifiesto un desplazamiento pronunciado de la Corriente del Golfo hacia el Sur hasta la costa de Cuba, lo que la traslada sensiblemente de su curso habitual muy próximo al extremo Sur de la Florida (*Ibid*).

Esto argumenta acerca de que la posible navegación a partir de Grassy Key, en Florida, el cruce por el banco de Cayo Sal y la continuación hasta la costa noroccidental de Cuba, se facilitaría en los meses de invierno. La lengua de corriente que se desplazaría por la costa noroccidental pudiera haber impulsado las embarcaciones que arribaran al canal de Nicholas, entre el Placer de los Roques y Cuba. Los estudios precisan, incluso, que la zona sobre la que se desplaza dicha cinta de agua son las provincias de La Habana —hoy Artemisa, La Habana y Mayabeque—, y Matanzas. La fuente histórica citada (Murgatergui, 1863) menciona como punto preferencial de arribo de embarcaciones las cercanías de la península de Hicacos.

"Isotermas de la época en estudio mostraron también un desplazamiento del centro caliente sobre las costas de Cuba hacia el este y la aparición de un nuevo centro caliente sobre el extremo oriental de Cuba, ocasionado por las perturbaciones que un frontal estaba produciendo a la corriente de las Antillas" (Mojena: 42-43). A causa de ciertos fenómenos meteorológicos frontales, las corrientes se dirigen también más al este, donde se encuentra el área principal de la presencia protoarcaica.

Al arribo a esta área del archipiélago, las comunidades de recolectores-cazadores, además de la necesidad implícita de recursos alimenticios, tendrían como otra de sus prioridades el acceso a las fuentes de sílex, que se ha visto podían estar expuestas en terrenos desarbolados (F. Ortega e I. Zhuravliova, en Izquierdo, Ortega y Sampedro, 2015: 73) cercanos a las costas. También aparecen en terrazas fluviales en partes profundas de las cuencas, donde se localizan asentamientos (Acanda, 1988).

Se ha pensado que las huellas más tempranas de estas comunidades debieron estar ubicadas cerca de las costas, las que no habrían sido halladas debido a los cambios en el nivel del mar. La presencia de sílex en las costas parece ser uno de los índices que se toma en cuenta para esta idea, pues "[…] el sílex se encontraba en la superficie del terreno […]" (F. Ortega e I. Zhuravliova, en Izquierdo, Ortega y Sampedro, 2015: 73).

Esto es válido aún en la cuenca del río Mayarí, por ejemplo, en lugares relativamente cerca de la costa: a 12 km, sitios del complejo Seboruco; a 20 km, yacimientos en torno al sitio Melones 10, y, aún más tierra adentro, alrededor del sitio Melones 22. Por ello es necesario determinar si en la antigua costa pleistocénica, hoy sumergida, esas características eran evidentes y aprovechables. En tal caso, las fuentes de sílex cercanas a la costa debieron atraer la atención de los inmigrantes, pero las condiciones de habitabilidad de la línea costera serían poco apropiadas para los asentamientos.

Durante la época glacial, en las costas las lluvias eran:

[…] más escasas que en el interior del territorio; el clima que prevalecía era desértico […] [y las lluvias] de por sí escasas, se infiltraban con rapidez a través de las arenas y del substrato precuaternario carsificado subyacente; el bajo aprovechamiento de las precipitaciones acentuaba aún más la aridez del paisaje. La vegetación era muy escasa, es posible que solo algunas suculentas lograran mantenerse, o arbustos capaces de desarrollar un sistema radical muy profundo en un tiempo breve (Ortega *et al*, 2019: 40).

Además, la estrechez de la franja de marea "[...] hacía difícil la acumulación en esta de sedimentos blandos imprescindibles para el enraizamiento eficiente de la vegetación del manglar" (Izquierdo, Ortega y Sampedro, 2015: 62).

A pesar de estas circunstancias, algunos investigadores insisten en que la "[...] escasez de sitios arqueológicos no hace más que reforzar la idea de que fueron habitantes de la línea costera y que sus lugares de vivienda quedaron bajo las aguas debido a la transgresión holocénica (Ortega *et al*, 2019: 49). Esto presenta una contradicción que parece descansar en el mismo hecho señalado antes acerca de un abanico de fechas sin una definición sobre el momento de los arribos. Ante todo, si ese fuese el caso, se estaría aceptando que la migración hubiese ocurrido antes del evento Younger Dryas, lo cual no se reconoce de forma clara.

En un caso se hace referencia a que, si los primeros grupos humanos hubieran arribado antes del Younger Dryas, hubiesen sufrido las calamidades propias de dicha época (Ortega *et al*, 2019: 55). En otro, se plantea que el arribo debió producirse más tarde, durante la fase más álgida del Óptimo Climático Glacial: "[...] la entrada [...] [afirman] estuvo favorecida por las condiciones paleoambientales que debió tener el área del Caribe entre los 10 000 y 8 000 años AP" (Izquierdo, Ortega y Sampedro, 2015: 184). El tema de qué tan cerca de la línea de la costa estuviesen expuestas las fuentes de sílex, depende igualmente de ambas apreciaciones cronológicas.

Este enfoque se extiende también al plano cultural, pues dicen G. Izquierdo, F. Ortega y R. Sampedro (2015: 179) que estas "[...] comunidades sin duda practicaron la caza, la pesca, la captura y la recolección [...]". Y señalan las "[...] primeras incursiones en Cuba de este hombre recolector pescador-cazador [...]" (Ortega *et al*, 2019: 57), cuando las condiciones naturales en la época glacial no propiciaban las actividades de pesca y recolección marina.

La idea de los asentamientos cerca de la costa repite hipótesis anteriores. Al respecto, E. Tabío (1991: 15-16) decía: "[...] debe haber en el área circuncaribe gran número de sitios arqueológicos muy tempranos que se encuentran actualmente cubiertos por el mar; sobre todo porque dado su nivel de desarrollo socioeconómico (cazadores, recolectores, pescadores) es muy posible que sus sitios de habitación fueran costeros, principalmente en el marco ecológico de las costas de manglares [...]". J. Febles (1991: 397) señala que "[...] esos sitios y esas evidencias pueden hallarse probablemente bajo el nivel actual del mar".

La mención del carácter cazador, recolector y pescador de los supuestos primeros inmigrantes y sus posibles asentamientos en zonas costeras parece probar que, en definitiva, la hipótesis sobre el poblamiento se centra en el Óptimo Climático Pleno. Evidentemente, los grupos humanos, si hubieran arribado al archipiélago cubano en esa fecha, conocerían o iniciarían la práctica de la pesca y la recolección marina, pero esta sería otra cultura y otra época.

No existen evidencias arqueológicas de pesca o recolección de productos del mar en los sitios de las comunidades protoarcaicas. Tanto los datos de la comparación desarrollada en ese trabajo como los resultados de la actualización tipológica de la región centroccidental (Izquierdo, Ortega y Sampedro, 2015; Ortega *et al*, 2019) comprueban ese hecho.

Es plausible pensar que la experiencia de aquellos grupos humanos en la explotación de sus entornos naturales habría condicionado su perspectiva de acción al arribo a las nuevas tierras, y mediante un proceso de pruebas y errores constatarían las áreas económicamente más favorables del nuevo entorno, por ejemplo, los mencionados ambientes fluviolacustres, al parecer situados en las zonas donde hoy aparecen los sitios arqueológicos. Por ello, los sitios ubicados más tierra adentro presentan las tipologías más tempranas.

Los mismos estudios del relieve y los suelos (Izquierdo *et al*, 2015; Ortega *et al*, 2019), incluso, plantean que los entornos más favorables "[...] serían lugares que en ese entonces se debían considerar como territorios interiores, alejados unos 25 km de la línea costera pleistocénica (Izquierdo, Ortega y Sampedro, 2015: 52).

La exploración del territorio puso a aquellos hombres en contacto con ambientes alternativos: "[...] en el interior de la Isla con paisajes esteparios secos donde existía una fauna de vertebrados de tamaño medio fáciles de cazar" (Ortega *et al*, 2019: 57). Y "[...] gracias a las lluvias orogénicas, las montañas de la isla de Cuba se mantuvieron húmedas durante el período glacial" (*Ibid*: 41), donde el entorno boscoso brindaría también posibilidades de caza y captura (García, 1991: 11-13).

El complejo de sitios arqueológicos Seboruco se encuentra en la primera de estas zonas: la cuenca del río Mayarí, Holguín, actualmente a 12 km de la costa. El complejo de sitios alrededor de Melones 10, también en la cuenca del Mayarí, a una distancia promedio de más de 20 km de la costa actual, se halla en la segunda zona y sus tipologías son las más tempranas.

Sitios ubicados en la cuenca del Damují, Rodas, Cienfuegos, en una llanura colinosa, con abundantes fuentes de materiales silíceos, presentan igualmente una tipología temprana: muescas clactonienses, herramientas de dimensiones por encima de la media en la región y evidencias de talla Levallois. La altitud respecto al nivel del mar es de 20 a 30 m (Borges García y Borges Sellén, s. f.), características semejantes al patrón de asentamiento de los sitios de la cuenca del Mayarí.

En el Paleoindio más temprano de la Florida escaseaba el agua, pues el clima era seco y frío, por lo que predominaba el patrón de asentamiento denominado *Oasis Model*. Es la época pre-Clovis y Clovis. Muchos de los sitios se encontraban en la región noroeste de la península, emergida en ese período y que hoy se encuentra bajo las aguas del Golfo de México, de donde han sido rescatadas evidencias mediante técnicas de arqueología subacuática. Pero en el Paleoindio medio y tardío los sitios arqueológicos de Florida se localizan en cuencas fluviales y sin asociación con economías de ambientes costeros: *"No unequivocal marine shell or other maritime resources have been reported from early sites"* (Faught & Pevny, 2019: 77).

Existe una relación directa entre los sitios paleoindios y los ríos importantes de la península. Un 30 % se encuentra a menos de dos kilómetros de un río importante, pero, en la mayoría de los casos, a menos de un kilómetro; en la práctica, a 0.1 km del cauce fluvial. *"These data support the general notion of existing settlement hypothesis which suggest that Florida's Paleoindians used resources within a close proximity of major river channel features"* (Dunbar, 1991; Neill, 1964; Thulman, 2009, en Dugging, 2012: 68).

Todo ello coincide con el patrón de asentamiento de las comunidades protoarcaicas de Cuba, donde no se reportan sitios del período cerca de las costas, al menos en las que debieron serlo en la época glacial. Al igual que en Florida, los sitios están asociados a los recursos de las proximidades de ríos importantes.

En la región de la cuenca del río Mayarí, el 57.7 % de los sitios se encuentra a menos de 1 km del cauce principal; el 34.6 %, a menos de 2 km; y solo el 7.7 % se encuentra a menos de 3 km (*Censo arqueológico de Cuba*, 1990: CD Taíno). Téngase en cuenta que los sitios que se encuentran más alejados, a menos de 3 km del cauce, son sitios del complejo Levisa, que se ha visto que son, en general, más tardíos. Estos mismos sitios se ubican a un promedio de escasos 3 km del mar (*Censo arqueológico de Cuba*, 1990: CD Taíno), aunque en ninguno de ellos, en la fase protoarcaica, aparecen evidencias de origen marino.

Un solo sitio, Punta Vizcaíno, en Caibarién, Villa Clara, parece tratarse de una excepción respecto a esta norma. Aquí fue hallado un ajuar semejante al de los sitios de la cuenca del río Mayarí: solo artefactos de piedra tallada, elaborados sobre la base de caliza silicificada, con predominio de herramientas en láminas. Este se localiza cerca de la costa, en un hábitat aparentemente diferente al de los sitios de los complejos Seboruco y Melones, sobre una elevación separada de la tierra firme por áreas inundadas y rodeada por vegetación de manglar (Godo *et al*, 1987).

Se trata de una zona lacustre, que en la época glacial no debió hallarse cerca de la costa. Esta, en el Pleistoceno tardío y el Holoceno temprano, "[…] estaría alejada más de 25 km de la línea del litoral actual" (Izquierdo, Ortega y Sampedro, 2015: 176), y la zona de manglares no se habría conformado aún. El sitio Punta Vizcaíno estaría enclavado dentro de una zona fluviolacustre con las condiciones propicias para el asentamiento de estas comunidades, y esto señala sus similitudes con los complejos de Melones, Seboruco y Damují. Prueba de ello es la ausencia en él de restos de moluscos marinos y peces (Godo *et al*, 1987). La excepción, por tanto, no hace sino confirmar la regla.

El sitio Punta Vizcaíno no es de los que se puede catalogar como asentamiento costero en la época de su actividad, ni mucho menos como una localidad de pescadores y recolectores marinos. Puede pensarse, por tanto, con suficientes pruebas a favor, que es poco probable que las comunidades del Protoarcaico, a su arribo al territorio, se hubiesen asentado de manera permanente en zonas muy cercanas a las antiguas costas.

El estudio y cronología de otras regiones del archipiélago cubano parecen coincidir en ello: "[…] la génesis de la Ciénaga de Zapata, así como la adquisición de su configuración geomórfica actual, están asociadas en gran medida a los cambios glacioeustáticos del nivel del mar ocurridos a partir del Último Máximo Glacial (UMG) y con gran probabilidad a partir de la transición Pleistoceno Tardío-Holoceno" (Pajón, 2006). Esta hipótesis es apoyada por los resultados de las dataciones absolutas 14C realizadas en los depósitos de turba de la ciénaga, las cuales arrojaron una edad de 10 000 ± 50 años AP para los depósitos inferiores (-7 m), mientras que los depósitos superiores fueron datados en 5 000 ± 50 años AP (Nedeco, 1959, en Pajón, Hernández y Estévez, 2006: 9). 119

Los estudios "[…] de los asentamientos aborígenes reportados en el territorio indican que la gran mayoría (> 95 %) pertenece a la etapa de economía apropiadora de grupos humanos propios de las fases Guayabo Blanco y Cayo Redondo (grupos mesolíticos), y solo un sitio (Cocodrilo) se reporta como agricultor-ceramista (Neolítico) (Álvarez, 2000) de la etapa de economía productora" (Pajón, Hernández y Estévez, 2006: 11). O sea, en esos territorios datados alrededor del Óptimo Climático, los sitios arqueológicos pertenecen al Arcaico y a la etapa agroalfarera.

Se ha pensado, por una parte, que el ajuar protoarcaico de la región centroccidental fuese más tardío que el de la cuenca del río Mayarí, más al este. Pero los estudios tipológicos recientes (Izquierdo, Ortega y Sampedro, 2015: 161) argumentan que en las diferencias entre unos y otros pueden haber intervenido las características de las fuentes de sílex. Otra versión acerca de estos temas plantea que "[…] el ajuar lítico parece más 'arcaico' que el de la región oriental" (*Ibid*: 151), en el sentido de más antiguo o primitivo.

Algunos artefactos, como el hacha-tajador masivo, hallados en esta región, parecen confirmar esta última afirmación. Las hachas-tajadores tienen paralelos con herramientas del Paleoindio temprano y medio, como son los llamados *pre-Dalton axes* y las *grand paleo axes*. Sin embargo, ese tipo continúa apareciendo en territorios de Florida en épocas más tardías. Su presencia —así como la observación en la región centroccidental de Cuba de lo que parece una norma: la fabricación de lascas amorfas con poca elaboración secundaria y predominio de huellas de uso— podría relacionarse con ello, pues parece un rasgo de las tradiciones tempranas. El hallazgo de la técnica Levallois en sitios de la región de Cienfuegos reafirmaría el fechado temprano.

A las opiniones de que, por el contrario, el Protoarcaico de la región centroccidental fuese más tardío que los complejos de esta misma serie en la cuenca del río Mayarí, se suma que estudios de las evidencias del área mediante métodos de Cluster Analysis parecen haber dado "[...] como resultado que las mismas 'arraciman', como tendencia hacia los pretribales medios" (Morales Santos, 2005, en Izquierdo, Ortega y Sampedro, 2015: 146). Esos racimos o *clusters*, como tendencia, implican una inclinación hacia el mencionado resultado, hay cualidades que afirman el aspecto tardío de las muestras y hay otros que no lo hacen. Este podría ser el resultado más objetivo del estudio: la presencia, en el área, de artefactos de diversas épocas, aunque predominen rasgos medio-tardíos.

La complejidad de las evidencias del Protoarcaico en áreas tan extensas como Villa Clara, Sancti Spíritus, Cienfuegos y quizás Matanzas, parece haber provocado que no se haya podido llegar a una opinión definitiva respecto a la relación entre la tipología y la cronología de los conjuntos artefactuales. Tal vez esto se deba a que en las muestras no existe una homogeneidad, como sí la hay, por ejemplo, en los complejos Seboruco y Melones en Mayarí, entre los cuales, de todos modos, existen también diferencias.

Cabe pensar que se trata de que, en los sitios arqueológicos de las áreas mencionadas, hay evidencias de diferentes tipologías y épocas, dentro de la propia región centroccidental, como ocurre, a su vez, entre las regiones oriental y centroccidental. El acceso de las comunidades de recolectores-cazadores procedentes de Florida a las regiones del archipiélago cubano donde aparecen estas evidencias debió producirse, quizás, en forma de diferentes expediciones que llegaron a zonas de una y otra región, como se ha argumentado antes, en un rango cronológico alternativo: a partir del 13 000 AP y antes del 11 500 AP.

Un tipo de artefacto que guarda similitudes con otros de la etapa anterior al advenimiento del Holoceno, en Florida, muestra información sugestiva que pudiera servir para trazar la ruta del movimiento, por etapas, a lo largo de la costa norte de Cuba, aunque, por supuesto, en un plano hipotético. Útil, no obstante, para acceder a un modelo o idea provisional de esos hechos, en espera de resultados más contundentes en el futuro. Se trata de las herramientas bifaciales, que se han denominado en el presente trabajo puntas para-Dalton, y otras que —tal vez no por casualidad, puede especularse— han sido halladas en la vertiente norte del archipiélago cubano y que coinciden con la posible ruta migratoria, aunque no necesariamente de forma continua o lineal.

Lo llamativo de esta secuencia es que se refiere a herramientas bifaciales, cuya escasez o ausencia es uno de los rasgos característicos del Protoarcaico, y hace alusión a una fase temprana de la tipología, que debió estar relacionada con las actividades cinegéticas, iniciales, de aquellas comunidades. Así y todo, no necesariamente estos artefactos son el único testimonio del proceso de poblamiento.

Existen otros indicadores que dan fe de ello. Se ha hecho reiteradamente referencia al predominio de herramientas elaboradas en preformas unifaciales, característica presente en los ajuares de Florida, pero aquí sin traza de rasgos del Arcaico. También a la presencia, como allá, de la técnica de talla levalloisiense, a artefactos en lascas destinados al trabajo en madera, y en núcleos o lascas masivas con funciones como esas y dirigidas a otros tipos de materiales y labores, así como a otros aspectos del ajuar correlacionables con el entorno.

El aspecto más significativo de estos testimonios, se recalca, es la presencia de las puntas de proyectil unifacial en las zonas centroccidental y oriental. Estas aparecen estadística y puntualmente de manera diferente en una y otra región, a la vez que constituyen un índice diferenciador, fundamental, de los ajuares del período respecto al destino siguiente en las Antillas Mayores, por la ausencia de rasgos que parecen desarrollarse en La Española.

En relación con los artefactos bifaciales, que aparecen en lo que debió constituir una zona esteparia relativamente alejada de la línea de costa glacial, se reporta, en primer lugar, la punta de proyectil Guaní. Esta fue localizada en la zona de Caibarién, en la actual Villa Clara, a alrededor de 5 km del perímetro costero que dibuja un declive rumbo este, accidente que pudiera haber captado a los navegantes en su ruta. Es interesante que la semejanza de esta pieza con las puntas *Cowhouse slough* de Florida, a su vez asociables de alguna manera con puntas estilo Simpson y hasta Clovis, pero más tardías, se reporte en la zona centroccidental, donde aparecen otras evidencias muy tempranas.

Hacia el levante, ya en la provincia Holguín, se localizó la punta Yaguajay, al norte de Banes, en un territorio cuya configuración costera se proyecta al norte y que pudiera haber sido un valladar para seguir la navegación al este. La punta Nibujón fue hallada al noroeste de Baracoa, actual provincia de Guantánamo, en el declive final de la isla, hacia el extremo de la provincia. Los dos últimos casos, la punta Yaguajay y la punta Nibujón, fueron hallados en localidades al oeste y al este, respectivamente, de los conjuntos arqueológicos protoarcaicos más representativos, que se adentran en la cuenca del río Mayarí, en Holguín.

En este contexto, particularmente en los sitios Seboruco 2 y Seboruco 5, este último ubicado junto a las fuentes de materia prima silícea en el Arroyo Bayatal, fueron halladas herramientas bifaciales producto de la remodelación de puntas semejantes a la Yaguajay y a la Nibujón. Este detalle es importante porque valida la relación de estas con el contexto arqueológico. Estas herramientas, evidentemente tempranas, guardan semejanza tipológica significativa con dichas puntas e incluso con la punta Cuba, del Museo Montané de la Universidad de la Habana, a la vez que todas presentan rasgos comunes que las asemejan a artefactos representativos del Pleistoceno tardío.

A continuación de la punta Nibujón, en la región de ese nombre, en Baracoa, se localiza la punta Monte Cristo, en el lugar más al este que es posible en el archipiélago, con algunos rasgos comparables con las anteriores, especialmente con la punta Guaní, de Caibarién. La punta Monte Cristo fue reportada, específicamente, en un sitio al suroeste de la Punta de Maisí, en lo que pudiera ser una zona favorable de acceso al mar, en el Paso de los Vientos. La ubicación permite especular que el enclave constituyera una base que propiciara el acceso a las costas haitianas, en vez de utilizar una vía por el norte del estrecho, dado el a veces complicado estado de las corrientes en esa zona del paso.

La corriente en forma de lengua que llega desde occidente hasta la zona oriental de Cuba (Mojena *et al*, 2009) pudo conducir embarcaciones hasta la entrada norte del Paso de los Vientos (*Winward straight*), ubicada entre Cuba y Haití, que conecta el océano Atlántico con el mar Caribe: "*Windward Passage, strait in the West Indies, connecting the Atlantic ocean with the Caribbean sea. It is 50 miles wide and separates Cuba (west) from Hispaniola (southeast)*" (Britannica, n. d.). Es un pasaje caracterizado por corrientes complejas y peligrosas, importante como vía de navegación, aunque ha sido poco explorado científicamente: "*It is a site of complex currents, mixing and exchange of water that have been little explored despite the historical importance of this region as a major shipping route*" (Winward Passage, 2014).

Ciertos reportes de navegación a través del pasaje, sin embargo, hablan en términos benignos del estado de las corrientes (Pisani, 2015; Anonym, 2013). Incluso existe una ruta turística de navegación desde la Playa del Pescador, en Holguín, hasta la Isla de las Vacas (Ile de Vache), en Haití (Anonym, 2008). Por ello se puede suponer que el cruce resultaría menos peligroso en determinadas épocas.

Investigaciones señalan que la velocidad de las corrientes disminuye en los meses de septiembre y octubre (Mitrani-Arenal y Cabrales-Infante, 2020). Un experimento de la dinámica de las corrientes en el pasaje plantea que los flujos más intensos se encuentran en su lado occidental, en la costa de Cuba, y el transporte tiende a seguir esa vía: *"The most intense flows are located on the western side of the passage, where a strong inflowing jet is typically found against the eastern shore of Cuba. The transport through the passage tends to follow the intensity of this feature"* (Johns, 2008).

Con los recursos de navegación no restringidos solo a seguir las corrientes, sino a utilizar también navegación tangencial y contracorriente, que han señado algunos estudiosos (Pérez Carratalá e Izquierdo, 2010), y el posible uso también de flujos de corrientes en el estrecho, aprovechados en épocas favorables, pobladores de Cuba pudieron alcanzar la costa suroeste de Haití, donde se encuentran importantes sitios arqueológicos de la llamada allí época lítica. Algunos resultados de investigaciones señalan, incluso, que el flujo de navegación es favorable por la costa de Cuba, así que la navegación desde esos lugares podría ser aprovechable. Ello coincidiría con la especulación que sugiere el hallazgo puntual del registro de sílex en esa zona.

En el entorno de la bahía de Port au Prince, en la subárea conocida como Cabaret —referente al emblemático sitio arqueológico del mismo nombre—, se encuentran 36 sitios arqueológicos de la época lítica, algunos de ellos muls ticomponentes. El ajuar de sílex incluye los tipos de artefactos característicos de la etapa: láminas retocadas, láminas con dorso, raspadores, denticulados y macrol] minas. Todos, confeccionados en preformas unifaciales, aunque aparecen algunas piezas con talla bifacial —ojo a este dato—: *"Implements are generally made on unifacial flakes and blades though bifacial flaking also occurs"* (Koski-Karrel, 2006: 472). Los sitios están ubicados cerca de fuentes de materia prima silícea (*Ibid*: 471).

En esta área se halla el sitio Vignier 3 (3630 + 80 AP), con una datación realizada por C14, algo más temprana que la de Levisa 1, en Cuba. S. Wilson (1997) resalta esta diferencia en su propósito de asociar el poblamiento de las Antillas con Centroamérica. Por su parte, el arqueólogo C. Moore (1991: 47) considera a Vignier 3 contemporáneo con el fechado de Cuba, pues evidentemente se trata de una diferencia poco significativa entre dos dataciones puntuales: *"The Vignier 3 site would be contemporary with the Levisa lithic site (3190 B.C.) in Cuba"* Además, puede comprobarse que ambos fechados son tardíos en relación con el marco cronológico que muestran las correlaciones tipológicas entre Florida y Cuba.

El sitio Vignier 3 en que fue obtenido el fechado presenta una proporción muy alta de material de concha junto a evidencias líticas: *"Vignier 3 had the high sea Shell to Flint ratio and probably represented a temporary habitation site"* (Moore, 1991: 95). En la muestra de concha hay representación de especies con características estacionales y se hace mención a especies muy populares en el ámbito de las Antillas, como el *Strombus pugilis*, entre otros

123

(Moore, 1991: 96). En todos los sitios líticos aparecen restos abundantes de esa procedencia: *"Shellfish gathering activities must have been quite intensive since several sites have large numbers of small bivalve species [...]"* (Moore, 1991: 96).

En un conjunto de seis sitios, entre los cuales se encuentra Vignier 3, varía la relación entre el monto de los artefactos de sílex y el de la presencia de conchas marinas. *"The sites varied from having large amounts of flint remains relative to shell, to sites with larger amounts of shell compared to flint, Vignier 3 had a high sea shell to flint ratio [...]"* (Moore, 1991: 95). *"Surface collections of flint material and sea shells have been made from all the sites" (Ibid:* 95). Ello confirma que estos sitios se relacionan con el Arcaico temprano, más tardíos que los sitios de Cuba, con los cuales comparten muchas características y de donde posiblemente proceden.

Una descripción de los sitios haitianos aclara que estos son generalmente superficiales y sin referencia estratigráfica: *"All of the deposits were extremely thin with no chance of finding stratified layers. Much of the material showed evidence of being displaces by erosion. This would have destroyed perishable refuse such as bone and ash"* (Moore, 1991: 93). Por ello, la asociación con el material de concha debe analizarse de forma crítica, ya que tal vez en algunos sitios las evidencias de concha no correspondan con las evidencias líticas más tempranas, que guardan la mayor semejanza con las de Cuba.

Como señala D. Koski-Karrel (2006: 473): *"A number of these sites include or may include non-Lithic cultural materials and their shell content may be associated with later groups [...] [and] since available radiocarbon data for the Lithic may not be an accurate measure of age it remains unclear how this settlement period relates to the Archaic in terms of absolute chronology".* C. Moore (1991: 96) piensa, incluso, que movimientos de estos grupos, favorecidos por características del entorno, hayan podido continuar su ruta migratoria y alcanzar el lugar donde se hallan los sitios tempranos en el sur de República Dominicana. Obsérvese que las características de ese medioambiente son semejantes a las de los ecosistemas fluviolacustres que existieron en Florida y Cuba, en vísperas de y durante el poblamiento: *"Movement easily could have been made in a southeasterly direction to the plain of Cul-de-Sac, a wide valley which would have been the natural route for reaching the early lithic sites in the Dominican Republic. This low depression with several lakes could have been a rich habitat for food supplies. Habitation sites or food processing centers have yet to be discovered within this basin".*

En el ajuar del área de Cabaret se hallan especialmente puntas de proyectil unifaciales, que son consideradas de esta manera por los investigadores de Cuba y de la isla La Española en general. Estas tienen variadas formas, pero una característica que se señala para el área de Cabaret es la presencia de espiga (*tang*), rasgo semejante al de las puntas unifaciales de Cuba, o sea, sin pedúnculo. *"There are multiple point types with various distinguishing characteristics including lanceolate and foliate shapes, pressure flaking, basal thinning, and stems (tang)"* (Koski-Karrel, 2006: 471).

Este rasgo, la espiga, o sea, la preparación mediante retoques de la base de la pieza en los bordes laterales y/o cerca de la base, que se encuentra presente en el Protoarcaico como norma general, se diferencia de las puntas de los sitios más tempranos de República Dominicana, que poseen pedúnculo. Esta característica está asociada en Florida y otras partes con el Arcaico.

El arqueólogo dominicano E. Ortega resume los sitios tempranos de República Dominicana referidos como ajuares mordanoide, o casimiroide, según la clasificación más reciente, donde se han hallado puntas de proyectil unifaciales en 10 sitios en la Sierra de Neiba y el Valle de San Juan de Maguana. Destaca el sitio Cañada de las Palmas, donde en la época en que se escribió el artículo se había hallado el mayor número de puntas unifaciales de toda La Española: 46 (Ortega y Guerrero, 1983: 314).

Para esa fecha se habían reportado centenares de puntas de proyectil unifaciales en los sitios protoarcaicos de Seboruco y Melones, en Mayarí, Holguín, en un entorno de montaña en cierto sentido semejante al de los mencionados sitios de Dominicana. Solo en el sitio Melones 10 de esa área se realizó un estudio estadístico de diversos parámetros de 124 puntas de proyectil de ese tipo (Febles y Rives, 1991a). 125

Puntas unifaciales como esas se han hallado también en la zona centroccidental de Cuba, pero nunca en esa cantidad ni en esa concentración. Así que esos datos señalan, tal vez, la existencia de condiciones excepcionales para la actividad cazadora en el área de los sitios de Seboruco y Melones. Estudios traceológicos del ajuar de sílex del sitio Melones 10 llevados a cabo por la especialista, entonces soviética, G. F. Korobkova, del Laboratorio de Traceología Experimental de Leningrado, y los arqueólogos cubanos R. Sampedro y P. Godo, arrojaron el resultado de artefactos para el procesamiento de madera y otras materias vegetales, así como un índice especialmente notable de acciones sobre carne (R. Sampedro, en Izquierdo, Ortega y Sampedro, 2015). En esa área existiría una notable presencia de fauna de mamíferos autóctonos.

E. Ortega señalaba, además, el hallazgo de seis puntas en Jarabacoa y Constanza, cuatro en Montecristi y Chacuey, y una en Samaná y Las Palmas de Barahona. En Cañada de las Palmas se reportarían cuatro nuevos sitios de esta cultura. En cuanto a una punta hallada en Las Salinas de Barahona, hace notar caracteres que son comunes en estas puntas en aquella isla: "[…] pedúnculo recto, bien tallado y una serie de retoques marginales en uno de los bordes" (Ortega y Guerrero, 1983: 315).

Tanto E. Ortega (Ortega y Guerrero, 1983: 323) como J. Febles (1991) señalan que el pedúnculo, rasgo tardío, es frecuente en La Española y no en Cuba. Los datos expuestos sobre los artefactos de sílex y especialmente las puntas de proyectil unifaciales en República Dominicana, por tanto, parecen señalar que se corresponden con sitios arqueológicos más tardíos que los del Protoarcaico. Además, puede pensarse que los pobladores de esos sitios de Dominicana proviniesen de Haití y de Cuba.

Es conveniente en este punto volver a mencionar algunos detalles de interés: en el ajuar de sílex de los sitios de la época lítica en Haití, las puntas de proyectil unifaciales se caracterizan por la presencia de espiga: *"[...] pressure flaking, basal thinning, and stems (tang)"* (Koski-Karrel, 2006: 471). Este, como se ha dicho, es rasgo característico de las puntas del Protoarcaico, o sea, las puntas con espiga *(tang)* se diferencian de las puntas con pedúnculo, de carácter tardío, de los sitios dominicanos (Ortega y Guerrero, 1983; Febles, 1991).

Otro detalle interesante al que ya se hizo alusión es la presencia en los ajuares líticos de puntas unifaciales, pero también de artefactos bifaciales: *"[...] unifacial flakes and blades though bifacial flaking also occur [...] There are multiple point types with various distinguishing characteristics including lanceolate and foliate shapes, pressure flaking"* (Koski-Karrel, 2006: 472-473). Entonces el ciclo de marcadores puntuales o exóticos de la migración, las puntas de proyectil bifacial, se habría completado.

Las puntas bifaciales del Paleoindio tardío, que los hombres trasladarían —física o mentalmente— desde el noroeste hasta el sureste de Florida, habrían sido llevadas de allí hasta el centroccidente del archipiélago cubano, de ahí hasta la zona oriental y, al fin, hasta la localidad más al sudeste de la isla. Este recorrido continuaría en el suroeste de Haití, donde aparecen también ¡puntas de proyectil bifaciales!, puede presumirse que igualmente escasas.

Al igual que otros arqueólogos (Trzeciakpowski y Febles, 1981), D. Koski Karrel (2006: 471) hace referencia a la semejanza de estos ajuares con tipologías del Viejo Mundo. Apunta una posibilidad de contactos con África, pero no deja de considerar que estas evidencias puedan provenir del área continental, incluso de Norteamérica. Esta asociación ha sido comprobada en esta oportunidad por las tipologías del Paleoindio de la región sudoriental.

Todo parece indicar que los sitios de Haití desde donde C. Moore (1991) señala que se poblaría el suroeste de la República Dominicana, serían comparables a algunos asentamientos de Cuba desde los que, quizás, procederían los recolectores-cazadores de Haití. Los sitios de la serie mordanoide, con las puntas unifaciales con pedúnculo, serían más tardíos. Con ello se daría merecido crédito al arqueólogo M. Veloz (1976: 104 y ss.), quien atribuía los sitios mordanoides al Arcaico temprano. Los ajuares líticos más tempranos de La Española se remontarían a una época posterior al período glacial. Se menciona, incluso, el Óptimo Climático como referencia cronológica para el área (Moore, 1991).

Estas evidencias parecen relacionar secuencialmente los sitios más tempranos de territorios vecinos. Como se había visto, en la península de Florida y el sudeste estadounidense hay reportados más de quinientos sitios del Paleoindio, cifra en que no están incluidos decenas de otros posibles de la época glacial, cubiertos hoy por las aguas al oeste del territorio. En la región centroccidental de Cuba se han reportado entre doscientos y trescientos sitios, solares o paraderos arqueológicos de comunidades tempranas, cuyo ajuar presenta paralelos con los del territorio floridano.

En la región nororiental del archipiélago cubano, en la cuenca del río Mayarí, Holguín, sin contar hallazgos esporádicos, han sido estudiados más de cincuenta sitios de dichas comunidades con ajuares comparables a los antes mencionados. En la isla La Española este tipo se ha reportado y estudiado en un número relativamente menor que en las áreas anteriores. Podría pensarse, hipotéticamente, en un decrecimiento progresivo del número de asentamientos, a la vez que se encuentran más alejados del foco principal del poblamiento en el sudeste norteamericano, al parecer, como ondas que van decreciendo a medida que se alejan del impulso inicial que originó el movimiento. Esta distribución y secuencia espacial no ha podido comprobarse que exista entre sitios de otras regiones del continente y los más tempranos de las Antillas Mayores.

PUNTAS UNIFACIALES Y PUNTAS DE PROYECTIL BIFACIALES

Excepto las puntas de proyectil bifaciales —retocadas superficialmente en ambos lados de la pieza—, muchas de las herramientas elaboradas en sílex halladas en la península de la Florida y territorios cercanos son unifaciales: láminas o lascas simples, retocadas en sus márgenes, la base o la cima y, en ocasiones, superficialmente en uno solo de sus lados, preferentemente el dorsal, destinadas a diversos propósitos (Milanich, 1994: 48). Los artefactos paleoindios, en general, tienden a ser unifaciales y plano-convexos, con evidencias de lascado para producir bordes afilados y extremos afilados o punzantes (Purdy, 1981). Los ajuares del Protoarcaico de Cuba, en cuanto a este tipo de herramientas, puede afirmarse que mantienen tanta o más similitud con los del Paleoindio de Florida, su vecino más cercano, que lo que se había observado antes acerca de la Western Lithic Co-Tradition: un ajuar predominantemente elaborado en preformas unifaciales.

Esto trae a colación un aspecto controvertible, si no el más, de la arqueología en el continente: la contrastación del registro preferente del Paleoindio, las puntas bifaciales y el resto del ajuar elaborado generalmente en lascas, láminas y núcleos. Las herramientas del Paleoindio sin talla bifacial han sido calificadas como herramientas de ocasión (*expedient tools*), supuestamente realizadas de forma urgente o casual ante circunstancias al margen de las actividades principales. De ahí la ausencia del elaborado retoque propio de las herramientas bifaciales, consideradas de confección excepcional (*curated tool*).

Esta alternativa, utilizada con cierta frecuencia, también, por arqueólogos de América Latina (Veloz, 1976), debe ser sometida a consideración al tener en cuenta la diversidad de actividades que cumplían las herramientas unifaciales y bifaciales.

En diferentes rincones del planeta existen pruebas de que las herramientas unifaciales fueron destinadas a toda una compleja gama de actividades económicas, extractivas y de elaboración de materias primas. También en la caza, la captura y el procesamiento de sustancias vegetales, principalmente la madera. Igualmente, para trabajar la concha, el hueso, las pieles y la misma piedra, así como en la fabricación de una serie de útiles relacionados con la vida en aquella época. Esto puede ser erróneamente obviado si no se tiene en cuenta la importancia de su estudio detallado: "*The identification and analysis of flake tool assemblages may offer insight into site activities that might otherwise have been overlooked"* (King, 2018: 2).

A juzgar, considérense simplemente los astiles de madera o hueso que eran fundamentales en el equipo de las puntas de proyectil. No es posible, por tanto, limitar las actividades a que eran destinadas las herramientas unifaciales a funciones subalternas, pues implicaban toda una serie de actividades imbricadas con una compleja división del trabajo.

Investigadores norteamericanos se han referido expresamente a este problema: *"Although simple in form and design, flakes are extremely efficient tools. With multiple working edges, flake tools may be used to complete a myriad of tasks"* (King, 2018: 2-18). Se menciona, incluso, la proporción estadística e importancia de las herramientas unifaciales en los conjuntos de sitios arqueológicos donde se ha anotado el predominio de los artefactos lasqueados sobre los de talla bifacial:

Although fluted points are the hallmark of most paleoindian sites, more than 25 other types of stone tools have been identified in the Nobles Pond collection. End scrapers are by far the most common paleoindian tool at Nobles Pond [...] the collection also includes over 7,000 stone tools and tool fragments. The array of tools includes 95 fluted points and preforms in various stages of manufacture, hundreds of end scrapers and gravers, and various other tools and tool fragments [...] They are about 20 times more plentiful than the fluted points and preforms [...] (Barans, 2016).

La obtención de los artefactos unifaciales, a pesar de estar elaborados de forma aparentemente más simple, presume una actividad de talla previa de carácter complejo en los guijarros, primero, y los núcleos obtenidos de aquellos, después, hasta la consecución del producto final. Uno de los procedimientos de talla más elaborados que se reconoce, si no el más, es la técnica levalloisiense, cuyo resultado es la obtención de lascas y láminas unifaciales, cuyas funciones son ilustrativas. Pero incluso sin llegar a la tecnología levalloisiense, el proceso de obtención de artefactos sigue un plan sistemático según los pasos señalados.

La tecnología de talla clásica conocida como Levallois no se corresponde con las etapas más desarrolladas del Paleolítico, sino con lo que se conoce como Paleolítico medio o época musteriense, relacionada incluso con la presencia del *Homo sapiens neardentalensis*. Los artefactos levalloisienses, caracterizados por una talla de gran perfección que, sin ser retocados bifacialmente, pudieran calificarse como *curated tools*, ceden el paso, en el Paleolítico superior, a una tecnología de talla en apariencia más simple, pero con una mayor diversificación artefactual.

La lista tipológica para el Paleolítico inferior y medio, en conjunto, recoge 63 tipos, mientras que la lista solo para el Paleolítico superior es de 93 tipos para unos y 105 tipos o más para otros. Se aprecia, inclusive, una variedad tipológica producto de la regionalización, grupos humanos con tipologías particulares para funciones comparables (Broglio and Kozlowski, 1986: 77-80; Cocchi, 1994: 67-89).

En esta proyección, la planificación de la talla implica menos el acabado de artefactos y más la satisfacción de actividades económicas más amplias que en las etapas precedentes, lo cual requiere de una tecnología de simplificación y aprovechamiento de los materiales líticos que logran una productividad mayor.

Un proceso de *simplificación* semejante puede ser comprendido en Norteamérica cuando la tecnología del Paleoindio es comparada con la talla clásica del Paleolítico medio europeo: *"[...] a general classificatory distinction is drawn between the traditional North American unprepared core type known as expedientor amorphous and Old World Mode 3 prepared core types known as Levallois"* (Koldehoff, 1987; Parry and Kelly, 1987; Bordes, 1961; Clark, 1969; VanPeer, 1969, en Ensor, 2013: 12 y ss.). Investigaciones recientes ponen esta alternativa en cuestionamiento, con el descubrimiento de técnicas de talla para-Levallois (*Levallois-like*) en el territorio estadounidense, aunque no en relación con los esquemas sucesorios del Paleolítico europeo.

130 La llamada talla *expedient amorphus* de los sitios norteamericanos es la más común para la época post-Clovis y culturas más tardías: *"This is the most common core form described for post-Clovis Archaic, Woodland, and Mississippian societies in North American"* (Ensor, 2013: 12 y ss.). Esta debe reflejar procesos de simplificación y aprovechamiento de materiales relativamente comparables con los que ocurren en el Paleolítico superior, aquí relacionados con las condiciones materiales propias de la época en que se desarrollan en América, y no simplemente una confección oportunista al margen de técnicas de confección excepcional (*curated tools*) de las puntas de proyectil bifaciales.

Las herramientas bifaciales y unifaciales forman parte de una compleja división del trabajo en las comunidades cazadoras-recolectoras. Un énfasis extremo en el estudio de las herramientas de talla bifacial puede perjudicar la comprensión de los problemas de conjunto. Como apunta B. H. Ensor (2013: 12), *"the [...] devotion to projectile point typology, thin biface production, recognition of prismatic blade technologies, and associated aesthetic qualities of carefully flaked specimens may have distracted us from other important issues regarding the flaked stone archaeological record of our continent"*.

No obstante, en muchos textos sobre el Paleoindio puede leerse aún que la fauna pleistocénica era cazada con puntas lanceoladas (herramientas bifaciales) y carneada con herramientas de piedra unifacial" (Milanich, 1994: 38), lo cual es solo parcialmente cierto.

Los estudios de traceología en la época contemporánea prueban que las puntas bifaciales fueron usadas como punta de proyectil y también como cuchillos o navajas en la función de corte (Thulman, 2007), o sea, que participaron también en las labores de descarnamiento. Estudios de huellas de uso y fracturas de dichos artefactos apoyan esta idea, en los casos en que han sido implementadas pruebas al respecto: "El análisis de microhuellas de desgaste en herramientas experimentales y puntas de Clovis de Colby muestra de manera inequívoca patrones consistentes de uso de herramientas como puntas de proyectil y herramientas para cortar carne [...]" (Kay, 1996: 315).

J. T. Milanich (1994) ha apuntado que algunos especialistas cuestionan si las llamadas puntas Bolen —bifaciales— propias del Arcaico son en realidad cuchillos enmangados: "Specialists also have questioned wether Bolen points are points at all, or, instead, hafted knives" (Milanich, 1994: 58).

Mil imágenes de puntas de proyectil bifaciales, estriadas (*fluted*), del Paleoindio, procedentes de la región centro norte de Florida, sometidas a un estudio mediante procesamiento estadístico digital, permitieron obtener una clasificación de ocho tipos de puntas de proyectil con una relación jerárquica entre ellas (Thulman, 2017). El estudio facilitó, a su vez, aproximaciones acerca de las funciones a que tales tipos estuviesen destinados.

Las puntas de forma espatulada se estimó que tuviesen la función de corte. Así, el concepto de punta cuchillo es también aplicable a las puntas de proyectil bifaciales, y la función como cuchillo no es un argumento suficiente, por tanto, para discriminar las puntas unifaciales: "*Several lines of evidence lead me to hypothesize that the straight sided points and perhaps the narrow waisted points, were principally designed as penetrating tools and the spatulated points were designed as cutting tools*" (Thulman, 2017: 72). 131

Uno de los artefactos unifaciales especialmente subvalorado es la punta conocida como punta cuchillo o simplemente cuchillo. En Florida se le atribuye, además, la función de raspador: cuchillo raspador Waller. El arqueólogo dominicano E. Ortega (Ortega y Guerrero,1981) analiza que estos son en realidad puntas de proyectil, pues no tiene sentido pensar que tengan solo la función de cuchillos —o raspadores, puede agregarse—, al estar el extremo distal preparado mediante retoques para punzar o penetrar. Con esta idea están de acuerdo otros investigadores antillanos (Febles, 1988; Febles, 1991; Rives y Febles, 1988; Febles y Rives, 1988; Febles y Rives, 1991).

Hay que señalar, además, que estas piezas muestran modificaciones en la base para ser enmangadas, y, además, en los bordes cerca del extremo distal, con el propósito de remodelarlo. El tipo de elaboración utilizado en estos casos —denominado retoque marginal— es propicio para esa función en específico y no para cortar o raspar. Las modificaciones para esta última función poseen características específicas, y pueden ser combinados o no con ese propósito: el retoque abrupto, de alrededor de 90°, es destinado a los raspadores, y los retoques abruptos y semiabruptos, superpuestos, son destinados a las raederas (Kozlowski y Ginter, 1975; Febles, 1988). La punta de proyectil unifacial, como otros —se ha visto que incluso puntas bifaciales—, puede tener también la función alternativa de cuchillo. Específicamente así deben ser considerados los llamados cuchillos raspadores Waller, de Florida: puntas y no solo cuchillos. Aún menos, raspadores, pues los retoques que generalmente se aprecian en esas piezas no son los apropiados para raspar.

Un caso de una pieza de Florida es ilustrativo al respecto. Se trata de una herramienta calificada precisamente como cuchillo raspador Waller: *Waller knife scrapper* (Purdy 1981: Fig. 14, pieza 3, segunda línea) [Ver Fig. B9]. Esta muestra un retoque semiabrupto regular en el borde derecho, dorsal, junto al extremo distal. Este tipo de retoque, el semiabrupto, no es propicio en ese borde cerca de la cima para funcionar como raspador o cuchillo de corte, por lo que parece evidente que su función se dirige a remodelar el perfil del artefacto y aguzar la punta. Puede considerarse, por tanto, una punta de proyectil unifacial. Podría ser utilizado, alternativamente quizás, como cuchillo por el borde opuesto a los retoques, y en ese caso sería ese un borde de corte simple, solo determinable si existiesen microhuellas de desgaste. Pero no posee macrohuellas ni retoques que indiquen que fuera un raspador.

Las puntas cuchillo, elaboradas en preformas unifaciales, pueden tener características morfológicas de puntas de proyectil. En ese caso su función es clara, como se infiere de su presencia predominante en las comunidades de aborígenes de las Antillas, quienes practicaban la caza y la captura de animales como parte de sus actividades apropiadoras. Pero este tipo de artefacto no es considerado solo punta de proyectil por arqueólogos de las Antillas Mayores. Se trata de un conocimiento evidente para investigadores en diversas partes del orbe.

En primer lugar, lascas y láminas Levallois, de gran regularidad morfológica, son unifaciales, independientemente de que se les aplique una elaboración secundaria superficial como acabado a algunos especímenes, generalmente en un solo lado, de preferencia el dorsal. En los frecuentes casos en que se obtienen en forma puntiaguda, se les denomina propiamente puntas Levallois. O sea, que comúnmente se trata de puntas unifaciales y en general es aceptado que entre sus funciones esté la de punta de proyectil: *"It is nevertheless generally accepted by most authors that some at least of the Levallois points were used to tip spears; this is strongly supported by the discovery of a Levallois point embedded in a wild ass cervical vertebra from the site of Ummel Tlel in Syria"* (Boe et al, 1999; Plisson and Beyre, 1998: 13; Gebese, 1998; Marks, 1998: 20; Shea et al, 2002, en Villa et al, 2009: 50).

Esto lo reafirman otros ejemplos como resultado de una investigación experimental, mediante un análisis cuantitativo de rendimiento (*quantitative performance analysis*). Gracias a él se pudo conocer que las puntas Levallois de pequeñas dimensiones pudieron funcionar como puntas de flecha, pues sus características morfométricas, especialmente su perímetro, permitieron el control de su poder de penetración: *"The results of this study suggest that small Levallois points could have functioned as arrowheads [...] They also suggest that these points' penetrating power is strongly controlled by their morphometric characteristics, most notably their perimeter"*(Sisk y Shea, 2009: 2039-2047).

Un caso igualmente representativo es el de las puntas solutrenses, planas, sin talla bifacial, del Paleolítico medio. Se hace referencia al proceso en que son obtenidas estas puntas con referencia a muestras de España, de la manera siguiente: "Elaboradas sobre soportes laminares o lascas laminares, se obtienen de núcleos prismáticos mediante percutor de piedra blanda dentro de una cadena operativa unipolar recurrente [...]" (Lerma, 2014).

La descripción detallada de estos artefactos aleja dudas acerca del propósito de la talla de puntas unifaciales y del objetivo último de los retoques en su conformación: "En varias de las puntas se observan también retoques [...] sobre los bordes, llegando a delineaciones denticuladas en los casos más extremos. La presencia o no de retoques en los bordes laterales ha servido de 133 base para una clasificación en subtipos que, en opinión de Zilhão y Aubry [...] representarían, más bien, el ciclo de uso, reavivado y abandonado en vez de variabilidad interna" (1995: 134, en Lerma, 2014).

"Una variante específica de las puntas de cara plana son las denominadas puntas de Vale Comprido [...] en el Paleolítico inferior de Portugal. Se desarrollan dentro del proceso de creación de elementos líticos de proyectil que sucede entre finales del Graveтiense e inicios del Solutrense, aunque su producción sistemática parece posterior a 22.000 BP" (Zilhâo *et al*, 1999: 171, en Lerma, 2014).

En el Protoarcaico de Cuba y en el Paleoindio de Florida aparecen este tipo de puntas, específicamente los de la lista tipológica que se han mencionado reiteradamente: tipos: 1.6.15 y 1.6.16. Este fenómeno de emergencia o inventiva independiente en complejos culturales más recientes puede relacionarse con los procesos de adaptación humana en nuevos medioambientes.

Las puntas Levallois son consideradas —en los ajuares del Protoarcaico, por supuesto— como parte de las puntas de proyectil unifaciales. Su presencia es atestiguada en sitios de Florida (Purdy, 2008: Fig. 2.26: last piece, bottom line) solo como una lasca o lámina modificada. Aunque se reconoce que en la península han aparecido cientos de piezas producto de la técnica Levallois (Purdy, 2008: 112), no se hace referencia a su posible carácter de punta de proyectil, a pesar de que esa condición ha sido señalada en otras partes del mundo por arqueólogos de la Florida (Sisk y Shea, 2009). Conforme se ha mencionado, la técnica Levallois aparece también en sitios de Alabama, cercanos a la frontera noroeste de Florida (Ensor, 2008, 2013).

En el Protoarcaico de Cuba los tipos punta Levallois aparecen, particularmente, en el sitio Melones 10, e incluso las llamadas puntas pseudo-Levallois: "punta en lasca desviada tipo Melones" (Lista tipológica: 1.6.14). Esta aparece elaborada en una lasca desviada puntiaguda, con la característica de que el eje tecnológico de la pieza no coincide con el eje tipológico, producto del tipo de talla (Febles, 1988: 58). Este es otro caso de emergencia de técnicas de talla de épocas tempranas en un conjunto cultural de las Antillas.

Las puntas musterienses (pseudolevalloisienses) y sus similares levalloisienses, según los especialistas, han sido herramientas de gran utilidad por muchos milenios y en múltiples actividades, incluida la citada función de puntas de proyectil. Se dice que estos artefactos requerirían poco mantenimiento. Incluso la preparación de astiles de madera para enmangarlas, dicen otros investigadores, llevaría más tiempo para su confección que la propia talla de la punta.

Mousterian points and the similar retouched (or unretouched) Levallois points were a useful tool that enjoyed popularity for tens of thousands of years and may have been used in different activities, which included use as spear tips. Once the desired blank shape was produced, they required no or minimal maintenance. The wooden shaft, on the other hand, was certainly a highly curated tool since the making of a wooden spear shaft is much more time-consuming than the making of a Middle Paleolithic stone point (Veil and Plisson, 1990, en Villa et al, 2009).

En Cuba, investigadores europeos y cubanos han estudiado las huellas de uso de estos artefactos en comunidades del Protoarcaico (Trezakoski y Febles, 1981). Lascas desviadas o musterienses también se hallan en sitios de la Florida (Purdy, 1981: Fig. 14: second piece botton line and third piece top line). En el archipiélago se incluyen dentro de las puntas de proyectil unifaciales, otra prueba de la función de las puntas unifaciales como puntas de proyectil.

En diversos lugares del mundo, en los conjuntos en que aparecen los tipos clásicos, levalloisiense y musteriense, es común su coincidencia con puntas de proyectil bifaciales. Otro tanto puede decirse de puntas producto de otras técnicas de talla. En el caso que se expone a continuación, se estudia la participación de puntas bifaciales y unifaciales, no levalloisienses ni musterienses, como posible parte de armaduras de lanzamiento de puntas de proyectil.

Los estudiosos M. S. Sisk y J. Shea (2011) abordan el problema de las herramientas utilizadas en las actividades de caza y sus equipamientos en

134

África, con el propósito de investigar su posible papel en la historia del *Homo sapiens*, ya que estos podrían haber propiciado su salto definitivo a Europa. Con este objetivo hacen referencia a los diferentes tipos de punta de proyectil existentes en registros arqueológicos y contextos etnográficos, bifaciales y unifaciales.

Los experimentos (Sisk & Shea, 2011) demuestran que puntas poco retocadas y no retocadas (evidentemente unifaciales) pueden formar parte de armaduras para el lanzamiento de puntas de proyectil: "[...] experimental work has demonstrated that unretouched, minimally retouched, and even wooden points function adequately as projectile armatures" (Sisk y Shea, 2011: 39-40). Puede añadirse que obviar ese hecho especialmente, las puntas unifaciales, impide la detección de parte importante de instrumentos de trabajo del hombre pleistocénico.

"Thus, it is important for researchers to look not only at the particular forms of recent projectile points as guides to recognize ancient examples, but also at ballistically significant metrics derived from ethnographic and experimental data" (Sisk y Shea, 2011: 42 y ss.), argumentos válidos acerca de las posibles funciones de este tipo de útiles, según las ideas de los arqueólogos antillanos.

El experimento mencionado fue más allá, incluso, de los criterios de balística utilizados en el estudio del área de la sección transversal de las puntas (*the tip cross-sectional area*), y se adentró en la utilización de este enfoque, unido al de la sección del perímetro de las puntas (*the tip cross-sectional perimeter*). Esta fue una aproximación más segura a la fuerza necesaria para penetrar un blanco (*target*) con fuerza letal: *"[...] a more accurate proxy of the force needed to penetrate a target to a lethal depth"* (Sisk y Shea, 2011). De las puntas de proyectil bifacial se analiza la sección trapezoidal y, de las puntas de proyectil unifaciales, la sección triangular (*Ibid*).

La muestra estuvo compuesta por complejos de puntas de proyectil utilizadas en el Paleolítico medio africano y puntas de dardo provenientes de contextos étnicos. Es de destacar la importancia en el trabajo del tipo *porc epic point* para los resultados del experimento: la sobreposición entre las puntas de dardo y las *porc epic points* señala que se crearon como respuestas a restricciones morfológicas. La comparación entre ambos tipos mostró la posibilidad de utilización de las puntas paleolíticas como parte de las armaduras.

Las *porc epic* bifaciales parecen haber sido utilizadas en las armaduras en mayor medida que las *porc epic* unifaciales, aunque estas también tuvieron participación, según los autores (Hisk y Shea, 2011) a causa de la composición de la muestra. Se plantea que los ejemplos solo distan 60 o 70 000 años de la época de la gran dispersión del *Homo sapiens*. Caso interesante, particularmente para el presente trabajo, es el ejemplo de las *porc epic points*, pues se trata de puntas destinadas a la caza de animales de pequeñas y medianas dimensiones, al igual que las especies a que se dedicarían las puntas unifaciales en las Antillas Mayores. Aparte del resultado del experimento, el monto de la muestra: 93 puntas bifaciales y 306 puntas unifaciales (Sisk y Shea, 2011), es demostrativo del uso de las puntas unifaciales como puntas de proyectil.

The strongest case for plausible complex projectile use in the MSA [Middle Stone Africa Era] comes from the two collections from Porc Epic. The overlap between the Porc Epic points, both unifacial and bifacial, and ethnographic dart tips shows that these points were created in response to particular morphological constraints. Currently, there is a better indication of plausible projectile use for the bifacially worked pieces, but sample size may play a role here (n = 94 for bifacial points versus n = 306 unifacial points). Both of these samples are larger than the ethnographic dart-tip sample […] The Porc Epic samples are conservatively dated to between 60 and 70 ka, only slightly earlier than the older estimated dates of permanent dispersal of Homo sapiens out of Africa (Siks y Shea, 2011: 53).

Algunos resultados de la aplicación del *tip cross-sectional perimeter* (TCSP) a la muestra pueden apreciarse en un gráfico de coordenadas (Sisk y Shea, 2011: Fig. 3). En el eje de las X puede comprobarse que son consideradas tanto puntas bifaciales como unifaciales. El gráfico está conformado sobre la base de cuartiles y señala que el área superior e inferior del cuartil de las puntas de dardo se superpone con los dos tipos de puntas de tipo *porc epic* —unifaciales y bifaciales—, y algunas de las submuestras de puntas *aterian*. El TCSP muestra también superposición entre las áreas de los cuartiles de puntas de dardo y todas las muestras de puntas del Paleolítico medio de África, excepto en tres muestras de Klassies River Mouth: *"The TCSA measure shows the dart tips' upper and lower quartile area overlapping with those both types of points from Porc Epic and some of the subsamples of Aterian points. The TCSP shows overlap between the upper and lower quartiles of the dart tips and all MSA point samples except the three Klassies River Mouth samples and one of the Aterian subsample"* (Ibid).

No obstante, los resultados en cuanto al uso de armaduras de lanzamiento en los contextos del Paleolítico africano no son concluyentes, sino que son solo plausibles: *"These data provide compelling indications of complex projectile usage in the MSA, but it is important to reiterate that these relationships only show plausibility"* (Sisk y Shea, 2011).

Otro experimento con puntas de proyectil, en este caso del Paleolítico superior, fue realizado en Asia, específicamente en la península de Corea. El tipo de puntas de proyectil más común en esa región y ese período son las llamadas *tang points*, que consisten en puntas con espiga, elaboradas sobre preformas unifaciales naturalmente puntiagudas o con el extremo retocado, y la espiga lograda mediante el tratamiento de los bordes junto a la base. O sea, carecen de pedúnculo.

"Tanged points are primarily made on blades exhibiting either a naturally pointed tip or a pointed tip made by retouching" (Lee y Sano, 2019). Estas características son semejantes a las de las puntas unifaciales del Protoarcaico de Cuba, motivo por el cual se trae a colación el caso. Este representa otra prueba de que puntas sobre preformas simples con estas características son consideradas puntas de proyectil.

La simetría de las *tanged points* y huellas de fragmentación en su base parecen indicar que estas fueran lanzadas utilizando armaduras de lanzamiento, aunque este aspecto no pudo estudiarse suficientemente: *"[...] the breakage pattern of tanged points at the Yongsan-dong site, characterized by a frequent lack of tips and broken bases, indicates that tanged points were mounted on a spear. However, Upper Paleolithic hunting weapons in the Korean Peninsula are not well known because no systematic use-wear analyses have yet been undertaken [...]"* (Lee y Sano, 2019).

En cuanto a la función de estos artefactos unifaciales, el estudio confirma que las puntas con espiga eran puntas de proyectil utilizadas en la caza: *"The tanged points from the Korean Peninsula have long been assumed to have been used as hunting weaponry. The present use-wear study first confirmed the validity of the morphologically assumed function of the tanged points"* (Lee y Sano, 2019). 137

En el trabajo (Lee y Sano, 2019: Fig. 4) se presenta una clasificación de las puntas con espiga de acuerdo con las características de los retoques cercanos a la punta y los bordes: *"[...] tip retouch [1] intact, [2] one side partially retouched, [3] one side completely retouched, [4] both sides partially retouched, and [5] both sides completely retouched)"*. Las cinco variantes son semejantes a tipos de las puntas unifaciales del Protoarcaico de Cuba y a casos comparables de la Florida.

Otro de los temas en relación con las llamadas puntas de proyectil unifaciales que no es posible obviar es el que trata de las posibilidades de fractura que poseerían estos artefactos por su carácter de lascas relativamente delgadas. El asunto ha sido tratado acerca de las bien elaboradas puntas levalloisienses de pequeñas dimensiones, que, de acuerdo con los experimentos, se plantea que pudieron ser utilizadas como puntas de flecha. Esto, al parecer, a causa de la velocidad que alcanzarían tales proyectiles impulsados por arcos y la dureza de los objetivos impactados: *"[...] that small Levallois points could have functioned as arrowheads, albeit ones likely to break after limited use"* (Sisk y Shea, 2009). Lo mismo puede suponerse, aunque tal vez en menor medida, respecto a las puntas levalloisienses y pseudolevalloisienses, de mayores dimensiones, utilizadas como puntas de lanza.

En relación con el caso específico del uso de puntas levalloisienses como puntas de flecha, lo cual supone la existencia del arco, el experimento solo hace referencia a ese hecho en calidad de hipótesis, conforme apuntan los autores de las investigaciones. En ese caso y en el del empleo de armaduras, tanto en el Paleolítico medio como en el Paleolítico superior, no existen pruebas definitivas del uso del arco y la flecha. Además, una cosa son las lanzaderas de dardos, que representan un mecanismo más simple, y otra, estos dos últimos inventos, que forman parte del equipo tecnológico del período mesolítico o transicional.

Al parecer, los investigadores que buscan la presencia de armaduras de lanzamiento desde el Paleolítico tratan de explorar si esos artefactos aparecen en épocas previas al Mesolítico, tal vez por el hecho de que, prácticamente sin excepción, los grupos actuales o históricos que la antropología califica como cazadores-recolectores poseen esos útiles complejos. Esto parece argumentar que tales sociedades no son realmente de cazadores puros, comparables con los grupos humanos de la época pleistocénica. Ello tiene una importancia particular para los estudios etnográficos y arqueológicos.

Como dicen algunos antropólogos contemporáneos: *"We cannot reconstruct ancient human society by extrapolating backward from living hunter-gatherers"* (Kelly, 2013: XV).

En relación con las probables fracturas de las puntas unifaciales, estas resultan lógicas. También las puntas de proyectil bifaciales se fragmentan por el uso reiterado, todo ello en relación directa con la dureza y el carácter cristalino de los materiales silíceos. Los ejemplos son numerosos, pero la posibilidad mayor de fragmentación de las puntas unifaciales debe analizarse, según se pretende argumentar en lo adelante, además de por su carácter de preformas simples, de sección triangular (Sisk y Shea, 2011), por su relación con el tipo de presa en que fueran utilizadas.

Parece evidente que en la época en que existían animales de gran talla, como en América durante el Paleoindio temprano, las puntas bifaciales serían las idóneas por su simetría y carácter aerodinámico. Pero, además, en el Paleoindio medio y tardío, cuando en ciertas regiones había animales de talla relativamente mediana, como búfalos, ciervos, etcétera, de musculatura y osamenta considerables y piel gruesa cubierta de pelo, se requeriría igualmente de puntas de sílex bifaciales, aunque con rasgos menos especializados que en épocas precedentes.

Paralelamente a ello, debieron haber existido especies animales de talla pequeña o mediana: mamíferos, aves, reptiles y otras, que podrían ser abatidas apropiadamente con puntas unifaciales, las cuales requerirían menos de las características de contundencia y dureza —propiciada por la sección trapezoidal (Sisk y Shea, 2011)— y la esbeltez de las puntas bifaciales. Si bien en los finales del Paleoindio debieron disminuir las especies de talla grande y mediana, las pequeñas especies debieron estar presentes aún más significativamente, y haber continuado siendo presas alternativas de caza para el hombre. La actividad cazadora y recolectora no se permitiría desdeñar fuentes de alimentos, de una fauna diversa, procuradas con técnicas desarrolladas según las circunstancias.

El registro arqueológico de la fauna en sitios paleoindios de Florida es ilustrativo al respecto: *"These data indicate that paleoindian certainly hunted large game such as mammoth and mastodon, as well as other now extinct species. But they also hunted and trapped many other animals found at Florida at that time from deer to muskrat, raccoon and oposum. They used these not only for food but also for fur, ligament, antlers and bones for tools"* (Milanich, 1994: 47). Los estudios (1983: 3-17) muestran la presencia de la megafauna, especies de dimensiones medias, pero también animales de talla pequeña: marsupiales, cánidos y roedores, con dimensiones y características semejantes a la fauna autóctona de las Antillas Mayores.

V. A. Carbone (1983) ofrece una visión paleoecológica de la península de la Florida y del sudeste de Estados Unidos que sirve de base para la reconstrucción del entorno de los pueblos del Paleoindio y del Arcaico temprano, al final de la época glacial. Esto permite precisar algunos aspectos interesantes: *"The purpose of this paper is to present an overview of the paleoenveronmental evidence which is available from Florida and the Southeast in order to arrive at a reconstrucción of the landscape at the end of the Ice epoch which served as a backdrop to paleoindian and early archaic peoples"* (Carbone, 1983: 3).

Su estudio se remite a la flora y especialmente a la fauna de las zonas boreal, templada y subtropical (Carbone, 1983). Al final de la época glacial, la fauna de la zona boreal de América del Norte estaba compuesta, según dicho especialista (Carbone, 1983: 11) por mamuts, caballos, bisontes, caribúes y morsas. La fauna de la zona templada, por dos tipos de herbívoros: mastodontes, mamuts, venados de cola blanca, el gran perezoso de Jefferson, bisontes, caballos, camélidos, además del *peccary* y el capibara (Carbone, 1983: 13).

La fauna de la zona subtropical desde Charleston en South Carolina hasta Florida y la costa oeste del Golfo de México, estaba compuesta por grandes perezosos de tierra y tortugas gigantes, ambos herbívoros. Además, por el *peccary* de nariz larga, el oso de gafas, llamas del sur, armadillos gigantes y armadillos extintos. Entre estas especies pueden observarse animales de gran talla y de talla mediana, y algunos de talla mediana a pequeña como el *peccary* y el pequeño armadillo.

Las investigaciones arqueológicas de las últimas décadas sobre el Pleistoceno en esta área reportan especies que corresponden, sin embargo, con las de la zona boreal, por lo que pueden suponerse condiciones de temperaturas muy frías para la península en esa época. Han sido hallados restos de mamuts, mastodontes, caballos y camélidos, que pudieran haber perdurado hasta el Paleoindio medio-tardío (Milanich, 1994: 46-47), en los sitios Little Salt Spring (*Ibid*: 47) y Cutler Fossil, en el sudeste de la península, este último caso, de una época anterior al ajuar hallado en el lugar (Carr, 2012; Baily, 2018).

O sea, que en el Paleoindio temprano de Florida los grupos humanos tenían acceso a animales de talla grande y mediana, así como a otros de talla pequeña, como los que habitarían al final del Pleistoceno en las zonas boreal y templada. V. A. Carbone (1983: 10) hace una referencia, además, a especies no extintas: compañol de mejillas amarillas, lemino de collar, ratón de patas blancas, campañol de pino, dos especies de pradera, trece ardillas de tierra, urogallo de cola afilada, sapo y rana, que pueden haber estado asociadas a sitios tardíos del Pleistoceno y del Holoceno temprano.

En el sitio de Aucissa River fueron hallados restos óseos de bisonte, con un fragmento de punta de proyectil incrustado (Milanich, 1994: 58). Por cierto, no es del todo evidente si ese fragmento embebido en el hueso de bisonte es bifacial o unifacial. Pero llama especialmente la atención en el período final de la época glacial, que se menciona el hallazgo, entre otras especies de una gran variedad de roedores, como el campañol, el lemino, la rata almizclera, la tusa y el castor, cuyo hábitat era subterráneo y/o asociado a un medio acuático o húmedo, conforme se ha visto que era un patrón de asentamiento que procuraban los grupos tardíos del Paleoindio.

Aparecen trece especies de ardillas y el conejo, e igualmente aves como el urogallo y el ibis, vinculados con hábitats húmedos. A ello hay que sumar un marsupial, la zarigüeya, y cánidos como la mofeta y otros (Carbone, 1983: 3-17; Milanich, 1994: 46-47). Las características físicas y el hábitat de algunas de estas especies hacen que su caza o captura fuera posible con puntas de proyectil unifacial, como ocurriría en las Antillas Mayores.

En resumen, desde el Paleoindio temprano al tardío, y en el Arcaico temprano, los grupos humanos tuvieron acceso a fauna de dimensiones grandes, medianas y pequeñas, con sus variaciones de acuerdo con cada época. Las puntas de proyectil bifaciales y unifaciales jugarían un papel alternativo determinado. Durante el Paleoindio temprano, las puntas bifaciales tuvieron su época de mayor auge, asociadas con la megafauna. Puntas unifaciales y otros artefactos pudieron ser utilizados en esa época en actividades cinegéticas varias.

Tras la desaparición de la megafauna y el advenimiento de nuevas condiciones ambientales, incluida una fauna de características diferentes, la utilización de las puntas bifaciales se diversificaría y dejaría de ser tan predominante como antes, aunque nunca quedaría obsoleta. Durante la época de tránsito del Paleoindio al Arcaico serían necesarias nuevas estrategias cinegéticas, así como los artefactos relacionados con ellas.

Investigaciones mediante métodos físico-químicos de huellas y sustancias embebidas en los poros de las herramientas, permiten estudiar hoy sus funciones con un alcance no visto con anterioridad. Uno de estos análisis es el *cross-over immunoelectrophoresis* (CIEP), dirigido a identificar residuos de sangre en los instrumentos líticos. Una muestra significativa de artefactos de sílex de sitios arqueológicos paleoindios y arcaicos de la Florida fue estudiada mediante este tipo de análisis.

El examen arrojó resultados significativos sobre las funciones de algunos artefactos utilizados por el hombre en aquella época. *"Thirty-seven tools were tested for blood antiserum and nine (24 percent) tools responded to the antiserums"* (Faught & Pevny, 2019: 83). Los materiales examinados, entre los cuales había herramientas bifaciales y unifaciales, fueron los siguientes: *"Tested tools included 15 Bolen side and corner-notched points, 1 stemmed serrated projectile point, 1 unidentified point, 2 point preforms, 6 adzes, 1 Waller knife, 1 other unifacial knife, 1 plane, 6 unifacial scrapers, and 3* 141 *utilized flakes"* (Ibid).

El análisis probó que artefactos no considerados antes en funciones de esa naturaleza —herramientas unifaciales— fueron utilizados en el proceso de procurar alimentos de origen animal: *"Blood residues indicate a number of different tool forms were used to procure and process faunal subsistence resources"* (Ibid).

Cinco de nueve instrumentos reaccionaron positivamente en presas de tamaño grande a mediano, como bisonte, oso y ciervo: *"Five of the nine tools reacted positively to large-and medium-sized prey with substantial caloric value, such as bison, bear, and deer"* (Ibid: 81). De estos, los residuos de sangre de bisonte y oso fueron identificados en dos: uno de ellos, un artefacto unifacial, posiblemente una punta cuchillo, y el otro, un cuchillo Waller, o sea, una punta cuchillo Waller, como realmente hay que interpretar esas herramientas: *"Bison and bear blood residues were identified on a uniface and a Waller Knife"* (Ibid: 83).

Es relevante que puntas unifaciales y el propio cuchillo Waller de los cuales se menciona un auge en la época de tránsito del Paleoindio al Arcaico, muestren reacción positiva a residuos de sangre, lo cual prueba que fueron usados, como se ha dicho, para procurar y procesar recursos faunísticos: *"[...] used to procure and process faunal subsistence resources"* (Ibid).

Pero hay más, una punta cuchillo Waller dio positivo a antígenos de sangre de tres tipos de animales: oso, bovino y paloma. Esto también es destacable, pues se trata de animales de tamaño mediano y pequeño, las dimensiones de especies en que debió ser utilizado este tipo de punta de proyectil, según se supone su uso en las Antillas Mayores. No se explica si se trata de residuos en los bordes de corte o en la punta, pero puede suponerse que fueran utilizados en ambas partes del perímetro, al tratarse de tres tipos de residuos diferentes en una pieza: *"A Waller Knife tested positive for bear, bovine, and pigeon blood antigens"* (*Ibid*: 81).

Residuos como esos, incluso, no necesariamente tienen que aparecer en los extremos distales, por el escaso espacio de estos, pese a que el artefacto hubiese sido utilizado como punta de proyectil. Como se aprecia en la muestra, los resultados suelen ser excepcionales: en este caso: nueve positivos de 37 sometidos a examen, solo un 24 %, que es de todos modos un resultado significativo.

Otro experimento de *cross-over immunoecletrophoresis* fue realizado a un conjunto de puntas de proyectil, este en Mesoamérica, a artefactos usados como puntas de flecha elaborados bifacial o marginalmente (puntas unifaciales), lo cual es ilustrativo del uso alternativo de estos instrumentos. Como es propio de una sociedad neolítica desarrollada, en Mesoamérica el uso del arco y la flecha es predominante en las prácticas cinegéticas y en la guerra.

Los análisis se llevaron a cabo en la región de los lagos del Petén, Flores, Guatemala, como parte del llamado proyecto arqueológico Tayasal (Meissner, 2014: 93). La muestra sometida a análisis constó de 50 puntas de proyectil. De ellas, como corresponde a la excepcionalidad de la detección de residuos en muestras prehistóricas, solo "[...] cinco (10 %) tuvieron resultados positivos de proteínas de animales. De estas, dos puntas dieron positivo para el animal ciervo. Las reacciones positivas restantes incluyeron el antisuero positivo del perro [...] [y dos puntas dieron] positivo con el antisuero humano" (Meissner, 2014: 94).

En la muestra la técnica de talla bifacial fue representada en un 67 %, mientras otro 11.76 % mostró algunas variaciones del tipo bifacial. Solo cinco de las puntas analizadas fueron unifaciales, "[...] con uno o dos márgenes trabajados sobre una superficie y no estar retocadas en el otro extremo" (Meissner, 2014: 96). Una de las puntas, como se dijo, reaccionó positiva para perro. Esta fue el ejemplar 21037 de la tabla 8 (Meissner, 2014: 95). La pieza es una preforma laminar de sección triangular que posee características de preforma de lámina levalloisiense, pero presenta irregularidad. Muestra retoques mínimos en forma de muescas a los lados de la pieza, próximos a la base, con el propósito de enmangamiento (*tang*: espiga). El análisis del material constitutivo arrojó que era obsidiana proveniente de la región de Chaya.

"El daño de impacto sobre la muestra sugiere que fue utilizado y desechado después de la fractura" (Meissner, 2014: 95: Fig. 79: no 1, línea superior). La punta, excepto por el material de obsidiana, que no es común en los sitios de Cuba, es completamente comparable a las puntas de proyectil unifacial con espiga del Protoarcaico, que presentan esas características muescas para enmangamiento, sin constituir aletas, cerca de la base.

La utilización de esta punta unifacial para dar muerte a un perro coincide con que este tipo de artefacto fuese usado en animales de talla mediana y pequeña: "[...] los antisueros de perro posiblemente pudieran provenir no solo del *Canis familiaris*, sino también del zorro o posiblemente coyote [...] Restos de zorros grises se han encontrado en muchos sitios en Petén. Perros domesticados eran comunes a lo largo de las tierras bajas [...]", y el *Canis familiaris* —no necesariamente en convivencia con el hombre— se consumía como alimento (Meissner, 2014: 94).

De lo expuesto en el acápite se desprende que es absolutamente válida la consideración de las llamadas puntas cuchillo como puntas de proyectil. Este criterio es de gran importancia en el registro arqueológico de las comunidades más tempranas de las Antillas Mayores, y ha sido revalidado de manera bastante unánime por arqueólogos del área (Veloz, 1976; Ortega y Guerrero, 1983; Febles, 1991; Febles y Rives, 1991, 1991a). Un aspecto que ha despertado dudas entre los arqueólogos del área ha sido el porqué del predominio, en las Antillas, de las puntas unifaciales, y, a la vez, la escasez de puntas de proyectil bifaciales. Una de las hipótesis más conocidas es la de los arqueólogos M. Veloz y A. G. Pantel (1989), que plantea lo siguiente:

[...] la población que alcanza el arco antillano, lo hace cuando el bifaz se ha perdido como instrumento de producción. Para nosotros esto sugiere que la pérdida del bifaz se produjo cuando las poblaciones de Belice continuaron bajando hacia la costa centroamericana, adaptándose a un medio costero rico en manglares y en madera, lo que produjo e introdujo reformas básicas en el instrumental de producción, desapareciendo el bifaz antes de la penetración desde Centroamérica a las Antillas [...] (Veloz y Pantel, 1989: 89).

Los investigadores cubanos G. Izquierdo, F. Ortega y R. Sampedro (2015: 166) aceptan el criterio de Veloz y Pantel (1989) acerca de la pérdida del bifaz antes de la migración a las Antillas, pero oponen la ruta desde el sudeste de Estados Unidos a la vía centroamericana y señalan el carácter polémico de interpretaciones como esa. Los conocimientos acerca de la industria de sílex en la región, treinta años después de la información que se tenía en aquella época, permiten hacer algunas apreciaciones que se deslindan sustancialmente de aquellas.

M. Veloz (1976: 88) había planteado que las puntas pedunculadas unifaciales de las Antillas Mayores "[…] solo aparecían en Panamá y Honduras Británica, estaban ausentes de Florida y no mencionaba casos en Suramérica". La información actual se ha ampliado considerablemente acerca de los ajuares de piedra tallada, y se conoce que las puntas unifaciales, pedunculadas o no, constituyen una regularidad en las industrias tempranas, conforme se ha apreciado en los ejemplos citados en párrafos precedentes.

Por supuesto, además de en Belice, donde R. T. Callaghan (2003) señala que su tipología es diferente a las de las Antillas, se reportan puntas unifaciales en el norte de Suramérica. Allí las puntas cuchillos "[…] pueden elaborarse sobre hojas bifaciales o unifaciales" (Nami, 2016). En Florida se han mencionado características de los cuchillos Waller y otras puntas unifaciales que permiten comprender que se trata de puntas de proyectil, según la criterios tipológicos y resultados de exámenes de *cross-over immunoecletrophoresis*.

En cuanto al supuesto abandono del bifaz en el continente (Veloz y Pantel, 1989), estudios recientes muestran la presencia de puntas de proyectil bifacial en Belice hasta fechas como el 2000 AP (Prufer *et al*, 2019). En Florida se constata la presencia de las puntas de talla bifacial, muescas, aletas, e incluso estrías (Faught, 2006) hasta fechas posteriores al poblamiento de las Antillas. En sitios del Arcaico tardío, en la península y otros lugares de América con presencia de cerámica, se hallan también puntas de proyectil bifaciales.

Como se ha podido apreciar, las puntas de proyectil unifaciales han sido utilizadas paralelamente a las puntas bifaciales a lo largo de la historia. Esto se refiere también a América, tanto en el norte de Suramérica como en Centroamérica y Norteamérica, y, por supuesto, en Florida, como parecen probar los estudios especiales a que se ha hecho referencia y las comparaciones tipológicas realizadas. Un proceso de cambio a partir del Pleistoceno tardío señala la disminución de los artefactos bifaciales y el incremento de los unifaciales, entre los cuales se encuentran las llamadas puntas cuchillo o cuchillos raspadores. En este período ocurre el poblamiento más importante de las Antillas desde el este de Norteamérica, y los pobladores de la región llevaron consigo estas características de su tecnología cinegética.

Puede afirmarse, por tanto, que el bifaz —refiriéndose a las puntas bifaciales, no a los bifaces nucleiformes— desapareció en las zonas continentales circuncaribes antes de la llegada de los pobladores a las Antillas. Persistió hasta varios milenios después y, aunque en escaso número, fue introducido en las Antillas. Por otra parte, todo parece indicar que las comunidades que poblaron Cuba en la etapa más temprana no provenían de Centroamérica, sino del este de Estados Unidos.

El registro arqueológico permite constatar tales hechos: la presencia alternativa de puntas de proyectil y otros tipos de artefactos bifaciales, junto a puntas de proyectil unifaciales, en Cuba y otros territorios de las Antillas. Ello señala que la sustitución definitiva de las primeras por las segundas ocurrió en el archipiélago cubano, al parecer de manera rápida, como parte del ajuste tecnológico a las nuevas condiciones naturales.

La consideración de las preformas unifaciales, puntiagudas, como puntas de proyectil, no se basa solo en un criterio tipológico funcional, sino que está sustentado mediante la correlación de dicho registro con el entorno geográfico económico en que residían las comunidades aborígenes en Cuba. Especialmente estos artefactos constituyen una parte muy importante de las evidencias del Protoarcaico, y son un índice que posibilita incursionar significativamente en el estudio de los sistemas de asentamiento de aquellos pueblos.

CONCLUSIONES

La inmensa mayoría de los sitios arqueológicos más tempranos de Cuba se hallan principalmente en su vertiente norte de la región centroriental, lo cual representa una ubicación privilegiada para que los pobladores de esos enclaves provinieran de la región sudeste de los Estados Unidos. Sin embargo, diversas hipótesis sitúan el origen de esa cultura en Centroamérica o el noroeste de América del Sur, pese a que esos sitios arqueológicos no se localizan en entornos favorables para ello. Esta disyuntiva planteó la necesidad de una contrastación tipológica entre los ajuares de los sitios de Cuba y los de los territorios mencionados.

El enfrentamiento de esa problemática se inició con un repaso del estudio realizado por J. Febles (1991), décadas antes, sobre los ajuares de la cultura Seboruco de Cuba y la Western Lithic Co-Tradition del oeste de Estados Unidos, seguido de un cotejo de aquellos resultados con referencias equiparables de la Florida y otras zonas del sudeste. Esto permitió comprobar 17 aspectos comparables con el sudeste, frente a 11 rasgos generales que mostraban similitudes entre Cuba y el oeste estadounidense.

Como señalan los especialistas, los ajuares tempranos del oeste de Estados Unidos tienen notables paralelismos con los del extremo sudeste, y estos, se aprecia ahora, con ajuares de las Antillas Mayores. El nivel de conocimientos acerca de las comunidades más tempranas de Cuba y de la región inmediata a ella en el continente permite ir más allá de rasgos generales del ajuar arqueológico. Por este motivo, se estableció una comparación tipológica en detalle.

El ejercicio permitió comprobar que el 90 % de los artefactos particulares, de sílex, de las comunidades más tempranas de Cuba, elaborados en láminas, lascas y núcleos, se hallan presentes también en sitios de Florida y del sudeste del continente, y el aspecto más importante, ¡en el Paleoindio! Este resultado posibilitó, además, una crítica pormenorizada de los argumentos, generalmente puntuales, de otras hipótesis de poblamiento.

Las herramientas en láminas son las más numerosas en los sitios más tempranos de Cuba y lo mismo se comprueba en los sitios paleoindios de Florida: de 54 tipos de herramientas en lámina de Cuba, aparecen 49 en los sitios de Florida. Láminas retocadas aparecen 13 tipos de 13, y, en cuanto a las láminas y puntas con espiga, unifaciales, la relación es de 16 a 14, a pesar de las distintas perspectivas de clasificación.

Las herramientas en lascas aparecen en ambos conjuntos también de forma proporcional, pero las herramientas en núcleo presentan un paralelismo total: ocho tipos en Florida y ocho tipos en Cuba.

Las puntas unifaciales con espiga que en Florida se conocen como cuchillos o cuchillos raspadores, en Cuba guardan semejanza con este tipo de artefactos en el Paleoindio, no en el Arcaico, donde estas presentan muescas y aletas junto a la base. En Cuba, entre estas se incluyen puntas levalloisienses de primera y segunda serie, presentes igualmente en varios sitios de Florida, sobre todo en el noroeste de la península y en sitios de Alabama, cerca de la frontera floridana.

Herramientas elaboradas en núcleos y lascas masivas que se hallan en sitios de Cuba aparecen en Florida y territorios limítrofes. A ellas se suman artefactos bifaciales como hachuelas y puntas de proyectil semejantes a la de series del Paleoindio de la península.

En los ajuares de estas comunidades en Cuba aparecen las llamadas muescas jorobaditas o *humpies*, que se asocian con ecosistemas húmedos en Estados Unidos y en el archipiélago cubano. Otras herramientas en láminas y lascas son las truncaduras retocadas y las raederas: *truncated blades* y *spokeshaves-scrappers* —en Florida—, que aparecen en conjuntos de ambos territorios en un número exiguo de tipos y en baja representación estadística. Estas serían dedicadas al procesamiento de pieles.

Por otra parte, tanto en Florida como en Cuba aparecen numerosos artefactos denticulados o sierras (*saw*), dedicados al trabajo en madera y otros materiales. Esto representa una alternativa respecto a las truncaduras y las raederas, al parecer relacionada con la desaparición de los grandes herbívoros y el aumento de la utilización del entorno vegetal. Estas características indican que resultaría más apropiado concebir a estos grupos humanos como recolectores-cazadores y no viceversa.

Otras piezas que aparecen tanto en el Paleoindio continental como en los sitios más tempranos del archipiélago cubano son los *Bola stone* y los guijarros esféricos, respectivamente, cuyos rasgos tipológicos inclinan a suponerlos útiles, artefactos, o ambos. Según otras hipótesis, podían haber sido armas arrojadizas u objetos ceremoniales, y en esta ocasión, según cierto tipo de huellas, se plantea su posible sometimiento al fuego con objeto de facilitar la talla y/o su uso en el procesamiento de alimentos.

Investigaciones de ciencias de la tierra en el entorno cubano coinciden con un lapso significativo del Pleistoceno, en que se enmarcan aspectos contrastantes de la tipología de los ajuares de sílex y del medioambiente en ambos territorios: entre el 13 480 AP y el evento Younger Dryas. Estos datos fueron obtenidos mediante análisis de isótopos de oxígeno y carbono de un espeleotema en una cueva del occidente de Cuba, y corroborados, a su vez, mediante estudios edafológicos.

Rasgos tipológicos de los artefactos que permiten establecer paralelismos entre conjuntos del Paleoindio del sudeste de Norteamérica y ajuares de las comunidades más tempranas de Cuba, se remiten a una fecha dentro de ese *hiatus*, unos mil años después de su polo más temprano. Estos son elaborados en núcleos y lascas masivas, herramientas polifuncionales en grandes láminas y, especialmente, con evidencias de talla levalloisiense, existentes en Cuba y en el continente, fechados desde el 12 7000 AP, cuya presencia ha sido observada hasta épocas más tardías.

Puntas de proyectil bifaciales y otros artefactos relacionados con estas, encontrados en asociación con los sitios del archipiélago cubano, mantienen semejanzas notables con series de puntas de proyectil de Florida que se remiten al 12 000 AP. Artefactos elaborados en preformas unifaciales que se tornan predominantes en Florida y Cuba en la época de tránsito Pleistoceno-Holoceno, en Cuba, presentan características que los remiten al Pleistoceno tardío.

Características del entorno de los sitios arqueológicos concuerdan con la mencionada referencia temporal. En los sitios más tempranos de las comunidades cubanas no aparecen restos de alimentos, pero el estudio de herramientas destinadas a las actividades de caza muestra que estos se relacionarían con especies propias de la época pleistocénica. En los sitios considerados más tardíos, el estudio de los restos alimenticios confirma que aún no eran consumidas especies del período postglacial.

El análisis de indicadores tipológicos y la correlación, revisitada, de estos con los entornos, por tanto, apuntan a que el poblamiento consistiría en más de una expedición dentro del mencionado marco: las más tempranas, alrededor del 12 700 AP, y las últimas, antes del 11 500 AP.

En la parte final del trabajo se presentan pruebas de por qué los artefactos elaborados en preformas unifaciales son considerados puntas de proyectil, en Cuba y en las Antillas Mayores, destinadas a la caza de especies autóctonas, de dimensiones medianas y pequeñas. Esto presenta el posible hecho de que en el continente ese tipo de herramientas fuera empleado de forma semejante, como parte de una división del trabajo poco estudiada aún allí dentro de las actividades cinegéticas.

APÉNDICES

APÉNDICE 1

En el Apéndice 1 se presenta la comparación tipológica que originalmente realizara el arqueólogo J. Febles (1991: 397-398) entre los artefactos de la cultura Seboruco de Cuba y la Western Lithic Co Tradition del oeste de Estados Unidos.

Rasgos tecnológicos y tipológicos generales de la Western Lithic Co-Tradition" (Davis et al, 1969: 22), presentes o no en la Cultura Seboruco-proto arcaico de Cuba.(Febles, 1991:397-398).

- Puntas/cuchillos con hombro alargado poco destacado. Están presentes en la cultura Seboruco.

- Láminas escasas(aunque se han hallado ocasionalmente, al igual que los núcleos cónicos de donde proceden. Están presentes en la cultura Seboruco.

- Las lascas obtenidas de la parte lateral del núcleo son comunes. Están presentes en la cultura Seboruco. **151**

- Producción extensa de macro-lascas (masivas y de más de 12 cm de longitud). Presentes en la cultura Seboruco.

- Núcleos amórficos. Presente en la cultura Seboruco.

- Raspadores grandes, en el extremo de láminas con bordes redondeados y cortantes. Presentes en la cultura Seboruco.

- Afinadores de dardos (*spokeshaves*, raspadores con muesca). Presentes en lacultura Seboruco.

- Artefactos lunados. No están presentes en la cultura Seboruco.

- Artefactos con el dorso arqueado alto. Presentes en la cultura Seboruco.

- Retoque escaleriforme. Presente en la cultura Seboruco.

- Retoque por presión en raederas, algunos denticulados. Presentes en la cultura Seboruco.

- Puntas/cuchillos en lascas, cuchillos/puntas en preformas ovalada. Presentes en la cultura Seboruco.

- Énfasis en bifaces ovaladas (o' lanceoladas') de todos los tamaños, proporciones y grados de terminación. "Series de bifaces". No están presentes en la cultura Seboruco.

- *Choppers* y *chopping tools*. Están presents en la cutlura Seboruco.

-

152

APÉNDICE 2

Artefactos de piedra tallada de sitios paleoindios de la florida y artefactos de la lista tipológica del protoarcaico de cuba.

1. Herramientas laminares

1.1. Raspadores

1.1.1. Raspador sobre lámina regular. *End scraper.* Purdy, 1981: Fig 10, R (Febles, 1988: Fig 1[1]. Sitio Levisa 1, Protoarcaico de Cuba.

1.1.2. Raspador atípico sobre lámina. *Sub-nosed scraper* (Hecho sobre una lamina delgada o una lasca, señala Purdy(1981:20-21; Purdy, 2008: Fig 2.26 pieza 7, line 2) pues no se aprecia el bulbo. La superficie dorsal tiene un retoque escalar, con un ángulo de ataque de 60 grados. Purdy (1981) señala que es un especimen citado también por Bordes (Febles, 1988, Fig 1,2) lo reporta para el sitio Seboruco 1 (Protoarcaico de Cuba) como Raspador atípico sobre lámina, Por lo irregular del retoque y de la propia lamina que se identifica por sus proporciones. Febles (1988:47) señala un angulo de ataque entre 51 y 75 grados.

1.1.3. Raspador en lámina regular retocada. *End scraper.* Purdy (1981: Fig 10, R). Raspador en lámina regular retocada (Febles, 1988: Fig 1[1].

1.1.4. Raspador en lasca. *Subnosed scrapper oblong, Decortized* (Purdy, 1981: Fig 3 F, G) [Febles, 1988: Fig 1[4]. Raspador en lasca, descortezado, con el borde de ataque en forma oblonga.] (Febles, 1988: Fig 1[4]).

1.1.5. Raspador en lasca gruesa. *Carinate scraper:* artefacto, según Purdy (1981; 22) que es descrito por Bordes como carené (aquillado, astillado o lasca con cresta) e identificado también en Florida. En Nalcrest y en otros sitios. El artefacto es enteramente unifacial (Purdy, 1981:fig 3e) fue usado extensamente en toda su circunferencia. Puede asignarse, según esta autora, *al peleoindian period o al late paleo period.* Febles (1982) indica que este ejemplar es muy parecido a uno del sitio Seboruco 1 (protoarcaico de Cuba). Fig 1, 5, descrito por kozlowski (1975 a: lámina 15); y señala también la presencia de un tipo semejante en el sitio Canímar I, (Arcaico), en Matanzas (Fig 1,6), presenta retoque astillado que comprende todo el grueso de la lasca y forma cicatrices paralelas inclinadas; tiene, además, un retoque marginal ordinario.

1.1.6. Raspador denticulado. *Stone artifact from container Corporation of America site, Florida* (Purdy, 2008: 114, A, B, C). Raspador denticulado (Febles y Rives, 1988:36: Lista tipológica del protoarcaico.

1.1.7. Raspador discoidal. *Scrapper on core* (Smallwood, 2010: 2413-2425: Fig C) Herramenta (raspador) sobre núcleo discoidal (Febles, (1988: Fig 1[7]: Sitio Granadillo 1, proeoacaico de Cuba.

1.2. Buriles.

1.2.3. Buril en lamina rota (*Truncated blade* (Purdy, 1981: Fig 16, e, f, g); Febles (1988) Fig 2 3: Truncadura con buril en lamina rota, Sitio Sebouco I, Protoarcaico de Cuba (Febles, 1988: Fig 2, 5).

1.2.4. Buril múltiple. *Double burin* (Purdy, 2008: Fig 1. 17, Pieza 4, línea 2 de izquierda a derecha. Febles y Rives, 1988: Lista TIpológica del Protoarcaico de Cuba 1.2.4: p 36: Buril doble.

1.2.5. Buril de una sola cicatriz. *Truncated blade burin* (Purdy, 2008: Fin 1.17: Pieza 5, línea 2 de izquierda a derecha. Buril de una sola cicatriz (Febles, 1988: fig 2, 5). Sitio Seboruco 1, progtoarcaico de Cuba.

1.3. Truncaduras retocadas.

1.3.3. Truncadura retocada tipo Levisa. *Retouched truncated blade* (Purdy, 1981: Fig 3, D: es descrita como *scrapper oblong,* pero se aprecuia la truncadura retocada en lámina que hace la función de raspar y no muestra una figura oblonga o redondeada como otras piezas de la muestra. Tiene las características de la Truncadura retocada tipo Levisa (Febles, 1988: Fig 2, 11): Sitio Seboruco 3, protoarcaico de Cuba.

1.3.3 a. Truncadura recta retocada. *Retouched truncated blade* (Purdy, 1981: Fig 10, S).Truncadura recta retocada (Febles, 1981: Fig 2 [10]). Sitio Seboruco 3, protoarcaico de Cuba.

1.4. Láminas retocadas.

1.4.1. Lámina retocada en un borde. *Blade with right border retouched* (Tyler, 2008:154 [Fig B3] Lámima retocada en un borde (Febles y Rives, 1988: Lista Tipológica del protoarcaico(1.4.1).

1.4.2. Lámina con retoque denticulado . SAW. *Use pronounced* (Purdy, 1981:Table 2: *woodwork*. Lámina con retoque denticulado. en uno o dos bordes; trabajo en Madera, presencia muy abundante (Febles, 1988: Fig 13 [7, 8]. *Idem* acerca del trabajo en Madera. Sitio Melones 7, Protoarcaico de Cuba.

1.4.3. Lámina con retoque alterno en dos bordes. *Paleoindian blade re-touched on both borders* (Sain y Goodyear, 2012: 135, Bottom). Lamina con retoque en dos bordes (Lista Tipológica, Protoarcaico de Cuba (1.4.3) (Febles y Rives, 1988).

1.4.4. Lámina con retoque alterno en uno o dos bordes. *Retouched blade in ventral side, left border* (lam 4) Florida Uniface Blades https://forunes.arrowheads.com (Febles, y Rives, 1988: Lista tipológica del protoarcaico de Cuba).

1.4.5. Lámina con retoque alterno en un borde. *Uniface blade with alternate retouch* (www.foruns.arrowhwads.com: Lams 10 y 11). Lámina con retoque alterno en un borde (Febles. 1988: Fig 6, 5), sitio Seboruco 3, protoarcaico de Cuba.   155

1.4.6. Lámina con retoque inverso semiabrupto en uno o dos bordes *Thin blade alternate border retouched-*"semiabruptos' (Sain, 2012: 135, Fig 61, bottom). Lámina con retoque inverso semiabrupto en uno o dosbordes (Febles y Rives, 1988: Lista tipológica protoarcaico de Cuba.

1.4.7. Lámina con retoque denticulado en uno o dos bordes. *Waller Knife: denticuled blade (saw) on left side* (Tyler, 2008: 175: Apendix D: Side A and B) (Febles, 1988: Fig 3, 7). Sitio Granadillo 1, protoarcaico de Cuba.

1.4.8. Lámina con muesca en uno o dos bordes. *Notched blade* (Sain, 2010: fig 1). Lámina con muesca en uno de los bordes. Febles, 1988: Fig 3, 4. Sitio Melones 10. Protoarcaico de Cuba.

1.4.9. Lámina estrangulada. *Waller knife in strangulated blade.* Chipola sites (Tyler, 2008: 184: Apendix D: Side A and Side B) [Fig B5]. Lámina estrangulada Febles y Rives, 1988: FIG 3, 8) Sitio Melones16, protoarcaico de Cuba [Fig B6].

1.4.10. Lámina con retoque escaleriforme. Escaleriforme es el retoque de "escamados superpuestos unos sobre otros" que se generalmente en el retoque superficial, por ejemplo, en las piezas retocadas bifacialmente (Kozlowski & Ginter, 1975: Lámina X, fig 4). Febles y Rives, 1988: la reportan en lámina del protoarcaico. Está presente asimismo en las puntas bifaciales halladas en Cuba, entre otras Punta Nibujones y Punta Yaguajay; y es muy común en las variados artefactos con talla bfacial de la Florida. Específicamente en láminas que son utilizadas frecuentemente en la elaboración de puntas de proyectil bifaciales y unifaciales.

1.4-11. Lámina punteaguda con retoque. *Retouched pointed blade* (Purdy, 1981: Fig 3, r). Presenta retoque fino, regular, abrupto en el borde dorsal derecho; Tyler, 2008: 177) [Fig B3]. Febles, 1988: Fig 3, 11: Lámina punteaguda con retoque (Febles, 1988: Fig 3,11). Protoarcaico de Cuba. Intrusiva en el sitio Demajayabo, en Santiago de Cuba, según J. KozLowski.; Izquierso et al, 2015:154, Fig 24.

1.4.12. Herramienta poilifuncional en lámina con tres o más funciones. *Hendrix scraper.* Es muy abundante en Florida. Ejemplares de diversos tamaños y más de una función Se trata de láminas gruesas y alargadas con raspador en un extremo (Purdy, 1981: 18-20: Fig 7 a y b) [Fig C1]. Algunos especímenes presentan mas de una función: *scraper, piercing and cutting* (Purdy, 1981: 18). Uno de los aretefactos de esta categoría (Figura 7 a y b) tiene gran semejanza con Herramienta polifuncional, protoarcaico de Cuba (Febles, 1988: Fig 4, 1) que presenta evidencias de las funciones señaladas [Fig C2].

1.4.13 Herramienta polifuncional con dos funciones. *Hendrix scraper. Two functions* (Purdy, 1981: 18-20: Fig 8); Herramienta polifuncional de dos funciones (Febles, 1991: Fig 6).

1.5. Láminas con borde dorsal romo (cuchillos).

1.5.1 Lámina cuchillo con borde dorsal arqueado y romo bilateralmente. *Paleoindian double retouched blade knife arched back* (Sain, 2012: 135, Arriba). Lámina cuchillo con borde dorsal arqueado y romo bilateralmente (Febles, 1988: Fig 5 ([1]).

1.5.2 Lámina cuchillo con borde dorsal arqueado y romo unilateralmente. *Backed knife*: Purdy (2008: Fig 2, 26: debajo,pieza 1 extrema izquierd]. Lámina cuchillo con borde natural dorsal romo (Febles, 1988: Fig 5 [1}. Sitio Melones 3, Protoarcaico de Cuba.

1.5.3. Lamina cuchillo con borde dorsal giboso y romo. *Humped backed knife* (Purdy, 2008: Fig 2. 26, debajo, pieza 2 extrema Izquierda. Lámina cuchillo con borde giboso y romo (Febles, 1988, Fig 5 [2]), Sitio Melones 10, protoarcaico de Cuba.

1.5.5. Lámina cuchillo atípica con borde dorsal romo. *Paleoindian unifacially retouched blade knife whith tiniy flute on dorsal face* (Rink, Dunbar y Burdette, 2012: Fig 9: Wakulla Spring Lodge) [Fig D9]. Lámina cuchillo con borde dorsal romo, retoques. Febles y Rives, 1988. Lista Tipológica del Protoarcaico (1. 5. 9).

1.5.8. Lámina cuchillo con borde natural con corteza y retoque. *Backed knive with cortex, retouched* (Purdy, 2008: Fig 1.17, second line, 6th piece). Lámina cuchillo con borde natural con corteza y retoque (Febles, 1988: Fig 5:7) Sitio Melones 3, protoarcaico de Cuba.

1.5.9. Lámina cuchillo con borde dorsal relativamente ancho y retoque abrupto o semiabrupto. *Uniface graver with spurr/really blade with retouch* (Pritis, 2010, Suwanee county, Florida). *Really backed knife with cortex.* Lámina cuchillo con bordfe dorsal relativamente ancho y retoque abrupto o semiabrupto (Febles, 1988: Fig 5,8): sitio Melones 3, proroarcaico de Cuba. 157

1.6 Láminas y puntas con espigas y pedunculadas.

1.6.1. Láminas con espiga tipo Courí. *Retouched blade, in base and top* (Sain, 2012: 57: Fig 26) [Fig D6]. Lámina con espiga tipo Courí (Febles, 1988: Fig 6, 2. Sitio Seboruco 1. Protoarcaico de Cuba [Fig D5].

1.6.2 Lámina con espiga retocada de modo alterno *Blade with alternate retouched tang-base* (Tyler, 2008: 155) (Febles, y Rives, 1988: Lista tipológica del Protoarcaico de Cuba: 1.4.3.

1.6.3 Lámina con espiga tipo Courí con truncadura. *Retouched tang blade in base and top, like truncaded blade* (Purdy, 1981: Fig 3, q) [Fig D4]. Lámina con espiga tipo Courí con truncadura (Febles y Rives, 1988: 36-38) [Fig D3].

1.6.5. Lámina con hombro. *Waller blade with shoulder* (Bradford County, Florida, Worthpoint, n, d. www.worthpoint.com) [Fig D1]. Lámina con hombro (Febles, 1988: Fig 6 [4] [Fig D2].

1.6.7. Punta con hombro. *Waller knife with shoulder*, Chipola Site, Florida. (Tyler, 2008: Apendix D: 176; side A and Side B [Fig B4]. Punta con hombro (Febles, 1988: Fig. 7,1: Sitio Seboruco 3. Protoarcaico de Cuba.

1.6.8. Punta con espiga tipo Courí. *Uniface knife: tanged pointing blade. Retouched on borders and top, couri type. This Uniface Knife was recovered from a creek in Alachua County, Florida and is made from coastal plains chert. A killer knife that has superb flaking and is exceptionally made* (www. worthpoint.com) [Fig D11]; Purdy, 1981; Fig 3, U [Fig D7, Fig A1]). Punta Courí (Koslowski, 1975: La, XXXV, 7; Febles, 1988: Fig 7. 3) Sitio Seboruco 5. Protoarcaico de Cuba [Fig D7].

1.6.9. Punta con espiga retocada de modo alterno en uno o en ambos bordes cerca de la base tipo Seboruco. *Pointed blade base retouched* (Mikell, 1996: Fig 7, pieza 4, línea superior de izquierda a derecha [Fig A5]. Punta con espiga retocada de modo alterno en uno o en ambos bordes cerca de la base tipo Seboruco (Febles y Rives, 1988: Lista Tipológica del protoarcaico de Cuba, p. 37).

1.6.10. Punta con retoque plano ventral en uno o en ambos bordes tipo Seboruco. *Uniface pointing flake with ventral retouch next the base.* Ensor, 2018: fig. 3. 12(b). Punta con retoque plano ventral en uno o en ambos bordes tipo Seboruco (Febles y Rives, 1988: Lista tipológica protoarcaico: 1-6.10.

1.6 .11. Punta con lascados profundos en la superficie dorsal junto a la base tipo Seboruco. *Waller-scraper-kinfe with base flaked* (Mikell, 1996: Fig 7, pieza 2, línea superior de izquierda a derecha [Fig A10]; *waller knive with base flaked.* Sta Fe River, Florida {Fig D14] www.peachstatearchaeological society Lasca punteaguda con retoques profundos junto la base tipo Seborucol (Febles, 1988: fig 8, 1). Sitio Seboruco 1. Protoarcaico de Cuba [Fig D15].

1.6.12. Punta con orientación invertida tipo Melones. *Waller knife, point with inverted orientation* (lámina con retoque abrupto y superficial en los bordes junto a la base para confeccionar 'una punta' en la parte opuesta al extremo distal tecnológico (Tyler, 2008: Apéndix D: 152) [Fig B1}. Punta con orientación invertida tipo Melones (Febles, 1988: Fig 8, 2) Sitio Melones 10. Protoarcaico de Cuba [FIG B2].

1.6.13. Punta aberrante elaborada en resto de taller tipo Melones. *Waller knife on blank* (Purdy, 2008: Fig 3, 3, pieza 3 en primera columna de arriba

158

a abajo) [Fig A3]. Punta elaborada en resto de taller (Febles (1988: Fig 8 [4]: sitio Melones 10, protoarcaico de Cuba [Fig A4].

1.6.14. Punta en lasca desviada tipo Melones (Pseudo Levallois).*Waller knife, deviate blades* (Purdy, 1981: Fig 14, *second piece, left to right in bottom line; Third piece, left to right, top line* [Fig A2] Es una punta desviada pues el eje tecnológico no coincide con el tipológico. Se haya enmascarada pues está muy retocada para conformar pedúnculo con muescas y algún retoaque superficial por el dorso. Punta en lasca desviada tipo Melones-Pseudo Levallois- (Febles, 1988: Fig 8, 5) [Fig D12,5].

1.6.15. Punta Levallois de primera serie. *Levallois point first series, irregular.* Clovis epoch, Alabama (Ensor, 2013: Fig 12) [Fig D10] Punta Levallois de primera serie (Febles, 1988: Fig 8 (6). Sitio seboruco 1, protoarcaico de Cuba [Fig D12, 6].

1.6.16. Punta Levallois de segunda serie. *Levallois point second series* (Ensor 2013: Figs 19, 20, 21)[Figs D15, D16]. Clovis epoch, Alabama. *Uniface thumbnail scrapper; paleo and archaic toolkit; on uniface levallois point second series* [Fig D11] (www.treasurenet.com) *Levallois point second series* (Purdy, 2008: Fig 2.26. línea inferior, última pieza). Container Corporation site, North West, Florida. Refieriéndose a este sitio, B. Purdy (2008: 112) señala que aparecen cientos de piezas obtenidas mediante la técnica de talla Levallois: *"Hundreds of specimens that appeared to have been manufactured using a Levallois technique..."* B. Ensor (2018: 3.19) señala también la existencia de la técnica Levallois en este sitio del noroeste floridano. Punta Levallois de segunda serie (Febles, 1988: Fig 8 [7]). Sitio Seboruco 1, protoarcaico de Cuba [Fig D12,7].

159

1.8. Perforadores.

1.8.8. Perforador doble. Double graver on flake (Purdy, 2008: fig 1.17, row 3, 3 column, up) Helen Blaze site.Perforador doble en lamina (Febles, 1988:fig 10,1): Sitio Seboruco 5, protoarcaico de Cuba.

1.8.9. Perforador nucleiforme. Core spur (Eren, et al, 2013: Fig 1 left, up, down.Lista tipológica protoarcaico de Cuba (Febles y Rives, 1988:37-38).

1.8.13. Perforador atípico en lasca . *Scraper with graver spurs: the angle scraping edges is abour 65 degrees and de spur has been classified Graver or Burin* (Purdy, 1981: 15-16: Fig 3, o). Perforador con raspador (Febles, 1988:

Fig10. 3). Sitio Seboruco 1, Protoarcaico de Cuba. El retoque y la superfice del raspador son comparables y el perforador en posición semjante también. Sin dudas el mismo tipo de artefacto.

1.8.14. Perforador en lamina. Blade graver, Georgia (peachstatearchaeologicalsociety.org). Perforador en lamina (Febles, 1988: fig 10, 2). Sitio Seboruco 5. Protoarcaico de Cuba.

2. Herramientas en lasca

2.2. Raederas

2.2.1. Raedera simple. *Spokeshave-scrapper* (Purdy, 2008: fig 1.17, pieza 5, línea 1). Raedera simple (Febles y Rives, 1988: Lista Tipológica protoarcaico de Cuba).

2.2.5. Raedera convergente. *Suposedly paleo uniface knife; really convergent spokeshave-scrapper.* (www.pinterest.com). Febles, 1988: 11, 2. Sitio Granadillo 1. Protoarcaico de Cuba.

2.2.6. Raedera con perforador. *Spokeshave-scrapper with graver spur: The implement is primarily unifacial; the graver and spurs are effective for slotting and grooving* (Purdy, 1981: 16-18: Fig 3p). Raedera con perforador (Febles, 1988: Fig 10[4]), Sitio Seboruco 2, Protoarcaico de Cuba(Febles(1988) vuelve a registrarlo (Fig 1, 5) como Raspador en lasca gruesa:"*Cambron and Hulse* (1973:7) call this and oval core scraper B-8" (Purdy, 1981:22: fig 10e: "unifacial scraper ovoid"). Febles (1988: fig 12.1) hace referencia a una pieza semejante: "Raedera discoidal".

2.3 Lascas y otras piezas denticuladas.

2.3.1. Lasca con retoque denticulado en un borde. *Specimen exhibiting retouch (Denticulated by dorsal birder side, Container corporation of América site* (Purdy, 2008: fig 3.4, extremo izquierdo) Lasca con retoque denticulado en un borde (Febles, 1988: Fig 3[7]), Sitio Granadillo 1, Protoarcaico de Cuba.

2.3.2.- 2.3.7. Diversos tipos de lascas con retoque denticulado. *Saws: use pronounced at florida's paleoindians, woodworking* (Purdy, 1981: Table 2). Diversos tipos de lascas denticuladas (Febles, 1988; Febles y Rives, 1988), protoarcaico de cuba;igualmente trabajo en madera y presencia muy abundante.

2.4 Lasca con muesca o muescas.

2.4.1. Lasca con muesca o muescas en un borde. *One side notched flake levallois type* (Ensor, 2013: FIG 18). Febles. 1988: Fig 13[1(a), 2. Lasca con Muesca. Sitio Seboruco 3. Protoarcaico de Cuba.

2.4.2. Lasca con muesca en dos bordes, *Double notched flake* (Ensor, 2013: Fig 3.13, C). Lasca con muesca en dos bordes (Febles, 1988: Fig 13, 3). Sitio Seboruco 4, protoarcaico de Cuba.

2.4.3. Lasca con muesca o muescas en la cima. *Notched flake on top* (Purdy, 2008: Fig 2. 26: pieza 5 línea inferior desde la izquierda. *Spokeshave* (Purdy, 1981: Fig 10 k, m). Lasca con muesca en la cima (Febles, 1988: Fig 13[4]): Sitio Melones 11, Protoarcaico de Cuba.

2.4.4. Lasca con muesca y retoque denticulado. *Stone artifact (notched flake with denticulated. Container Corporation of America site, North west Florida* (Purdy, 2008: 114: fig a). Lasca con muesca y retoque denticulado (Febles, 1988: Fig 13, 7). Sitio Melones 7, protoarcaico de Cuba.

2.4.5. Lasca con muesca clactoniense. *Side gross notch (Other Shaped Lithics of Florida, n. d.).* Fig 10,[p]. Febles, 1988: Fig 13[9-12). Lasca con muesca clactoniense. Sitio Seboruco 5, protoarcaico de Cuba.

2.4.6. Lasca cóncava con muesca. Investigaciones en la región centro occidental de Cuba han permitido hallar artefactos que se han calificado como "lascas cóncavas"(Alvarez, 1997, en Izquierdo et al, 2015: 144, 145: fig 23), los cuales presentan estrecha semejanza con algunos de los "artefactos lunados"que se muestran en Jew et al, 2015: fig 2, columna central: 1-4767 5, 1-47757, 1-47606, 1-47758, 1-47628, 1-47621, 1-47620, 2-18506, 1-47779. Estos artefactos específicamente han sido denominados "Humpies" por su "oblicuidad" (Sampson, n. d: 103; Fanenga et al, 2008:26). Piezas semejantes han sido llamadas también en Cuba, por algunos, "lascas clactonienses" pues las piezas en que están confeccionadas: lascas, fragmentos de núcleo o restos de taller arqueado presentan una muesca en su parte cóncava con esas características (clactoniense); lo cual podría ser aplicado también a los mencionados "Humpies" de las tradiciones líticas del oeste norteamericano. *Scrapper- engraver [notched-like spoke shave, a kind of crecent or half-moon stone tool]* (Sampson, n. d.; Fanenga et al 2008; et al, 2012: fig 10, fs10). *Notched oblique scrapper.* Piezas como estas aparecen en la costa este de Estados Unidos [www.vtarchaeology.org] y específicamente en la península de la Florida. Ross Bay site Aucilla Basin (Pevny, Thulman, Faught, 2015: 234)[Figs K1, K2].

2.5. Lascas con retoque inverso o ventral.

2.5.1. Lasca con retoque inverso en un borde. *Inverse retouched flake* (Purdy,1981: : Fig A1). Febles, 1988: Fig 13[13, 14). Lasca con retoque inverso en un borde (Lista Tipológica Protoarcaico de Cuba: 2.5.1 [Febles y Rives, 1988:38]).

2.5.2. Lasca con retoque inverso en la base. *Retouched flake at the base, ventral side* (Ensor, 2013: fig. 3. 9), pero se observa retoque inverso invasor en un borde. Lasca con retoque inverso en un borde. Febles Y Rives: 1988: Lista Tipológica del protoarcaico de Cuba: 2.5.1.

2.5.3. Lasca con retoque inverso en dos bordes. *Retouched flake 2 borders by ventral side* (Ensor, 2013: fig 3. 16). Lasca que presenta retoque abrupto que conforma raspador en el extremo izquierdo de la cima. Semejanrte a Raspador en lasca microlítica con retoque. Sitio Seboruco 1, Protoarcaico de Cuba (Febles, 1988: Fig1,11)

2.6. Lascas retocadas dorsalmente.

2.6.1. Lasca con retoque simple. Simply retouched flake (Milanich, 1994; 57, Nalcrest site, Florida: pieza 2, 2da columna de izquierda a derecha) *Retouched blade*) Ensor, 2013: fig 3. 16); Lasca con retoque simple (Febles y Rives, 1988: p. 38: Lista Tipológica del Protoarcaico de Cuba. 2.6.1).

2.6.4. Lasca con retoque dorsal en la cima. On top retouched flake (Purdy, 1981: Fig 3, v). Lasca Florida uniface blades; https://foruns.arrowheads.com). Lasca con retoque en la cima (Febles y Rives, 1988: Lista Tipológica del Protoarcaico (2,4.3).

3. Herramientas en núcleo

3.1.1. Tajador simple. Chopper (Dumbar et al, 1989: Fig 5, a); herramienta en núcleo:Tajador simple (*"Chopper"*) Febles (1988: Fig 16[1]), Seboruco 5. Protoarcaico de Cuba.

3.1.2. Tajador complejo. *Chopping tool* (Dumbar et al, 1989: Fig 5, b); herramienta en núcleo: Tajador complejo (*Chopping tool*), Febles (1988: Fig 15[2]). Seboruco 5. Protoarcaico de Cuba.

3.1.3. Herramienta sobre núcleo discoidal. *Turttle back scrapper* (Purdy, 2008: Fig 1.14 a and b: Golf Course site, Melbourne, Florida). Herramienta sobre núcleo dicoidal (Febles, 1988: Fig 16, 2): Sitio Granadillo 1. Protoarcaico de Cuba.

3.1.4. Hacha de pico tipo seboruco. Hand Axe, Florida (www.pinterest.com) [Fig C6]; Hand Axe (https://line17qq.com) [Fig C7] *Aucilla Adze : unifacial flakes, asymmetrically constrict (or become waisted) toward the proximal end* (Pevny et al, 2015:234; Faugh & Pevny, 2019: Fig 8 B) Las Aucilla adzes se remiten a una cronología en la etapa de transición pleistoceno-holoceno. Hacha de pico tipo Seboruco; elaborada a partir de lascas, una base ancha generalmente con corteza, comprimida lateralmente por lascados profundos que conforman una punta gruesa provocan una comprensión en ese lugar. Corresponden también con una etapa transicional: de grandes dimensiones en sitios del protoarcaico y de menor tamaño en el arcaico. temprano (Febles, 1991: Fig 8), Sitio seboruco 1, Protoarcaico de Cuba. Sitio Levisa 1, Arcaico temprano [Fig C3, C4].

163

3.1.5. Cepillo. *Unifacial Humpedback Plane* (Cepillo de dorso arqueado) (Purdy, 1981: Fig 16. k, l, m) *Florida's Paleoindian Humperback Plane* (www. worthpoint.com). Cepillo (Febles, 1988: Fig 16,4): Artefacto elaborado en lasca gruesa con retoques muy amplios consecutivos que conforman una curvatura que junto al borde de la superficie ventral constituye una herramienta para el trabajo en madera que asemeja el cepillo de carpintero. Sitio Melones 16, protoarcaico de Cuba.

3.1.6. Hacha-tajador masivo con escotaduras laterales[amorfos o en forma de "sillín de bicicleta"o "paleta de panadero [Fig G1]. Paleo Axe (Ensor, 2018: Figs 23, 22) Capps site, Alabama, Clovis epoch [Fig G2, G3]; *Paleo Hand Axe* (*Paleo-to-Archaic-Biface-Hand Axe*/Georgia and Florida, 1995) [Fig G4, G5, G6]; Hand Axe-Chopper, Behar site, Texas (Texas Beyond History, 2001). Hacha-Tajador masivo (Izquierdo et al, 2015: fig. 23). Sitios protoarcaicos de la región central de Cuba [Fig G1].

3.1.7. Hachuela unifacial tipo Melones.Uniface Dalton Adze, Paleoindian Artifact (www.worthpoint.com), [Fig J1]. Hachuela unifacial tipo melones: "Herramienta en lámina con dos funciones"(Febles, 1988: fig 4,2). Sitio Seboruco 3, protoarcaico de Cuba[Fig J2].

3.1.8. Piezas nucleiformes. *Dimple Stones, Also Known As Bola stones Or Club Head, which are egg-shaped ground stone* (Pevny et Al, 2015: 236; Purddy, 1981: 30, Fig 10L, 58: Table 2). Guijarros ovoides (Izquierdo et al, 2015:145, Figs 22, 23); Guijarros redondeados, Seboruco 1, Mayarí, Holguín.-Bola Stone (Purdy, 1981) *said:."I saw more than one hundred examples, many recovered from Santa Fe River" Other archaeologists reported "...grooved bolas stones as part of paleoindian tool complex, but the Florida specimens are not grooved* (Purdy, 1981:30):). Guijarros ovoides (Izqquierdo et al, 2015:145, Figs 22, 23); Guijarros redondeados, uno de ellos estriado ("grooved") Seboruco 1, Mayarí, Holguín (Pino, 1991: 419).

3.2. Piezas esquirladas o cuñas.

3.2.2 . Pieza esquirlada bipolar típica. *Clear Fork Gouge:* Son artefactos para el trabajo en Madera, *possibly canoe making and house construction they are triangular, bifacial or unifacial. They have convex working edges. They was not a gouging function; many exhibit dulling and crushing of the lateral edges near the proximal end. They have fractures on both faces of the bit.* (Purdy, 1981: 29: Fig 10 m, n). Esta descripción coincide completamente con la de las Piezas esquirladas o Cuñas; útiles para trabajar la madera que pueden ser unifaciales o bifaciales; en lasca o en núcleo; y presentan, aguzados hasta el extremo distal con huellas de la penetración en la Madera, función diferente de las gubia(Febles, 1988: 71-72). Las piezas m , n (Purdy, 1981: Fig 10, m. n) presentan gran similitud con ejemplar que Febles (1988) muestra en Fig 17[10]): "pieza esquirlada con con un extremo aplanado o ligeramente oblícuo".

164

3.2.5. Pieza esquirlada en lasca. *Wedge tools* (Pevny, Thulman & Faught, 2015: 234; Sebrosek, 1983: fig 5, four pieces at top right)[Fig G]. Lista tipológica del protoarcaico de Cuba (Febles y Rives, 1988:36-38)

4. Herramientas bifaciales

4.1. Punta bifacial Yaguajay, triangular y base rectilínea *Bifacial possible not fluted dalton point, triangular, rectiline base: nuckolls or colbert point like* (Dalton points of the Southeast, Peach State Archaeological Society, 2020); (Ruhl,D, 2021: Florida Museum); (Milanich, 1994:36) [Fig F1 a y b]. Punta Yaguajay, bifacial, triangular y base rectilínea (Febles, 1988: Fig 17 [12].

4.2. Punta bifacial Nibujón, triangular y base ligeramente curvilínea. *Bifacial point, possible not fluted dalton, triangular, curviline base. nuckolls or colbert dalton point like* (Dalton points of the Southeast, Peach State Archaeological Society, 2020); (Ruhl, D, 2021: Florida Museum) [Fig F2 b y c], (Milanich, 1994: 36). Punta Nibujón: bifacial, triangular, base curvilínea (Febles, 19887: Fig 17 [13]) [Fig F2 a].

4.3. Punta bifacial Cuba [FIG F3 a]. *Possible nuckolls, colbert or greenbriar dalton point like, elongate, without ears* [Fig F3 b, c, d] (Dalton points of the Southeast, Peach State Archaeological Society, 2020); (Ruhl, D, 2021: Florida Museum), (Milanich, 1994: 56, b, (Peveny, Thulman & Faught, 2015: Fig 10.9: i, j) Punta nominada por J. Kowsloski y Ginter(1975) como Punta Belle Glades, al parecer por semejanza con puntas de esa región o cultura de Florida. Febles, 1988: Fig 17, 14: la nomina Punta Cuba, al parecer para hacer referencia a ciertas características propias de dicho artefacto. Al analizar la pieza en esta oportunidad se hace patente su semejanza con puntas no de la cultura arcaica de Belle Glades, sino de la región arqueológico –geográfica de ese nombre, en que se ubican sitios tempranos con puntas Dalton like, del paleoindio tardío, "paleo late" de Florida: y se aprecia su semejanza con las Dalton Nuckoll Like, Dalton Colbert like y Dalton Greenbriar like alargadas; y las Greenbriar con la modalidad sin aletas u orejas, que pueden aparecer en esa y áreas limítrofes del oeste floridano.

165

4.4. Punta bifacial Guaní [Fig E4.5]. *Possible cowhouse slough point like or dalton greenbriar like, without ears* (Dalton points of the Southeast, Peach State Archaeological Society, 2020) (Cowhouse slough: Lunsford, 2008, 2021), [Fig E4, E4.1, E4.2, E4,3, E4.4, ER4.1] (Milanich, 1994: 56, b; Pevny, Thulman & Faught, 2015: Fig 10.9: i, j). Punta Guaní (Pérez e Izquierdo, 2010: Fig 5: Izquierdo et al, 2015: 158: Fig 25), Sitio Guaní, Caibarién, Cuba.Punta Guani].. Se ha sugerido que las puntas Cowhouse slough representen una fase final de las puntas de proyectil tipo Simpson de Florida. Se ha encontrado también en asociación con puntas de proyectil del estilo Clovis: "*… it has been suggest that these points may represent the final preform stage for the Simpson type* (Lunsford,2008-2021) *"The Association of Cowhouse Slough blades with primarily Simpson points and in one site a Clovis like point… Very similar blades were recovered with mammoths in central Mexico.*" (peachstatearchaeologicalsociety.org: n.d) [FIG E4.4: Punta Cowhouse slough, Florida; Fig E4.4.1: Punta Simpson, Pasco County Florida, like Cowhouse slough point; Fig E4.5: Punta Guaní, Caibarién, Villa Clara, Cuba, like Cowhouse slough Point].

4.5. Punta bifacial Monte Cristo (Harrington, 1921: Fig 48; Raggi, 1971: 131-132): "…una punta de pedernal que supone apropiada para "arma arrojadiza" de factura lanceolada bifacial con sus dos caras derecha e izquierda precisamente elaboradas y una longitud de 2.6 pulgadas…"(Harrington, 1935: *Ibid*). *Possible cowhouse slough point like or dalton greenbriar point like* (Cowhouse Slough: Lunsford, 2008-2021) (Dalton points of the Southeast, Peach State Archaeological Society, 2020): Punta Montecristo].

4.6. Raedera bifacial. *"Spokeshave-scrapper"* (Purdy, 1981; Fig 3[b]. Raedera bifacial, obtenida posiblemente mediante modificación de punta "para Dalton", estilo "Yaguajay" o "Nibujones", a causa de la similitud con esas puntas. Sitio Seboruco 5. Protoarcaico de Cuba (Febles, 1988: fig 11(4)[Fig F4].

4.7. Raedera parcialmente bifacial. *"Spokeshave-scrapper"* (Febles, 1988: Fig 11(3) Raedera parcialmente bifacial.-; obtenida posiblemente como la anterior mediante modificación de puntas tipos "Yaguajay" o "Nibujó [Fig F4].

4.8. Hachuela "para Dalton" bifacial o parcialmente bifacial del protoarcaico. Dalton Adze from Florida. Paleo Dalton Adze Georgia South Carolina Alabama Florida NC TN OH FL Arrowhead. A 3 ¾" coastal plain chert Paleo Dalton Adze found in Florida. *Dalton adzes are approximately 11,500 year old and were most likely used as wood planes and light chopping tools (* https://picclick.com).[Fig I(3)] "Hachuela bifacial o parcialmente bifacial "para Dalton", del protoarcaico de la región centro occidental de Cuba (Izquierdo, Ortega y Sampedro, 2015:145: Fig 23, última pieza abajo, izquierda) [Fig J3 y J4].

APÉNDICE 3

Utiles

A. Percutor durmiente. *Yunque, Anvil* (Purdy, 1981: 58: Table 2) Percutor durmiente, Yunque (Pino, 1991: 419): 6 ejemplares en el sitio Seboruco 1, protoarcaico de Cuba.

B. Martillo o Percutor. *Hammer* (Purdy, 1981: 58, Table 2). Percutor o martillo (Pino, 1991: 419): decenas de ejemplares en el sitio Seboruco 1, protoarcaico de Cuba.

C. Gran preforma de lámina. *Archaic specimen probably reworked archaic forms or paleo late* (Great lame) (PuRdy, 1981; 48: Fig 24. Gran preforma en lámina (Febles, 1988: Portada).

167

D. Piezas nucleiformes. *Dimple stones, also known as bola stones or club head, which are egg-shaped ground stone* (Pevny et Al, 2015: 236; Purddy, 1981: 30, Fig 10L, 58: Table 2). Guijarros ovoides (Izqquierdo et Al, 2015: 145, Figs 22, 23). *Bola stone* (Purdy, 1981) said: *"I saw more than one hundred examples, many recovered from Santa Fe River"* Other archaeologists reported *"...grooved bolas stones as part of paleoindian tool complex, but the Florida specimens are not grooved* (Purdy, 1981:30): Protoarcaico de Cuba:sesenta y nueve guijarros redondeados. Uno de ellos con estriadas - grooved (Pino, 1991: 419).

E. Láminas con huellas de uso (Comunes). *Non modified blades* (Very Common).

F. Lascas con huellas de uso (Comunes). *NON MODIFIED FLAKES* (Very common).

G. Restos de taller con huellas de uso (Comunes). *Debris* (Very common).

H. Núcleos con huella de utilización (Comunes). *Non Modified Cores.* (Very common).

APÉNDICE 4

"Paleo late" and archaic artifacts from Florida Present in Cuban archaeological Sites (protoarcaico y arcaico):

A. Raspador de dedo(15a). *Thumbnail scraper: They have a very small ground, striking platform. They was made on a truncated blade by very careful uniform pressure flaking at the distal end and at both edges near the base. They enterily unifacial* (Purdy, 1981: 14-15; Figs 5, 3 i, j). Kowsloski y Ginter (1975: Lam XXII, 18 y 19) se refiere a Raspador corto en forma de uña (Arcaico) Lista tipológica para las Antillas.Shoes(Wilson).

B.1 Perforador central. *Central graver* (Purdy,1981: Fig 3 [L] Perforador central (Febles, 1988: Fig 9 [11-19), Sitio Playitas, (Arcaico).

B.2. Perforador derecho. *Right graver* (Purdy, 2008: Fig 1. 17, Pieza 4, columna 2 de izquierda a derecha). Perforador derecho (Febles, 1988: Fig 9 [25-32], Playitas (Arcaico).

B.3. Perforador atípico con pico. *Peak graver* (Purdy, 1981: Fig 3 [m]. Perforador atípico con pico (Kozlowski y Ginter, 1975: Lista tipológica para las Antillas:1.8.2).

C.1(1.1.5). Raspador en lasca gruesa(1a) *Carinate scraper*, sitio Nalcrest, Florida (Purdy, 1981). Sitio Canímar I, Cuba, Sitio Seboruco 1 (Febles, 1988: Fig 1,50.

D. Lasca con muescas en dos bordes. *Edgefiel scraper, both sides notched flake* (1981:18-20; Fig 10 q. Febles .1988: Fig 13[1(a), 2. Lasca con muesca a ambos lados de la base. Lasca punteaguda con muesca en la base que se interpreta como raspador pues pueden realizar esa función en varillas de Madera, etc); pero la pieza parece una punta unifacial con pedúnculo logrado a partir de las lascas en la base; ha sido comparada con las Beveled Points que son retocadas bifacialmente (Jones , Scott: thesga.org, 1989). Milanich (1994: 54) señala que algunos estiman que las propias Bolen Beveled Points podrían haber sido utilizadas como cuchillos. En el protoarcaico de Cuba aparecen tipos con muescas semejantes (Febles, 1988: Fig 6[5], Fig 13 [1], en forma puntas de impacto, con una semejanza lejana; pero de manera frecuente en el Arcaico(Febles, 1982: Lámina VI [1). Sitio Canímar I, Matanzas, Cuba) lo cual coincide con la referencia de esa pieza(Edfield scraper) al Arcaico temprano aunque aparece en el paleoindio tardío (Purdy, 1981).

E. Punta con espiga tipo Courí. *Stemmed blade. retouched on borders and top* (Purdy, 1981: Fig 3 Pieza 7, última línea). Koslowski, 1975: La, XXXV, 7: Cuba y América Central Punta Courí; Febles, 1988:Fig 7.3). Sitio Seboruco 5. Protoarcaico de Cuba (Koslowski, 1975:La, XXXV, 7: América Central y las Antillas Mayores: Sitio Courí en Haiti.

F. Gran preforma de lámina. *Archaic specimen probably reworked archaic forms or "paleo late"(great lame)* (Purdy, 1981; 48: FIG 24. Gran preforma en lámina (Febles, 1988: Portada).

G. Hacha de pico tipo seboruco. Hand Axe, Florida (www.pinterest.com) [Fig C6]; Hand Axe (https://line17qq.com) [Fig C7] *Aucilla Adze : unifacial flakes, asymmetrically constrict (or become waisted) toward the proximal end* (Pevny et al, 2015:234; Faugh & Pevny, 2019: Fig 8 B) Las Aucilla adzes se remiten a una cronología en la etapa de transición pleistoceno-holoceno. 169 Hacha de pico tipo Seboruco; elaborada a partir de lascas, una base ancha generalmente con corteza, comprimida lateralmente por lascados profundos que conforman una punta gruesa provocan una comprensión en ese lugar. Corresponden también con una etapa transicional: de grandes dimensiones en sitios del protoarcaico y de menor tamaño en el arcaico. temprano. (Febles, 1991: Fig 8), Sitio seboruco 1, Protoarcaico de Cuba.Sitio Levisa 1, Arcaico temprano.

El poblamiento inicial de cuba por aborigenes de Florida y el extremo sudeste de Estados Unidos:

Laminas   I

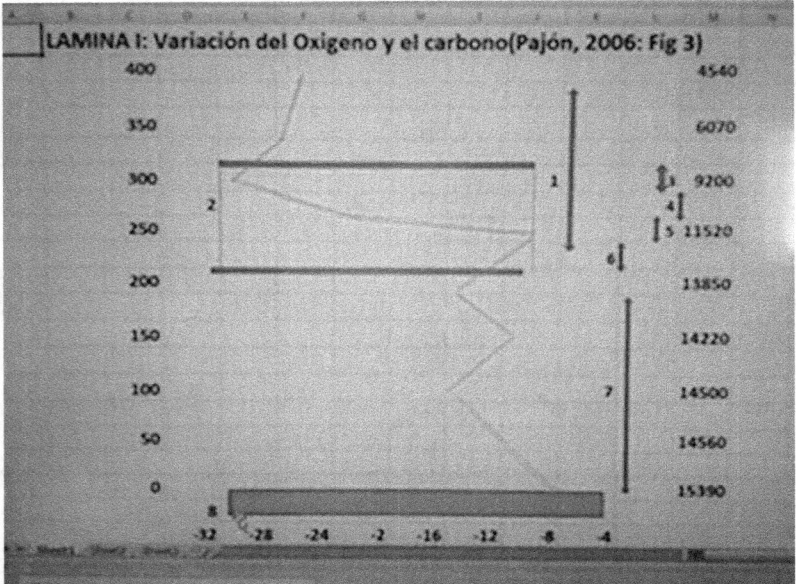

II

LAMINA II: ARQUEOLOGIA Y PALEOTEMPERATURA

1) 13 000 - 12 000 AP
(Fase 6 Curva de Pajón)

	ESTADOS UNIDOS		CUBA
	Estratigrafía	C 14	Tipología
1a) TECNICA LEVALLOIS DESDE 12 700 AP	X		X
1b) TAJADOR MASIVO Y OTROS ARTEFACTOS POLIFUNCIONALES DESDE 12 700 AP	X		X

2) 12 000 - 11 800 AP
(Fase 5 Curva de Pajón)

	ESTADOS UNIDOS		CUBA
2a) INFLUENCIA DALTON DESDE 12 000 AP	X	X	X
2b) ARTEFACTOS UNIFACIALES DESDE 12 000 AP	X	X	X

3) 11 520 AP

(migraciones anteriores a este último fechado)

FIGURAS

Figura A: Purdy, 1981, 2008

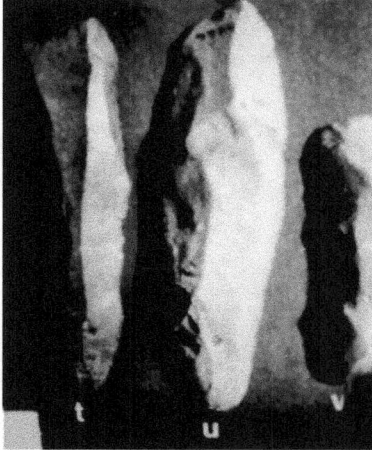

[Fig A1]:Purdy, 1981: fig 3, U (detail): Courí point

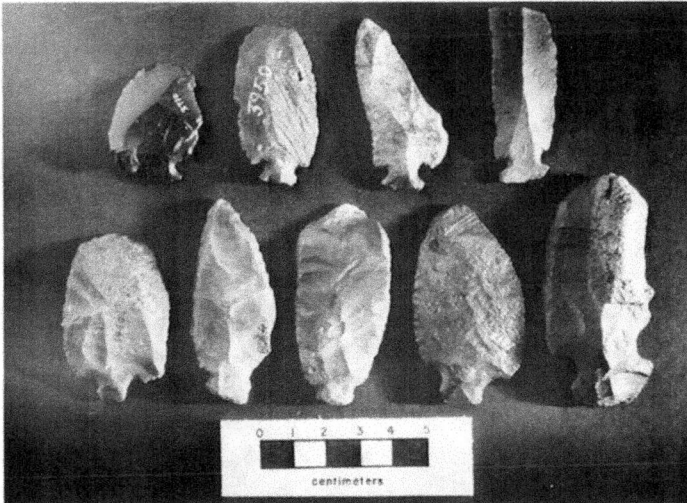

[Fig A2]: Purdy, 1981: Fig 14: Waller knives

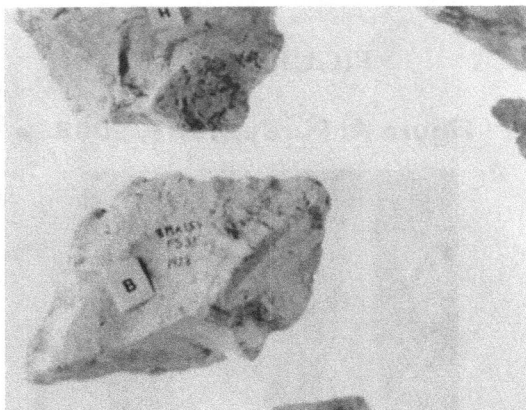

[Fig A3]: Point on debris. Container corporation of America site (Purdy, 2008: fig 3.3, B)

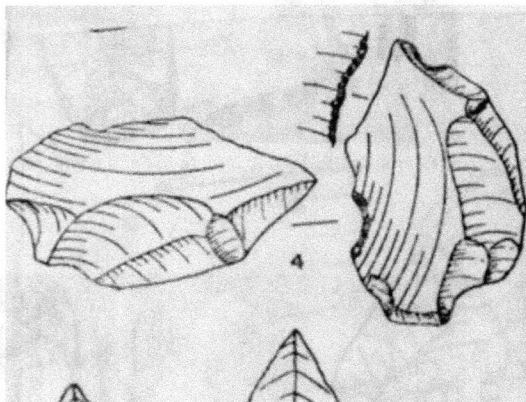

[Fig A4]: "Punta aberrante" en resto de taller (Febles, 1988: Fig 8, 4) Sitio Melones 10, protoarcaico de Cuba

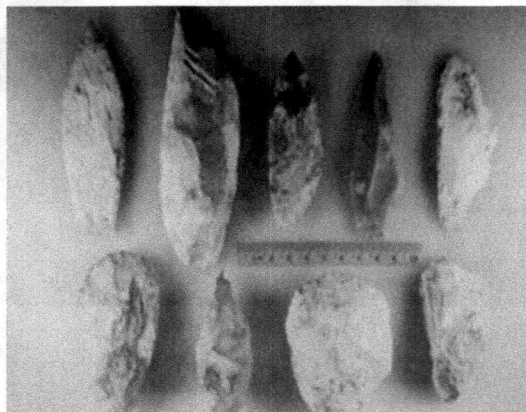

[Fig A5]: A paleoindian tool kit; Covas Creek, Site: Fig. 7: Top: left to right: 1-Simpson, 2-Pointed blade IIke,3. Bifacial point, 4-Pointed blade, 5- Unifacial pointed blade.Bottom: Raspador redondeado, punta, percutor, raspador (Mikell, 1996: 89-94) : 2: punta con retoques profundos en la base por la parte dorsal

Fig B: Chipola Paleoindian Artifacts

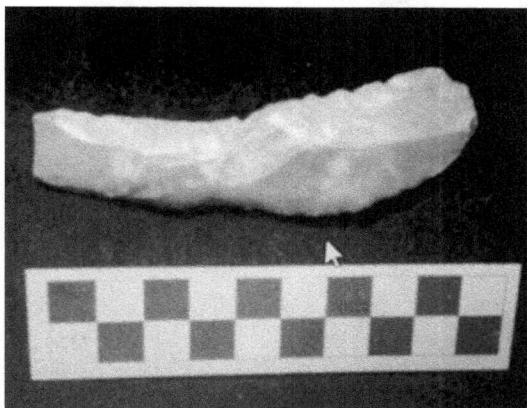

A:

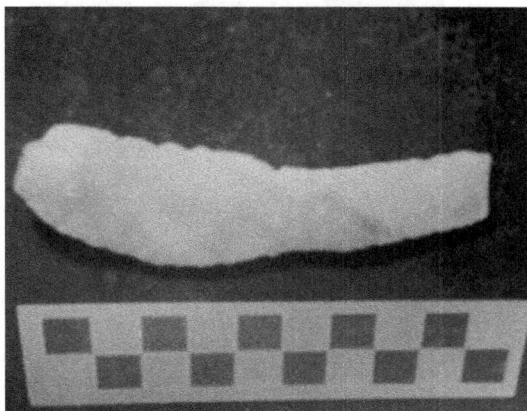

B:

[Fig B1]: punta con orientacion invertida: 152:A[Cara dorsal],
B (Cara ventral). Chipola paleoindian site, Florida

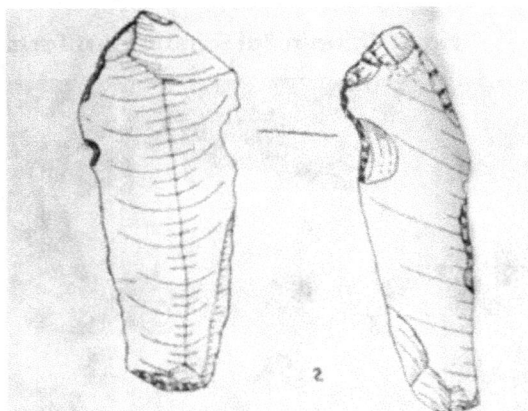

[fig B2]: Punta con orientación invertida (Febles, 1988: fig 8 [2]: a:Cara dorsal; b: Cara ventral): Sitio Melones 10, protoarcaico de Cuba

174

[Fig B3]: Pointing blade retouched: 154: A

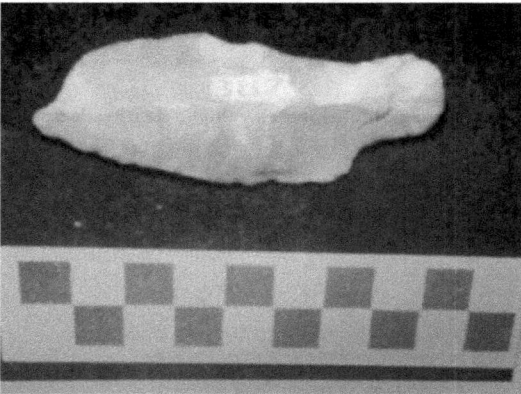

[Fig B4]: Punta con hombro: 176: A y B

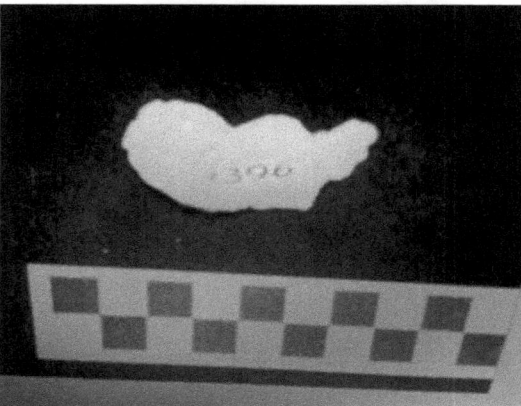

[Fig B5]: Lamina (47.72 x 23.12 CM) Estrangulada: 184:A: Chipola, Florida

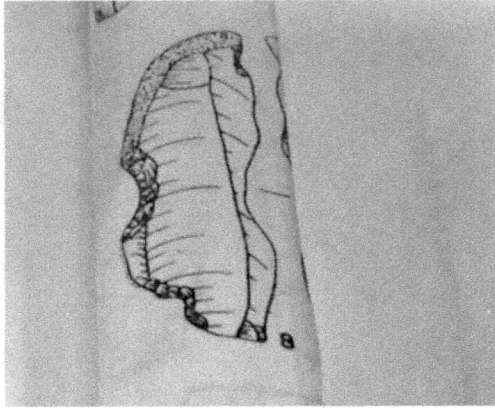

Fig B6]: Lamina estrangulada (Febles, 1988: fig 3,8)

Fig. C: Herramientas polifuncionales y hacha de pico tipo seboruco

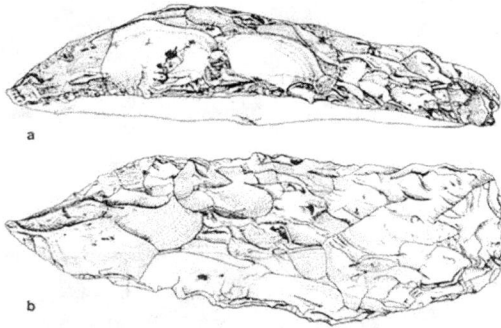

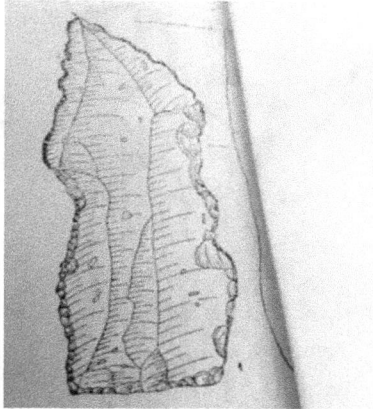

[Fig C2]: Herramienta polifuncional, melones 10: tres funciones o mas (Febles, 1988: Fig 4, 1)

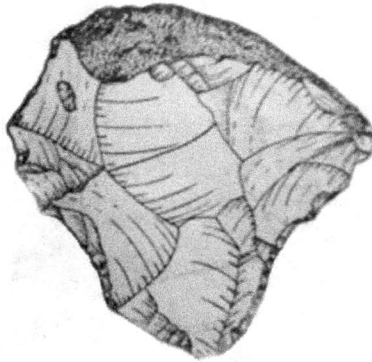

[Fig C3]: Hacha de pico tipo seboruco (Febles, 1991: Fig 8)

[Fig C4]: Hacha de pico seboruco like, southeast (www.pinterest.com/326862885451955333)

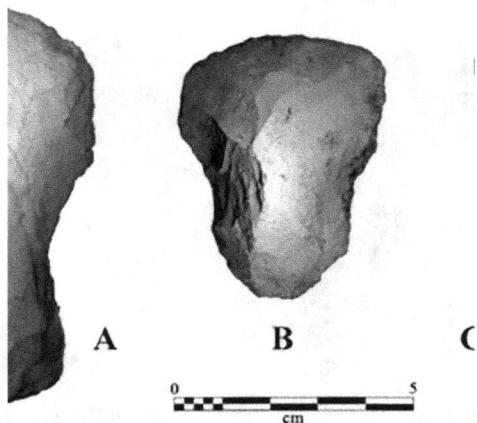

[Fig C5]: Aucilla river uniface adze, florida. Parecida al hacha tipo Seboruco

Fig. D: herramientas en laminas y lascas

[Fig D1]: Bradford County, Florida. Waller Knife: Lámina con hombro//www.worthpoint.com/worthopedia/waller-knife-arrowhead-bradford-1905878621

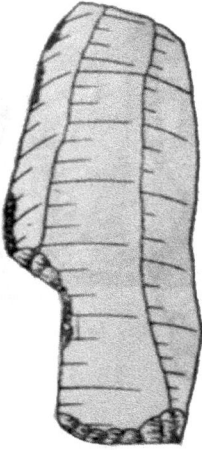

[Fig D2]: Lámina con hombro
(Febles, 1988: fig 6,4)

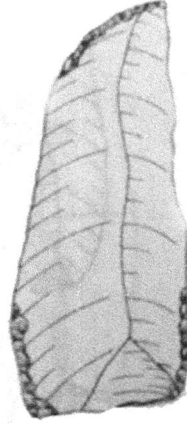

[Fig D3]: (Febles, 1988, Fig 6,3):
Lámina con espiga tipo Courí con truncadura

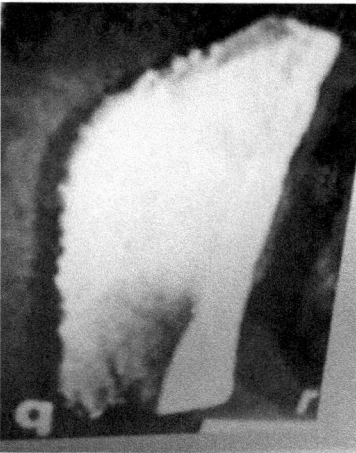

[Fig D4]: Purdy, 1981: Fig 3, Q: Truncadura

[Fig D5]: (Febles, 1988: Fig 6,1): lámina con
espiga tipo Courí

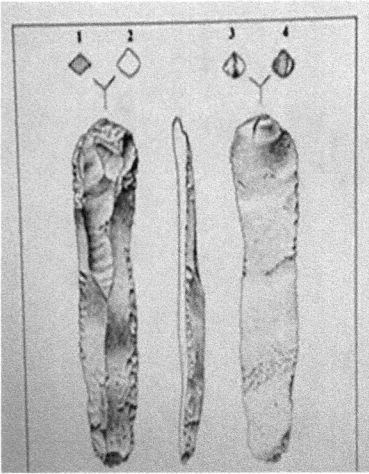

[Fig D6]: Lamina retocado estilo Courí. Topper site, North Carolina (Sain, 2012:57: Fig 26)

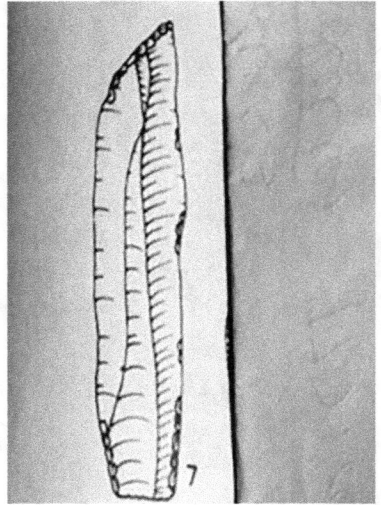

[Fig D7]: Kozlowski y Ginter, 1975: Lam XXXV, Fig 7: Punta Courí

[Fig D8]: Uniface knife. This Uniface Knife was recovered from a creek in Alachua County, Florida and is made from coastal plains chert. A killer knife that has superb flaking and is exceptionally made (www. worthpoint.com). Possible Courí point: Lam B)

[Fig D9]: (Purdy, 1981: Fig 3, S): Lámina con retoque semiabrupto en el borde dorsal derecho. Punta unifacial con retoque no apropiado para raspar

[Fig D10]: Ensor, 2013: Figs 19, 20: Levallois forms (Points: second and first series)

[Fig D11]: Ensor, 2013: Fig. 21: Levallois point (Segunda generacion)

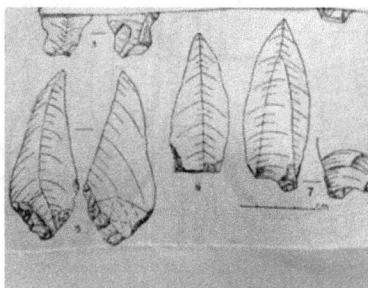

[Fig D12]: de derecha a izquierda: 7.-Punta Levallois de 2da serie;6.-Punta Levallois de 1ra serie; 5.-Punta desviada (Pseudo Levallois): 7 y 6 sitio Seboruco 1; 5.-Melones 10 (Febles 1988: fig 8)

60mm x 34mm x 18mm

uniface
thumbnail scraper
Paleo and Archaic toolkits
Gilchrist County, Florida

[Fig D13]: Florida's paleoindian thumbnail scrapper, gilchrist county,
Florida/www.worthpoint. com/ on levallois point retouched)

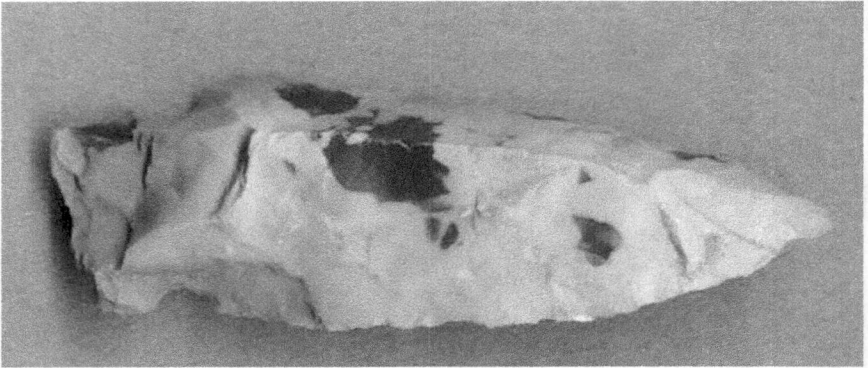

[Fig D14]: Waller knife, Sta Fe Florida. Punta unifacial con retoques profundos en la base por la parte, dorsal, con muescas en la base estilo bolen (WWW.Peachstatearchaeologicalsociety.Com/2-020))

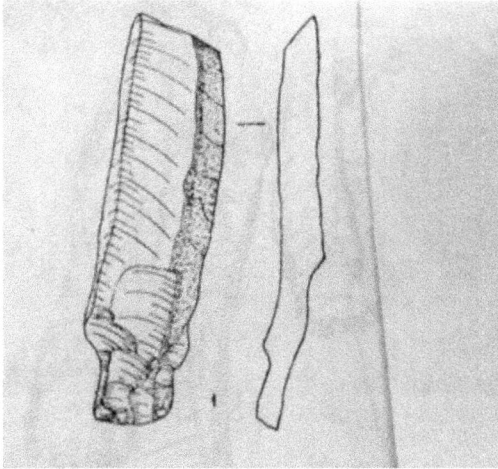

[Fig D 15]: Punta con lascados profundos junto a la base tipo seboruco (Febles, 1988: Fig 8,1)

Fig. E: Cuttler Fossil Site (CARR, 2012)

En el sitio arqueológico "Cuttler Fossil" del sudeste de Florida fueron ha- 183
lladas varias puntas de proyectil bifaciales: estilo Bolen y Dalton. De estas
últimas, 2 son estilo Dalton y 2 Greenbriar Dalton. En la Figura E1 aparece
una muestra de dos tipos de puntas mencionados. La de la izquierda es
una punta Dalton, Nuckolls, Colbert, etc., con huellas de enmangamiento
en la base [Fig. E2]. Y el de la derecha se trataría de una Punta Greenbriar
Dalton. Sin embargo las Greenbriar Dalton presentan generalmente "aletas
laterales". Otros casos sin aletas poseen base recta o curvilínea con extremos
perpendiculares, que no es el caso del ejemplo que se presenta en el extremo
derecho de la figura E1.

Las carácterísticas de esta punta con los extremos de la base curvados
hacia adentro, base recta y lados arqueados hacia el extremo distal, se
asemeja a una punta irregular del tipo "Cowhouse slough" del oeste de
Florida; especialmente un tipo hallado en la zona de Chipola, en el noroeste
[Fig E4 y E5. En este caso, la punta del extremo derecho de la figura E1 de
Cuttler Fossil site parece mas conveniente compararla con puntas Cowhouse
slough y particularmente también con la Punta Guaní de Caibarién, Cuba,
que tiene carácterísticas semejantes a aquella. La secuencia de siluetas de
estas puntas ayuda a comprender estas similitudes [Figs E4, E5, E6, E7]. Es
interesante señalar la semejanza de las puntas regulares Cowhouse slough
con variedades de las puntas Simpson [Fig E7, E8].

[Fig E1]: Cuttler fossil site: center: Dalton Point (with hafting prints)

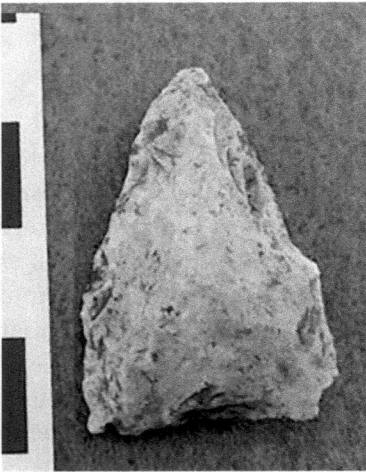

[Fig E2]: Colbert Dalton with hafting print (www.peachstatearcharchaeologicalsociety.com/2020)

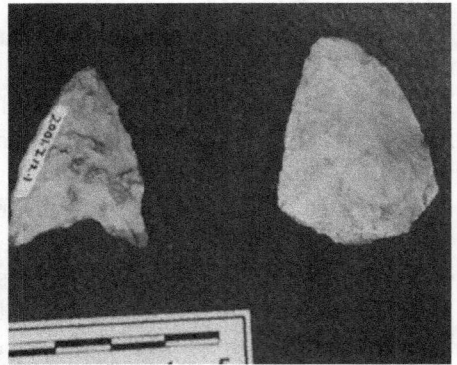

[Fig E3]: Cuttler fossil site: right piece: possible greenbriar dalton or cowhouse slough point like

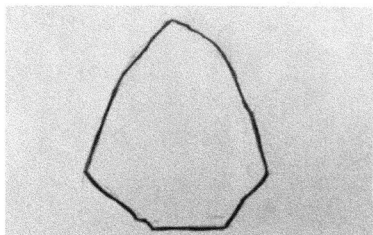
[Fig E4]: Punta de cuttler fossil site

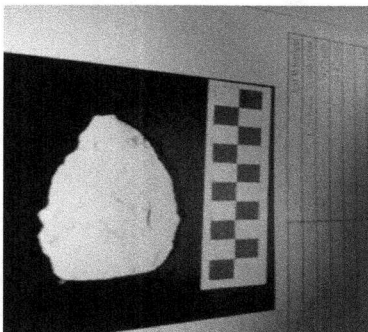
[Fig E5]: Cowhouse Slough Point, Chipola Area, Florida

185

[Fig E6]: Cowhouse Slough Point, Hillsbourg, Tampa, Florida

[Fig E7]: Cowhouse Slough Point, Florida

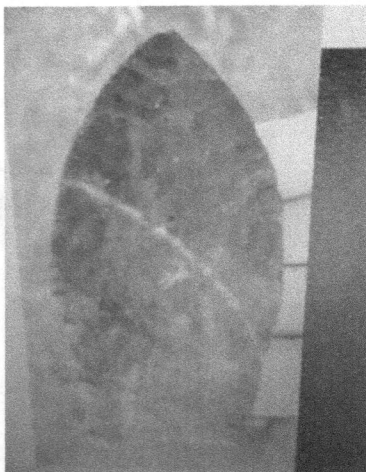

[Fig E8]: Simpson projectile point like Cowhouse Slough; Pasco County, Florida (Pendergast JR: piece 3 left to right; in Anderson, Son: River Relics (Lundsford, 2008-2021)

[Fig E9]: Punta Guani, Caibarien, Cuba

Fig.F: Comparison Florida's Dalton Points-Cuban Bifacial Points

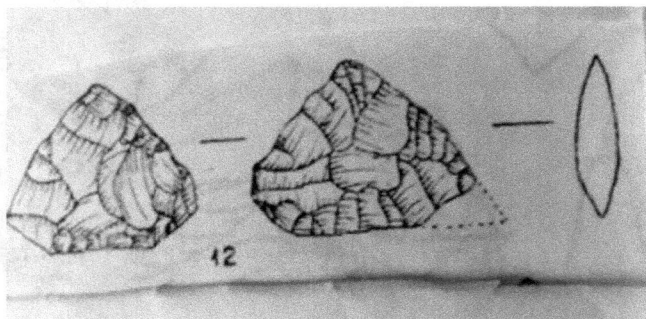

[Fig F1]: A.-Punta Yaguajay (Febles, 1988: Fig 17,12) Y B.-Punta Dalton Triangular, Sudeste USA

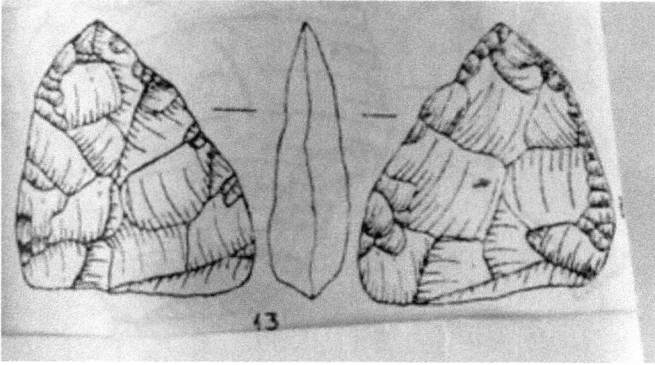

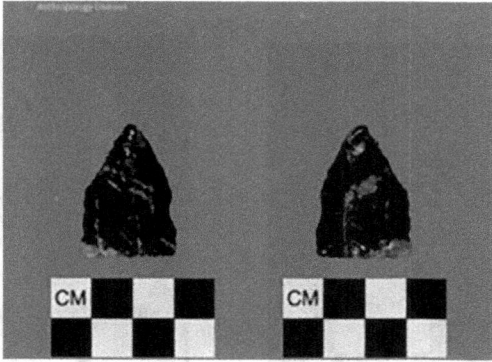

[Fig F2]: A. Punta Nibujon (Febles, 1988: Fig 17, 13); B Y C.
Punta Nuckolls, Alachua County, Florida

188

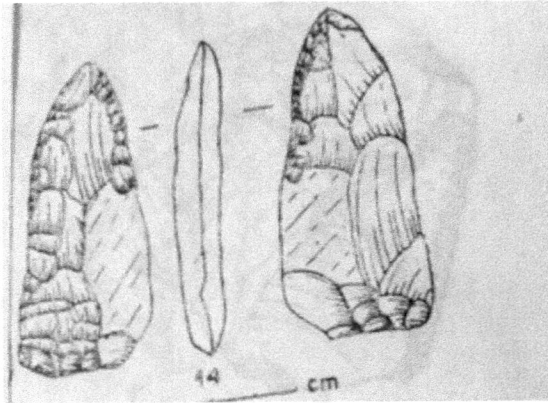

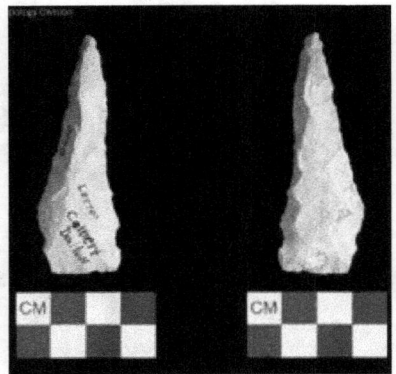

[Fig F3]: Punta Cuba [a] (Febles, 1988: Fig 17, 14); B.- Nuckolls dalton triangular point elongate, Manatee County, Florida; C.-Colbert Dalton Point Elongate, Alachua County, Florida; D] Colbert Dalton Point Elongate, Jackson County, Florida; E] Greenbriar Dalton Point Elongate Without Ears

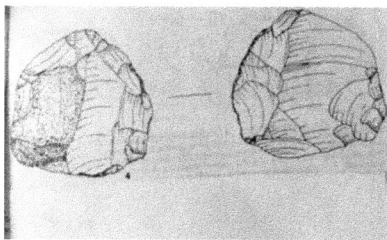

[Fig F4]: Raedera bifacial (Febles, 1988: Fig 11,4). Aparentemente obtenida mediante modificación de una punta "para Dalton" de Cuba

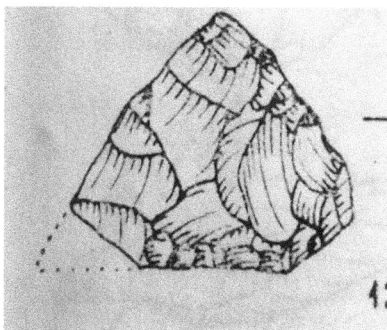

[Fig F5]: Punta Yaguajay ("Para Dalton")

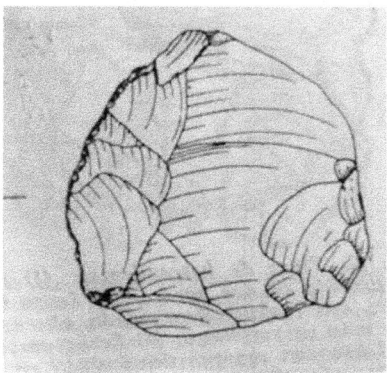

[Gig F6]: Raedera bifacial del protoarcaico. Ver semejanza con punta Yaguajay ("Para Dalton")

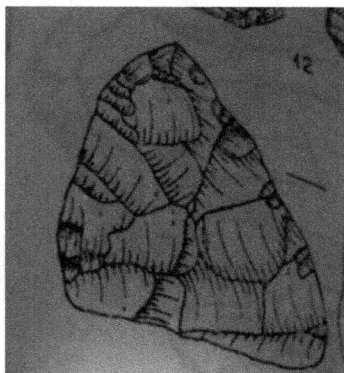

[Fig F7]. Punta Nibujón ("Para Dalton")

189

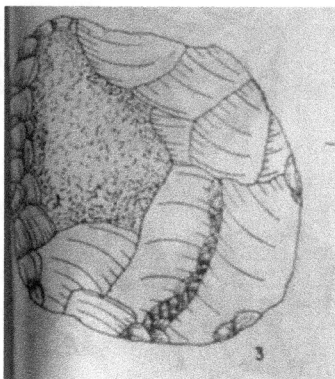

[Fig F8]: Raedera parcialmente bifacial. Ver semejanza con punta Nibujón ("Para Dalton")

Fig. G: Clovis Period Hand Axes Southeast USA - Cuba

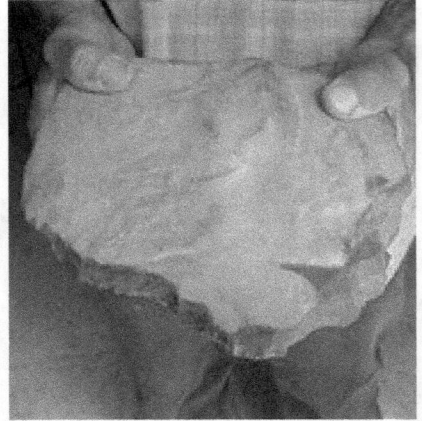

[Fig G1]: Hacha tajador Centro Ocidente, protoarcaico, Cuba (Sillin de buicicle-
ta); [b]: amorfo (Silva y Alvarez Paz, 2007)

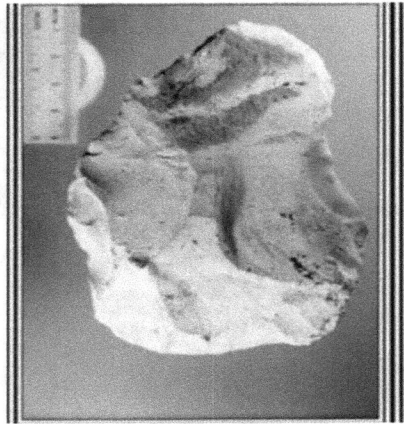

[Fig G2]: Hand-axe-like thick biface from Capps site,
patinated Ocala chert (Ensor, 2013: fig 23, Capps site,
Alabama, Clovis epoch

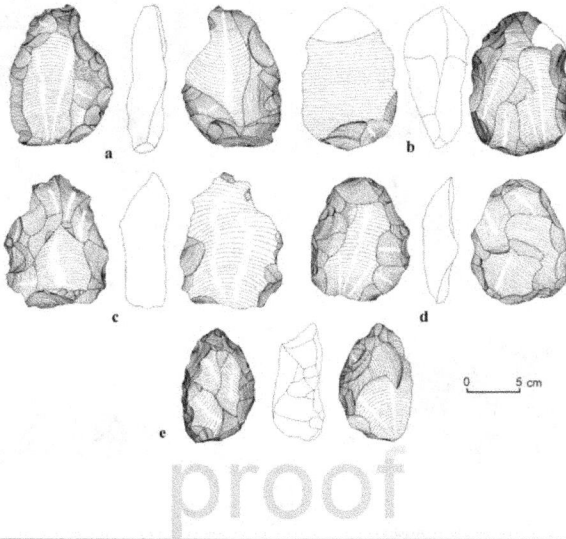

[Fig G3]: Capps site and Shelley site, Alabama, Clovis epoch (Ensor, 2018: fig 3.2)

191

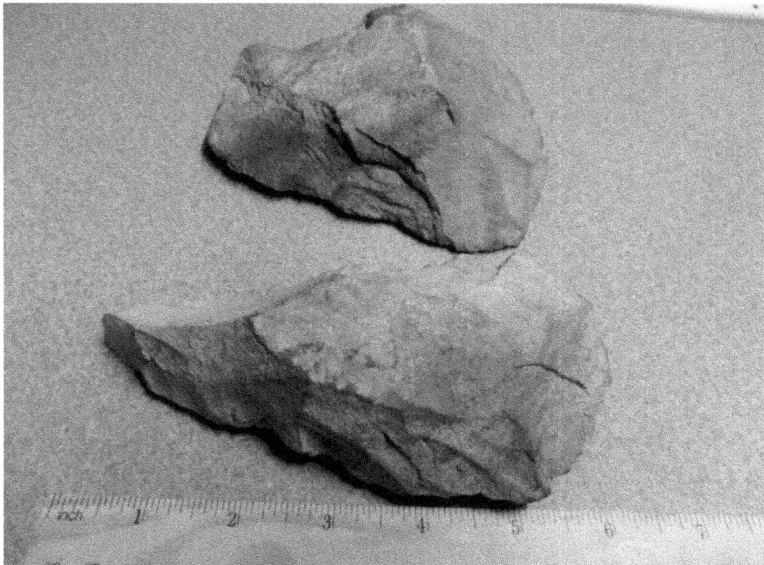

[Fig G4]: North Carolina (Guilford Axe and Guilford Adze) Blue Rhyolite /www.google.com/

[Fig G5]: Paleoindian hand axes, Southeas th

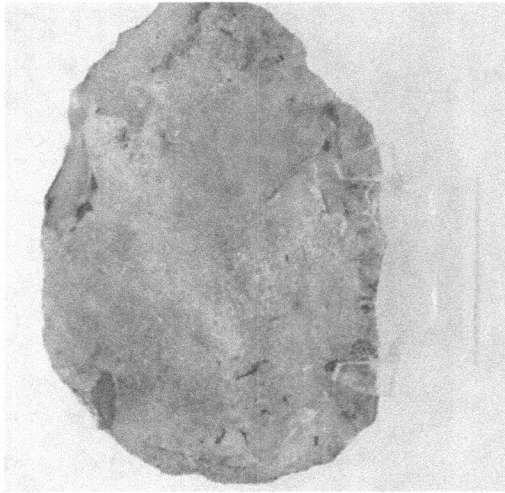

[Fig G6]: Florida Hand Axe

FIG. J: Dalton uniface and bifacial adzes: Hachuelas tipo melones y hachuela centro-occidente ("para dalton" adzes)

[Fig J1]: Uniface dalton adze

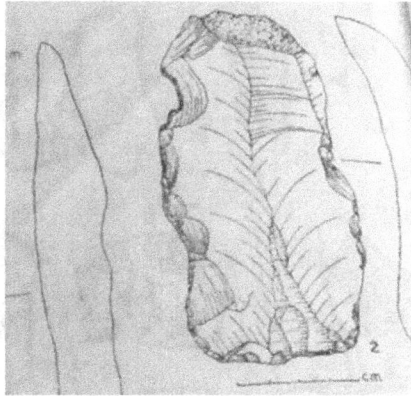

[Fig J2]: Hachuela unifacial melones, "para dalton adze (Febles, 1988: Fig. 4,2)

[Fig J3]: Bifacial dalton adze, Florida, Alabama y Georgia [https://picclick.com) Paleo Dalton Adze Georgia South Carolina Alabama Florida NC TN OH FL Arrowhead. A 3 ¾" coastal plain chert Paleo Dalton Adze found in Florida. Dalton adzes are approximately 11,500 year old and were most likely used as wood planes and light chopping tools. Note the flat side on the obverse of the adze

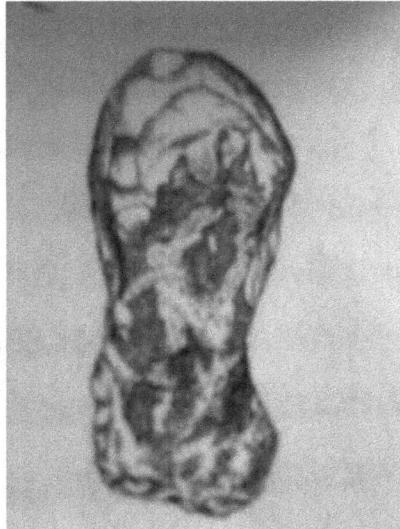

[Fig J4]: Hachuela bifacial del Centro occidente, protoarcaico. Dalton adze like, protoarcaico de la región centro occidental de Cuba (Izquierdo et al, 2015:145: Fig. 23, derecha abajo)

FIG. K: Muescas Oblicuas o Humpies

[Fig K1]: Concave scrappers, crescent or Humpies (Fanenga, et al, 2012: 42: fig. 52)

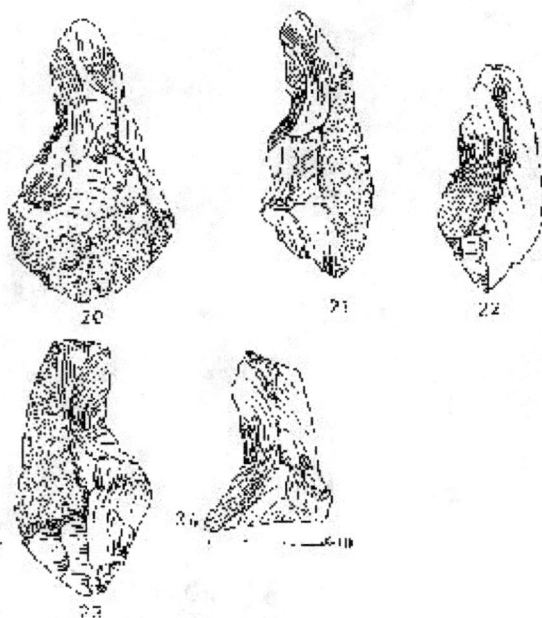

[Fig K2]: Muescas clactonienses o raspadores cóncavos: "Cuban Humpies"
(Silva y Alvarez de la Paz, 2007: Lámina 1)

BIBLIOGRAFÍA

ACANDA, V.O. (1986). *Introducción al estudio del chert como elemento cronodiagnóstico en Cuba.*Tesis para la especialidad de Arqueología, Dpto de Arqueología, Inst. Ciencias Históricas, Academia de Ciencias de Cuba, Julio de 1986, 23 pp.
----------------- (1988): *Introducción al estudio del chert como elemento cronodiagnóstico en Cuba* [Resumen]. Anuario de Arqueología 1988. Editorial Academia, La Habana, 1988: 62-69.

ACEITUNO Bocanegra, F. G. y Rojas Moras,S. (2012). "Del paleoindio al formativo: 10.000 años para la historia de la tecnología lítica en Colombia". En: Boletín de Antropología. Universidad de Antioquia, Medellín, Vol. 26 N.o 43 pp. 124-156.

Alonso, E.M. (2007). *Reflexiones sobre la historia naval prehispánica de Cuba.* Boletín Gabinete de Arqueología no 6, Año 6: 77-81.

ALONSO, E., Izquierdo, G., Glonzález, U. (2009). Nueva propuesta de periodización de las comunidades aborígenes de Cuba. En : *Catauro, Revista Cubana de Antropología.* Año 10, Núm 20,Ed. Federico Engels, La Habana:8-26.
----------------, G., González, U.,Hernández, G., Valcárcel, R. Pino, M.& Blanco E. (2015). *Las comunidades aborígenes en la Historia de Cuba.*La Habana, Fundación 'Fernanfo Ortiz', Ed. La Fuente Viva.

ALVAREZ de la Paz, O. & Silva, S. F. (2005). *El Protoarcaico. En: Alvarez de la Paz & Silva S. F: Los aborígnes de Cabaiguán. Sancti Spíritus* [Cuba}. Editorial Luminaria, 2005.

ANONYM (2008). *Cuba to Haiti sailing. Image Earth Travel.* www.imageearthtravel.com.
----------- (2013). *Downwind through the Winward Passage.www.mjsailing.com.*
---------- (n. d.). Marlberry. Florida Wild Flowers.www. flawildflowers.org.

ARROW and Indian Artifacts,1999. www.rekicshark.com.

Austin, R. (2006). *Knife and Hammer: An Excersise in Positive Deconstruction.* The 1.75 Project and Lithic Scatter Research in Florida. The Florida Anthropological Society No. 16.www.academia.edu.

Baena, G. (1992). Excavaciones arqueológicas en la cueva de Sierrezuela,Municipio de Caibarien, provincia de villa Clara. Instituto cubano de Antropologia, Citma.
-------------, Macdonal, M., Mendez, A. (1993). Informe tecnotipologico del material de piedra tallada de la etapa mesolítica del sitio arqueológico Sierrezuela II, Caibarien, Villa Clara, Cuba. Dpto de Arqueologia, Inst. Cubano de Antropologia, Citma, 1993.

Bailey, C. C. (2010). West Indian Cherry. TC Palm. www.tcpalm.com.

Bailly, J.W. (2018). Cuttler Fossil Site. FIU Lectures.www.wordpress.com, www.johnwbailly.com

Banzoni, R, y Oyuela Caicedo,A. (2014). *San Jacinto 1. Ecología, Historia y orígenes de la cerámica e inicios de la vida sedentaria en el Caribe colombiano.* Bogotá.Editorial Universidad del Norte.

Barans, P.J. (2016). Nobles Pond. A paleoindian site. Artifacts Info. www.noblespondpaleo.info

Barroso Peña, G. (2014). La cultura de Valdivia o el surgimiento de la cerámica en América. Historia Digital XIV, 23 & Fundación Arthis. Ecuador. pp. 6. 22. Retrieved: Jun 2020, from: dialnet, la cultura de Valdivia 0/.

Beck C. and Jones G.T. (2010). Clovis and Western stemmed: Population migration and the Meeting of Two Technologies in the Intermountain West. American Antiquity 75: 81–116.

Binford, L. (1980): Willow smoke and dog's tails: Hunter-ghatered settlement systems and archaeological site formation. *American Antiquity.* no.45. pp.4-20.

Binford, S. y L. Binford (1975): *Utensilios de piedra y conducta humana. Compilación sobre biología y cultura.* Edit.H. Bloome, Madrid. pp.174-184.

Birdsell, J. B.(1968). *Some Predictions for the Pleistocene Based on Equilibrium Systems among Recent Hunter Ghaterers.* In: Richard B. Lee &

Irven DeVore [eds]. Man the Huntert. Printed inUnited States of America, Libray of Congress, C D Number 67-17603; Chesnut: 229-240.

BORGES García, Y, Borges Sellé, C.R.(S/F). Una aproximación al conocimiento arqueológico en la Cuenca del Damují. Monografías, Centro de Tesis [Cuba]. www.monografías.com.

Borrero, L.A. (2006). *Paleoindians Without Mammoths and Archaeologists without Projectile Points.* In: Paleoindian Archaeology. An hemispheric Perpective: Morrow, J. E & Gnecco, C (eds). University Press of Florida: 9-20.

BROGLIO, A & Kozlowski, J. 1986. *Ii Paleolitico. Ambienti e Culture,* Jaca Book, Milano.

BOSTROM, P. A. (2014). Lowe & Sawmill Points. Northern Belize Late Archaic. Stone Age Artifacts of the World. June 30, 2014. www.lithiccastinglab.com.

BULLEN, R. E., Webb, D.S., & Waller, B. J. (1970). *A Worked Mammoth Bone From Florida.* American Antiquity 35: 203-205.

BUTTLER, D. S. and Lawres, N. R. (2014). *Modellng Belle Glades Lithic Use Behavior: A Case Study From Highlands County.* Florida Anthropologist Vol 67(2-3): 113-135. www.academia.edu.

CALLAGHAN, R.T. (2003). *Comments on the mainland origins of the pre ceramic cultures of the Greater Antilles. Latin American Antiquity,* 14(3), 2003, pp. 323-338.

CARBONE, V. A. (1983). *Late quaternary environment in Florida and the Southeast. The Florida Anthropologist.* Vol 36, nums 1-2. March-june: 3-17.

CARR, K.W., Bergmand, Ch. A.; Haag, C. M. (2010). *Some comments on blade Technology and Eastern Clovis Lithic Reduction Strategies.* Lithic TechnologyVol 35, No 2: 91-125. www.jstor.org.

CARR, R. S. (2012). Digging Miami. Gainesville, University Press of Florida. -----------, Armelagos,G. and Austin, R. S. (2015). Archaeological Excavations at the Cutler Fossil Site, 8DA2001, Miami-Dade County, Florida. ACH Project No. 2015.93, Archaeological and Historical Conservancy, Inc. for the Deering Estate Foundation.

----------, Harrington, Th.A., Noe, A. M.,White, J.W., (2019). Monroe County Cultural Resource Assessment II. Certified Local Governmnet Grant No. 19 hsm 200-040. AHC Project No. 2018.167 Technical report No. 1230, June 2018. Monroe County Florida. www.monroecounty-fl.gov.

CARRACEDO, D., Reyes, D., Calzada, A.; Chong, D., Rodríguez, A. (2019). Caracterización de las corrientes marinas en mares adyacentes a Cuba. Principales tendencias en los últimos años. *Revista Cubana de Meteorología.* Vol 25, num 3. Retrieved Jul 2020, from: www.opn.to/a/a/.

CAY Sal Bank (1983). Atoll researchBulletin no. 27. www.es.qaz.

CENSO de sitios arqueológicos de Cuba (2012) (Eds): Jiménez, J., J. M. Guarch del Monte, J. Yero, R. Villavicencio, R. Orduñez, S. T. Hernández Godoy, E. M. Alonso, J. Cardoza, P. P. Godo, J. Chirino, V. Gutierrez, L. Morales, A. Pérez Carratalá, E. Turó, R. Rodríguez, Y. Cordero, L. Torres, D. Morales, L. Jiménez, M. López, A. n, J. Calzada, I. Hernández, E. Blanco, R. Fernández, A. Córdova, and J. Ramírez: Censo de sitios arqueológicos de Cuba. Dpto Arqueologia, Instituto de Antropologia, Citma. La Habana, 2012.

CHINIQUE de Armas, & Rodríguez Suárez. R. (2012). "Cambios en las actividades subsistenciales de los aborígenes del sitio arqueológico Canímar Abajo, Matanzas, Cuba." Cuba Arqueológica 5:30–48.

CHINIQUE de Armas, Y., W. M. Buhay, R. Rodríguez Suárez, S. Bestel, S. D. Armstrong, D. Smith, and M. Roksandic. (2015). "Starch analysis and isotopic evidence of consumption of cultigens among fisher-gatherers in Cuba: The archaeological site of Canímar Abajo, Matanzas." *Journal of Archaeological Science* 58:121–132.
----------------------, Roksandic, M, Smith, D & Buhay, W. M. (2016). Isotopic evidence of variation subsistence strategies and food consumption patterns among Fisher- Gatherer Population of Western Cuba. pp 125-146.

Clark, D. (1968). Studies of Hunter Gatherers as an Aid to the Interpretation of prehistoric Societies. In: Richard B. Lee & Irven DeVore[eds]. Man the Huntert. Printed in United States of America, Libray of Congress, C D Number 67-17603; Chesnut House: 276-280.

CLAYTON, D. H. (1983: Unusual marks found on Giant land Tortois remains in Hillborough River.The Florida Anthropologist. Vol 36, Nums 1-2, march-june:101-104.

COCCHI, G. D. (1994). Manuale di Prehistoria. Vol I, Octavo, Ferenzi [Italia].

COLLIN, M. (1999). Clovis Blade Technology. Texas Archaeology and Etnohistory Series, The University of Texas Press, Auastin.

CONDIS, M; Jiménez,O; y Balseiro, F. (2008). Sitios arqueológicos y paleontológicos contentivos de mamíferos de Cuba(terciario y Cuaternario): 27 tablas. Revista Digital Cuba Arqueológica.www.cubarqueologica.org.

COOPER, J. (2007). Registro Nacional de Arqueología aborigen de Cuba; una difusión de métodos y prácticas. El Caribe Arqueológico. pp. 132-150.

CÓRDOVA, A. (s/f). La alimentación faunística en un asentamiento paleolítico del centro de Cuba. Cuba Arqueológica. www.cubaarqueologica.org.

CORMIER, M/H., Blake, R., Coleman, G. K. (2015). Exploration of the Winward Passage and Jamaica Channel. Tectonic Gateways to the Caribbean Sea. Oceanography, Washington D.C.: 137-142.

CRESPO, P. (2013). Los paleoindios en la Cuenca Caribeña: análisis de las ideas presentadas por Mario Sanoja, Iradia Vargas y Peter G. Roe en dos artículos referentes al tema. Editorial Akelarre, [Venezuela]. www.editorialakellare.blogspogt.com.

CRUXENT, J.M. y Rouse, I. 1956). A lithic industry of paleo-indian type in Venezuela.in: American Antiquity Vo I. 22. 2.
----------------------- (1961) Arqueología Cronológica de Venezuela. Unión Panamericana Washington D. C.
----------------------- (1978) Science Vol. 200 16 June, 1978. South America. ln: Early Man in the New World. Shutter R. Ir. Edit. Sape Publications, Baverly Hills, California.

DAGNAN-Ginter, A (1980): L'outillaje sur eclat dans le paleolithique superieur d Europe Centrale.Archaeologia Polona XIX. Polska Akademie Nauk, Instytut Histori Kultury Materialnej.pp.137-142.

DAVIS, E. L. Brott, W.,Weidel, D. I. (1969). The Western Lithic Co-Tradition. San Diego (Calif), Ed. San Diego Museum Papers.

DOMINGUEZ, L., Febles, J. & Rives, A. (1994). *Las comunidades aborígenes de Cuba. En Historia de Cuba.* La Capítulo I. Instituto de Historia de Cuba. Ed Pueblo y Educación-Ed. Política.

DUGGING, R.M. (2012). Florida's Paleoindian and Early Archaic: A GIS Aproach Modeling Submerged Landscapes and Sites Distribution on the Controled Shelf. The Florida State University, College of Arts and Science. Florida State University Libraries. Degree Awarded Summer 2012. www. fsu.digital.flve.org.

DUNBAR, J. S. & Wallert, B. J. (1983). A Distribution Analysis of the Clovis/ Suwannee Paleoindian Sites of Florida. The Florida Anthropologist 36: 18-30.

--------------, Webb, S. D., Faught, M., Anuskiewicks, R.J., Stright, M. J. (1989). Archaeological Sites in the Drowned Terciary kartz Region of the Eastern Gulf of Mexico. Underwarer Archaeology, Prooceding From the Society for Historical Archaeology Conference Arnold, J. B III (ed). Balktimore: 25-31.

ELLEN. R. (1994): Environment, subsistence and system. The ecology of small-scalle formations.Cambridge University Press.

EMBER,C. (1978): Myths about hunter-gatherers.Ethnology. Vol. XVII, no.4, oct, University of Pittsburgh (USA) pp.439-448.

ENSOR, B.H. (2013). Capps: A Levallois-like prepared core technology in the Southeastern United States. 65 Annual Metteing of the Southeastern Archaeologica Conference, Charlotte, North Carolina 2008: 18 pp.
------------- (2016). Capps a Levallois-like flaked stone technology in North America. Chapter 3,In: Goodyear,A. & Ch. Morrow (eds): Early human life on the Southern coastal: plain.Florida Museum of Nattural History, University Press of Florida.www.academia.edu.

EREN, M.L., Jennings, T, A., Smallwood,, A. M. (2013). Paleoindian uni-facial stone tools "spurs" incident accesoiries or incident accidents. Plos one, vol 8(11).

FAGAN, Brian (2005). Ancient North America.London, Thames & Hudson Ltd.

FANENGA, G.L; Garfinkel, A.P; Hopkins J.N; Rondeau, M/F.; Skinner, C.E.(2008). Ice Age Stone Tools from San Joaquin Valley. In: Hopkins, J.N.

& Garfinkel, A. P (Eds). The Tulare Lake Archaeological research group. www.academia.edu.

FARR, G. E.(2006). A Reevaluation of Bullen's Typology for Preceramic Projectile Points. Florida State University Libraries, Electronic Theses, Treatises and Dissertations.https://fsu.digital.flvc.org.

FAUGHT, M. K. (2006). Paleoindian Archaeology in Florida and Panama. In:Morrow, J. E & Gnecco, C (eds): Paleoindian Archaeology. A Hemisphere Perspective. University Press of Florida, Tampa.164-183.

---------------, Pevny C D (2019), Pre-Clovis to the early archaic: Human presence, expansion and settlement in Florida over four millennia. Paleo America 5: 1, 73-87. www.researchgate.net.

FEBLES, J. (1979). Informe científico técnico del tema 71-300 (Inédito). Archivo del Departamento de Arqueología, Academia de Ciencias de Cuba.
----------- (1980). Acerca de algunos aspectos relacionados con el ajuar lítico de Seboruco, Mayarí, Cuba. En: *Cuba Arqueológica* II. Ed.Oriente, Inst. Cubano del Libro: 197-216.
----------- (1981). Herramientas de piedra tallada del conjunto cultural Seboruco. Mayarí, Holguín, Cuba (Inédito). La Habana, Departamento de Arqueología, Academia de Ciencias de cuba.
----------- (1988): Manual para el estudio de la piedra tallada de los aborígenes de Cuba. La Habana, Ed. Academia [Terminado pero inédito en 1979).
----------, Rives, A. (1984). Escavaciones arqueológicas en Melones 10, Mayarí, Holguín. Carta Informativa 47, Epoca II.
----------, Rives, A. (1984). Descubrimiento de pictografías en Seboruco, Mayarí, Holguín. Carta Informativa 31, Epoca II.
---------, García, F. (1984). Descubrimiento del sitio arqueológico Levisa 8, Mayarí, Holguín. Carta Informativa 49, Epoca II.
---------, Rives, A. (1986). Los dibujos rupestres de los aborígenes más antiguos de Cuba. En: *Revista Ciencia*. Año 1, num 5, ene-jun. La Habana, Ed. Academia:11-13.
----------, Rives, A. (1988). El sitio arqueológico Melones 10. Tipología y funcionalidad en los ajuares líticos del protoarcaico de Cuba. Anuario de Arqueología 1988. La Habana, Centro de Arqueología y Etnología, Citma: 28-41.
--------- (1991). *Herramientas de piedra tallada del conjunto cultural Seboruco.* Febles, J. Y Rives, A. (eds): Arqueología de Cuba y otras áreas antillanas. La Habana, Ed. Academia: 380-412.

------------, Rives, A. (1991ª): *Las puntas de lanza y dardo del protoarcaico de Cuba. Funcionalidad y distribución espacial.* Febles, J. Y Rives, A (eds): Arqueología de Cuba y de otras áreas antillanas. Edit. Academia, La Habana. pp.174-184 (1983): III Jornada Cientfica del Instituto de Ciencias Histricas, Academia de Ciencias de Cuba.

------------, Rives, A. (1991b):"Cluster analysis":un experimento aplicado a la industria de la piedra tallada del protoarcaico de Cuba. Febles, J. y Rives, A(eds): Arqueología de Cuba y de otras áreas antillanas. Ed. Academia, La Habana. pp. 115-124 (1983): III Jornada Cientfica del Instututo de Ciencias Sociales de la Academia de Ciencias.

------------, Villavicencio, F. R. (1996). Descubrimiento de nuevas herramientas líticas en Villa Clara, Cuba. En: Carta Informativa s/n, Inst. De Antropologa, Citma.

FOX, R.(1979): Sistemas de parentesco y familia. Edit. Alianza, Madrid.

FLORIDA Anthropoligist (1983). Interview with Ben Waller. The Florida Anthropologist Vol 36, nums 1-2, march-june; 31-39.

FLORIDA Museum of History (2020): Nuckolls Dalton Points. www.floridamuseum.ufl.edu.Copyright, 2020.

FRÍAS, Etayo, E. (2013). Elementos de tradición protoarcaica en el occidente de Cuba. Ponencia al XXV Congreso Internacional de Arqueología del Caribe AIAC-IACA. San Juan Puerto Rico, 15-20 de julio 2013. www.academia.edu.

GARCIA, F. (1991). Hipotesis sobre el poblamiento temprano de Cuba a partir de un estudio paleoclimatico del Cuaternario.Estudios Arqueolgicos 1989. La Habana, Ed Academia: 1-19.

GNECCO, C & Aceituno, J. (2006). Early Humanized Landscapes in Northen South America. In: Morrow, J.E & Gnecco, C. (eds). Paleoindian Archaeology. A Hemisphere Perspective. University Press of Florida, Tampa. 86-104.

GERRELL, P. R., Scarry, J. F. and Dunbar, J.S. (1991). Analysis of early Archaic unifacial adzes from North Florida. The Florida Anthropologist 44 (1): 3-16.

GODO, P., Baena, G., Menéndez, A. Morffis, A. (1987). Sobre Punta Vizcaino. Carta Informativa. Epoca II, No 100. Departamento de Arqueología, Academia de Ciencias de Cuba.

---------------, Sampedro, R.(1989). Investigaciones traceológicas en los materiales líticos del sitio el Mango. Materiales de superficie. Estudios Arquelgicos, La Habana, Ed. Academia:81-100.

GOODYEAR, A. (1973). Archaic Hafted Spokeshaves with graver spear from the Southeast. Florida Anthropologist 26: 39-44.
--------------- (1974). The Brand Site. Arkansas Archaeological Survey Research Series No. &. Fayetteville Arkansas. University of Arkansas Museum.

GUARCH, J.M. (1981). Antiguas tradiciones socioeconómicas y técnico estilísticas. Etapa preagroalfarera. Tesis de Grado, Candidato a doctor en ciencias.. Departamento de Arqueología, Academia de Ciencias de Cuba. 431 pp.
------------- (1987). *Arqueología de Cuba. Métodos y sistemas, La Habana*, Ed Ciencias Sociales.
-------------, Febles, A. (1984). Excavaciones arqueológicas en el sitio Levisa 8, Mayarí, Holguín.Carta Informativa 50, Epoca II.
-------------, Vasquez, A. (1991). Ecuaciones para conocer la productividad de la gestión para la subsistencia en relación con la fauna. Febles, J. & Rives, A. (eds): Arqueología de Cuba y otras áreas antillanas. La Habana, Ed, Academia:42-78.

HALLIGAN, J. J.; Waters, M.R.; Perroti, A.; Owens, I. J.; Feinberg, J. M. ; Bourne, M. D.; Fenerly, B.; Winsborough, B.; Carlason, D.; [...] Dumbar,J. (2016). Pre-Clovis Occupation: 14,550 Years Ago at the Page Ladson Site, *Florida and the Peopling of the Americas. Science Advances* Vol 2, Issue 5; 13 May 2016 [www. science.org].

HARRINGTON, M. R. (1921). *Cuba Before Columbus. Indian Notes & Monographs*. Museum of the American Indian. Haye Foundation.

HIRST, K. (2020). Crescent – Moon Shaped Prehistoric Stone Tools. Social Science, jan 20, 2020. www.thought.com.

ISSAC, G. L. (1968). Traces of Pleistocene Hunters An East African Example. In: Richard B. Lee & Irven DeVore[eds]. Man the Huntert. Printed inUnited States of America, Libray of Congress, C D Number 67-17603; Chesnut House: 253-261.

ITURRALDE-Vinent, M. (2002), La paleogeografía del Caribe y sus implicaciones para la biogeografía histó rica, Museo Nacional de Historia Natural, CD, La Habana.

------------------------ (2004), Las corrientes marinas del Caribe y sus implicaciones biogeográficas, CD, La Habana.

IZQUIERDO, G., Ortega, F. y Sampedro, R. (2015). *Arqueología de Cuba. La comunidad pretribal temprana*. Buenos Aires, Editorial Aspha.

JAIMES, A. [2010]. Date Base On Late Plsistocene-Early Holocene archaeological site from Venezuela. A Critica lreview. CAUXI Consultores Arqueológicos. www.academia.edu.

JIMÉNEZ, O. (2014). Sobre la inexistencia de la Foca Monje caribeña (neomonachus tripicalis) en sitios precolombinos de Cuba. *Revista Cuba Arqueológica* Año VII, no 2: 71-74.

JENKS, A. E. & Simpson, S. S. (1941). Beveled Bone Artifacts in Florida of the same type as Artifacts found near Clovis, New Mexico. American Antiquity 6:314-319.

JEW, N. P.;Ainis, A.F.;Endzweig, P.E.; Craig, S.;Sullivan, K.j. (2015). Chipped Stone Crescent from America's Far West: Descriptive and geochemical Analyses from the Northern Great Basin.North American Archaeologist 0(0) 1–22. www.deschutesmeridian.com.

JOHNS,W. E.(2008). Dynamics of boundary currents and marginal seas: Winward passage experiment. University of Miami. www. apps.dtic.mil

KABO,V. (1980): La naturaleza y la sociedad primitiva. Ciencias sociales no.2 (40), Academia de Ciencias de la URSS, Moscú no. 44. pp. 209-223.

KAY, M. (1996). Microwear analysis of dome Clovis and experimental chipped stone tools: 315-344; in: Odell, G/H(ed.). Stone tools. Theorethical insights into human prehistory Interdisciplinary Contributions to Archaeology. Book series, Switzerland.

KELLY, R. L. (2013). The lifeways of hunter-gatherers. The foraging spectrum. Cambridge University Press.

KERLLY, Th. (1993). Preceramic proyectile- Point Tipology in Belize. Ancient Mesoamerica, 4(1993), 205-227. Cambridge University Press. www.jstor.org.

KING, M. M. (2018). Not your average flake. A morpholoigical and functional analysis of expedient flake tool industry from the Mussel Beach site (40m170). *Journal of Lithic Technology.* Vol 43, Issue 1: 2-17.

KOSKI Karrel, D. (2006). Antillean Lithic Settlement In Haiti. University of Florida Digital Collections; 470-476,www. ufdc.ufl.edu.

KOZLOV,V. (1973): El concepto de etnos o comunidad étnica. *Revista Islas,* Universidad de Las Villas, no. 46, set-dic. pp. 119-138.

KOSLOWSKI, J. (1974): Preceramic cultures in the Caribbean. Prace Archeologiczne.20/1.

KOSLOWSKI, J. (1975): Las industrias de la piedra tallada de Cuba en el contexto del Caribe. Serie Arqueológica no 5. Academia de Ciencias de Cuba, La Habana.

Koslowski, J. y Ginter, B. (1975): *Técnica de talla y tipología de los instrumentos líticos.* Edit. Pueblo y Educación.La Habana.

LEE, G. K. y Sano, K. (2019). *Were tanged points mechanically delivered armatures ? Functional and morphometric analysis tanged points from upper Paleolithic site at Jingeuneul,* Korea. Archaeological and Anthropological Sciences. Vol 11, Issues 6: 2453-2465

LERMA, I. M. (2014). Evolución tecnológica y funcional de las puntas de proyectil solutrenses. Congreso Internacional: el Solutrense.www.cazado-res-recolectores.blogspot.com

LEVI-Strauss, C. (1970): *Antropología estructural.* Edit.Ciencias sociales, La Habana.

LIM, S. J., Davis, B. G., Walton, J. Nachman, E. Summers Engels, A. Anderson, L.C. Campbel, B.L. (2018). Taxonomic and functional heterogeneity of the gill microbiome in a symbiotic coastal mangrove lucinid species. www.nature.com.

LUNSFORD, W (2008-2021). Cowhouse slough. Projectile points.www.projectilepoints.net/Points/Cowhouse_Slough.html.

MacPHEE, R. D. E; Iturralde-Vinet, M.A. Jiménez Vázquez, O. (2007). Prehistoric Sloth extintions in Cuba. Implications of a new "Last Appearance

205

date.Caribbean journal of Science. College of Arts ans science, university of Puerto rico 43 (1): 94-98

MACKING, W.(2016). The seabirds of the cay Sal Bank, A Wild and Unconquered Atoll in the Bahamas. Birds Caribbean, Jan 4, 2016. www. birdscaribbean.org.

MACQUARDT, B.(n.d.). Caribbean monk seal (Object 36). Florida Museum, Extinct species mammals.www.floridamuseum.ufl.edu.

MAEKGELBART Word Press (2011). Seals and Walruses off Southeastern North America's Pleistocene Coast. Georgia Before People www.markgelbart.wordpress.com.

MAEKGELBART Word Press (2016). Pleistocene manatees (Trichechus manatus). Georgia Before People. www.markgelbart.wordpress.com.

MARTÍNEZ, R.D. (2000). Historiografía de las experimentaciones con puntas de proyectil prehistóricas. SALDVIE. Prehistoria y Arqlg No. 1:37-58.www. researchgate.net.
-------------------- (2012). Usos de los geométricos del Valle del Ebro [España] *Revista del Museu de Gava* 5: 137-143.

MARTÍNEZ Gabino, A. G. (1986), Prospección arqueológica inicial de la costa nororiental de La Habana. Consideraciones generales. Reporte de Investigación 5:36 pp., Instituto de Ciencias Sociales, ACC, La Habana.
----------------------------- (1990), Presencia aborigen en cuevas de la costa norte del este de La Habana. Anuario de Arqueología, Editorial Academia, La Habana, 133-145.
----------------------------- (s/f). Arqueología de la costa norte del este de La Habana. Informe, Dpto. de Arqueología, Instituto de Ciencias Históricas, ACC, La Habana, 235 pp, (Archivo personal de la autora).

Martínez, A.., Vento, E. y Roque, C. (1993): *Historia Aborigen de Matanzas*. Matanzas, Ediciones Matanzas, Centro de Promoción Literaria.

MARX, C. (1965): El Capital.Tomo I. Ed. Venceremos, La Habana.

MEISSNER, N.J. (2014). Resultados del análisis cross-over inmunoelectroforesis de la región de los lagos del Petén. Implicaciones para el arcco y la flecha.

En; Pugh.T. Sánchez, C.H. Proyecto Tayasal. Instituto de Antropología e Historia de Guatemala. Flores, Petén, Guatemala: 93-95.

MILANICH, T.J. (1978). Indians North-central Florida. The Florida Anthropologist, vol. 31, no. 4, December 1978:131-133. www. palmm. digital.flvc.org.
-------------------- (1994). Archaeology of Predomumbian Florida. Gainesville, University Press of Florida.
-------------------- (1998). Florida's indian from ancient timas to the presente. Research News'Sept 27. www.floridamuseum.ufl.edu.

MITRANI-Arenal, I. (2020). Potencial energetico de las Corrientes marinas en aguas cubanas. *Revista Cubana de Meteorologia*. La Habana. Vol 26, num 3. http://rcm.insmet.cu.

MOJENA, E, Leiva, J. Rodríguez, G., Ortega, A y Bastida, H. (2009). Empleo de las imágenes NOAA – AVHRR en la determinación de las corrientes marinas próximas a Cuba. Y en la valoración del impacto en las condiciones meteorológicas sobre estas. *Revista Cubana de Meteorología*.Vol 15, no 1, pp. 37-44.

MOORE, C. (1991). Cabaret: Lithic Workshop Sites in Haiti. Proceedings of the Thirteenth Congress of the International Association for Caribbean Archaeology, Haviser, J. and E. N. Ayubi (eds.). Reports of the Archaeological-Anthropological Institute of the Netherlands Antilles, No. 9, pp. 92-104. www.ufdcimages.uflib.ufl.edu.

MORALES, S. L. (1997). Análisis de artefactos líticos procedentes de la región central de Cuba. Oficina de Medioambiente(Citma), Villa Clara.

MOREIRA de Lima, L. J. (1999). *La comunidad primitiva de Cuba.* La Habana, Ed felix Varela.

MORROW, J. E. & Morrow, T. A. (1999). Geograoiphic Variation in Fluted y Points: A Hemispheric Perspective. *American Antiquity.* Vol 64, No 2: 215-230. www.jstor.org.

MURDOCK, G. P. (1968). The current status of the World's hunter and gatherer peoples. In: Lee, R. B y Devore, I. (eds) Man the Hunter. New York, Aldine the Gruyter, 12 th printing, 1999.

Murgatergui, G. de M. (1863). *Derrotero de las islas Antillas y de las costas orientales de América desde el rio de las Amazonas hasta el Cabo Hatteras.* Mardrid, Dirección de Hidrografía, 1863-1La Habana, Ed. Ciencias Sociales/ Lima, Perú865.www.oldfloridabooshop.com.

Nami, H. G. (2016). Paleo American Finds from Venezuela: Evidence to Discuss the Spread of Fell Points and the Peopling of Northern South America. Cadernos do CEOM, 29 (45): 212-219.www.academia.edu.

Núñez Jiménez, A. (1975). Cuba: *Dibujos rupestres.* La Habana, Ed. C. Sociales/Lima, Industrial Gáfica S.A.

Notched oblique srapper (2020).www.vtarchaeology.org.

Ortega. E. (1986): Los Preocupaciones Preagrícolas y Agrícolas en Las Antillas, Academia de Ciencias de la República Dominicana, Anuario, 10:171-201.
-------------- , J.G. Guerrero (1981). El complejo lítico de la cordillera. Las grandes puntas especializadas y su relación con los modos de vida pre-agro-alfareros en la prehistoria de Santo Domingo.www.Ufdcimages.wflib.ufl.edu.

Ortega, F. (1983). Una hipótesis sobre el clima de Cuba en la glaciación Wisconsin. *Ciencias de la Tierra y el Espacio.*7: 57-68.
------------ (1984). Las hipóyesis paleoclimáticas y la edad de los suelos de Cuba.Ciencias Agrícolas 21:45-59.
------------- , Arcia, M.I. (1982). Determinación de las lluvias de Cuba durante la glaciación de Wisconsin, mediante relictos edáficos. Ciencias de la Tierra y el Espacio. 4:85-104.
-------------, Shuravliova, I. (1983). Cítica a la hipótesis de "los dos pleistocenos", a la luz de la información edafológica. *Ciencias de la Tierra y el Espacio.* 6: 63-85.
-------------, Izquierdo, G., Jaimez, E., López, A. (2019). *El medio geográfico de la Cuba prehistórica:* 31-59. En: Pérez Cruz, F. J. (ed): Los indoamericanos en Cuba. Estudios abiertos al presente. Instituto Cubano del Libro, Ed. Ciencias Sociales.

Other Shaped Lithics of Florida(2020). Projectile Point Identification Guide. www.projectilepoints.net/Search/Florida_Bifurcated_Other.html.

Pajon, J.(2006). Paleoclima en el área de montaña de Cuba occidental y su posible comparación con la Cordillera de Merida. Venezuela. IV Simposio

Internacional de desarrollo sustentable. Cambios Climaticos. Recursos Hidricos Geo-riesgos y desastres naturales. La Habana: 3,1-3,21.

----------------; Hernández, I.; Godo, P. P.; Rodríguez Suárez, R.; Arredondo, C.; Valdés Bernal, S.; Estévez, Y.(2007) «Reconstrucción paleoclimática y paleoambiental de sectores claves de Cuba y el Caribe: contribución a los estudios de poblamiento y asentamientos de sitios arqueológicos en Cuba», Memorias del Segundo Seminario Internacional de Arqueología. La Habana, Gabinete de Arqueología de la Oficina del Historiador de la Ciudad de La Habana, R. Arrazcaeta (ed.), 2007. Palacios y Vega, Santiago F. Panchito Frexes. La Habana.

PALEO Dalton Adzes (Retrieved 2020).www.picclick.com/ Paleo-Dalton-Adze-Georgia-South-Carolina-Alabama.

PANTEL, A. G. (1988). Precolumbian Flaked Stone Assemblages in the West Indies, University of Tennessee, Knoxville. Phd diss. http:// trace. tennesee. edu\.

PEACH State Archaeological Society (2020). The Middle Paleoindian Period. www.peachstatearchaologicalsociety.org.

-------------------- (2021). Dalton Points of the Southeast. www.peacharchaeologicalsociety.org.

PÉREZ Carratalá, A. e Izquierdo, G. (2010). Cuba intercambios socioculturales en el período aborigen en el Caribe. *Cuba Arqueológica* Año III,Num 2: 6-15.

PÉREZ Porto, J. y Gardey, A. (2015): Definición De. Plausible.www.definicion.de/plausible.

PERROT-Minnot, S. (2014). The Clovis and Fishtail tradition in Central America. Anales de la Academia de Geografia e Historia de Guatemala. LXXXVII (2012):181-212, Guatemala 2014. www.academia.edu.
--------------------- (2015). *Le peuplement initial des Antilles. Societé d'Histoire de la Guadalupe* No 170.January-April 2015. www.academia.edu.

PEVNY, C. D., Thulman, D.K., Faught, M. K. (2015). Ancestor-Descendant Relationships in the Early Holocene Evidence for Clovis Paleoindian–Bolen Early Archaic Cultural Continuity.www.mfaught.org.

PINO, M/(1991). *Estudio del sitio arqueológico Seboruco I, Mayarí, provincia Holguín, Cuba*. En: [eds] Febles, J y Rives A: Arqueología de Cuba y otras áreas antillanas. La Habana, Ed. Academia: 413-462.

PISANI, M. (2015). Smooth sailing in the Winward passage/Caribbean compass. May 2015. www.caribeancompass.com.

PROJECTILE Points of Florida (2008). Spokeshaves.Peach State Archaeological Society. www.peachstatearchaeological society.org.

POSE, J. y Rives. A. (2017). *Zooarqueología de Cuba* [Miami, Fla.], Unos y Otros Ediciones.

PRUFER, K. M; Alsgaard, A.V; Robinson, M.; Mereddith, C. R. Culleton, B. J.; Denehy,T.;Magee,Sh.; HUckell, B.B.; Stemp.W.J.; Capriles, J.M.; Kennett, D. J. (2109). Linking Paleoindian Stone Tool Technologies and Populations in North, Central and South America [Michael D. Petraglia, Editor]/ Plus One 14 (47), Jul 19. www.ncbi.nlm.nih.gov.

PURDY, B. (1975). The Senator Eduards Chipped Stone Workshop Site (mr-122). Marion County, Florida: A Preliminary Report of Investigations. Florida Anthropologist 28: 178-189.

--------------- (1981). Florida's Stone Tool Technology. Gainesville,University Press of Florida.

--------------- (2008). Florida's People during the Last Ice Age. Gainesville, University Press of Florida.

RAGGI, C. M. (1971). Rutas de poblamiento de las Antillas en el paleoindio. 4th Congress, Santa Lucía: 130-139.

RAMOS, E. y Pérez Iglesias, L. (2014), Zooarchaeological evidence on the utilization of aquatic mammals in Northern South America and Caribbean: A contribution to long-term biological conservation. En: Neotropical and Caribbean Aquatic Mammals. Perspectives from an Archaeology and Conservation Biology. S Muñoz, C Götz and E. Ramos Editors. Nova Publisher. New York.

RANERE, A. (2006). The Clovis Colonization of Central America. In:Morrow, J.E & Gnecco, C(eds): Paleoindian Archaeology. A Hemisphere Perspective. University Press of Florida, Tampa.69-85.

REYNOLDS, R.G.; Puente-Rolón, A. R.; Castle, A. R.; Van de Shoot, M.; Geneva, A.J. (2018). Herpetofauna at Cay Sal Bank, Bahamas and Phylogemnetic relationships of Anolis fauchudi, Anolis sagrei and Tropidophisairtus from the region. Breviora 560 (1): 1-19, May 9, 2018.

RINK,W.J. Dunbar, J. S., Burdette, K.E. (2012). The Wakulla Spring Lodge site (8wa39): 2008 excavations and New OSL Sating evidence. The Florida Angthropologist Vol 65, numbers 1-2, March-June: 5-24.
--------------------; Doran, G.H.; Frederick, Ch.; & Gregory, B. (2012). Geoarchaeological Investigation and OSL Dating Evidence in an Archaic and Paleoindian Context at the Helen Blazes Site (8Br27), Brevard County, Florida. The Florida Anthropologist. Vol 65 (1=2): 85-105.

RIVES, A. y J. Febles (1988): *Aproximación a una metódica interpretativa de los ajuares de sílex de las comunidades aborígenes de Cuba. Anuario de Arqueología1988.* Ed. Academia, La Habana.pp.14-27.
-------------, A. García (1996): Aplicación de modelos de seriación y "Cluster analysys" a las investigaciones arqueológicas en el occidente de Cuba.Geoinfo 96: II International Workshop Informatics and geociences. La Habana, Cuba: noviembre 21-24 de 1996.
------------, Febles, J;Martínez, A. R.;Durán, M.;Martínez, A y Domínguez, L.(1991): Los sitios arqueológicos de Cuba hasta 1990. Aplicación de la computación electrónica: Resultados. Centro de Antropología/Centro de diseños automatizados, Academia de Ciencias de Cuba.

RIVERO de la Calle, M. (1981), Pendientes aborígenes cubanos. *Revista de la Biblioteca Nacional José Martí* 23 (1): 9-59.

Roberts, W. (1977): An analysis of East Tennessee Dalton Projectile Point. Knoxville, University of Tennessee, Thesis for the Master of Arts Degree. December, 1977. https://citeseerx.ist.psu.edu.

ROBINSON, F. W.; Crock, J. G.; Petersen, J.B. (2004). Notched Oblique Scrappers in Vermont Paleoindian Lithic Assemblges. Journal of Vermont Archaeology. Vol 5:1-13. www.academia.edu.

Rodríguez, T. (n. d.). Indigenous people of Florida, Prehistoric Floridawww. prehistoricflorida.org.

Rodríguez Matamoros, M. E. & Putonet Toledo, L. D. (2008). La Ceiba, estación protoarcaica más meridional en la provincia de Cienfüegos. *Revista Cuba Arqueológica*, Año I, No. 1: 54-55.
-------------------------- (2009). Localizado otro gran residuario protoarcaico en Rodas (Cienfuegos, Cuba). *Revista Digital de Arqueología de Cuba y El Caribe*. Año 2,2 .

Rodríguez Ramos, R. y Pagán Jiménez, J. (2006). Interacciones multivectoriales en el Circum Caribe precolonial. Caribbean Studies Vol 34, No 2 (July-Dece:103-143.

Roksandic, I (2016):The role of Nicaraguan rise in the early peopling of the Great Antilles.In: Cuban Archaeology in the CaribbeaN (ed): I. Roksandic, University Florida Press, Gainesville.

Ruhl, D. (2021). Nuckolls Dalton. Archaeology & Bioarchaeology, Florida Museum. www.floridamuseum.ufl.edu/flarch/collections/bullen/point-types/ nuckolls-dalton.
---------- (2021). Colbert Dalton, Archaeology & Bioarchaeology, Florida Museum. www.floridamuseum.ufl.edu/flarch/collections/bullen/point-types/ colbert-dalton.

Sain, D.A. (2012). Clovis blade technology at the Topper site (38AL23) Sain: assessing in the attribute variation and regional pathern of technological organization. Occasional Papers.Soutghern Paleoamerican Survey, South Carolina Institute of Archaeology andAnthropology, Unuiversity of Carolina. www.academia.edu.
----------- (2017). A model for paleoamerican coastal gone preference for the Atlantic slope of Eastern North Amarica since the lasta global minimum.The Journal of Island and Coastal Archaeology, 12: 490-514. www.academia.edu.
-----------, Goodyear, A. C. (2012). A Comparison of Clovis Blade Technologies at the Topper and Big Pine Tree Sites, Allendale County, South Carolina. In: Contemporary Lithic Analysis in the Southeast, Problem, Solutions, and Interpretations, Carr. P. J.; Bradbury, P. and Price, S. E. (eds). University of Alkabama Press, Tuscalosa: 42-54.
-----------, Goodyear, A. C. (2016). Clovis Blade Technology and Tool Use Along The South Atlantic Coastal Plain and Piedmont of the Lower Southeast. Tennessee Archaeology 8 (1-2), Summer 2016: 114-130. www.academia.edu.

SAMPEDRO, R. y P. P. Godo.(1989). *Funciones de las herramientas de piedra tallada del sitio arqueológico La Escondida de Bucuey*. En: Estudios Arqueologicos. La Habana, Ed, Academia;109-129.
------------, G. Izquierdo y R. Villavicencio (2001) "Tecnología y tipología en la tradición paleolítica de Villa Clara. Una primera interpretación. El Caribe arqueológico. 5:52-61.

SAMPSON, M. (n. d.). Humpies. An unusual flaked stone tool from the Tulare Basin.Tulare Lake Archaeological Research Group, San Diego, Calif. www.scahome.org.

SANDERS, A. (2002). Additions to the Pleistocene Mammal Faunas of South Carolina, North Carolina, and Georgia. American Philosophical Society.

SANOJA, M. (2013). El alba de la sociedad venezolana. Caracas, Archivo General de la Nación, Centro Nacional de Historia.

SCHRODER, L.E. (2002). The anthropology of Florida Points and Blades. American System of the Southwest inc. West Columbus. Sc.

SERBOUSEK, D. (1983). Exploration of paleoindian site on the Aucilla River. The Florida Anthroplogist Vol 36, Numbers 1-2, March-June 1983: 88-97.

SILVA, S. F & Alvarez de la Paz, (2007). Sitio arqueológico La Aurora. B. I Power Blogger: Ajuares Prehispánicos. Martes 6 de Nov 2007.

SIMPSON, H. C. (1948). Folson Like Points From Florida. Florida Anthropologist 1:11-15. Documents Wgodmd. April 23, 2008. www.cliver.org.

SISK, L. y Shea, J. (2009). Experimental use and quantitative performance analysis of triangular flakes (Levallois points) used as arrowheads. Journal of Archaeological Science 36: 2039-2047. www.doj.org.
------------------ (2011). The African origin of complex projectile technology: an analysis using tip-cross sectional area perimeter. International Journal of Evolutionary Biology. Vol 2011. www.dx.doi.org.

SMALLWOOD, A. (2010). Clovis Before technology at the Topper site, South Carolina: evidence for variations and technological flexibility. Journal of Archaeological Science Vol 37, Issue 10, oct 2010: 2413-2425.

SMITH, L. (2011). Quick-Look Field Report from our Chief Scientific.Khaled Bin Living Ocean Foundation.www.livingoceansfoundation.org.

SUGA, E.; Kilchinose, N.; Tsukada, K.; Kadowaki, S. ; Massadeh, S.; O'Hernry, D.(2022). Investigating changes in lithic row material use from the middle paleolithic to the upper paleolithic in Jebel Qalkha, southern Jordan. Archaeological Research in Asia Vol 29, March. www.sciencedirect.com.

SORIANO, S. & Villa, P. (2017). Early Levallois and the begining of the middle paleolithic in Central Italy. Plos One: Oct 17.http://doi.org.

STUCHLIK, A. (2018). ¿Qué es la zona litotal?, Feb 1, 2018. www.cusiritrari.com.

TABÍO, E. (1979). Artefactos de piedra tallada muy tempranos descubiertos en los conjuntos culturales de Seboruco y El Purio, Mayarí, Holguín, Cuba. Ponencia Cuarta Jornada Nacional de Arqueología, Trinidad,Cuba.

---------------- (1991). *Sobre el poblamiento temprano de las Antillas y la aplicación de las oscilaciones eustáticas a la arqueologãa de los sitios costeros.* En: Febles, J. y Rives. A (eds):Arqueología de Cuba y otras áreas antillanas. La Habana, Ed. Academia: 9-20.

-------------- (1991b). *Proyecto para una periodización cultural de la Prehistoria de Cuba.* En: Febles, J. y Rives. A (eds): Arqueología de Cuba y otras áreas antillanas. La Habana, Ed. Academia:1-8.
--------------, Guarch, J.M., Payares, R. (1964-1978). "Informes sobre excavaciones y exploraciones arqueológicas en Seboruco' [Inedito]. Archivo Departamento de Arqueologia, academia de ciencias de Cuba.

TABIO, E., Guarch, J. M., Dominguez, L.(1978). *Antiguedad del hombre temprano en Cuba.* En: Cuba Arqueológica I. Santiago de Cuba, Ed Oriente; 233-242.

THULMAN, D. (2007). A typology of fluted points from Florida. The Florida Anthropologist. Vol 60 (4): 63-75.www.academia.edu.

TRZECIAKOWSKI, J. J & Febles, J. (1981). Informe preliminar sobre nuevos descubrimientos en Seboruco y El Purio, Mayarí, Holguín. Archaeología Polona, Inst Hist y Cultura Material Academia de Ciencias de Polonia. XX:227-254.

Tyler, W.D. (2008). The Paleoindian Chipola. A Site Distribution, Analysis and Review of Collectors Contribution in the Apalachicola River Valley, Northwest[A Thesis For tha Master Decree of Master in Arts]. Florida. Department of Anthropology College of Arts and Sciences University of South Florida.

University of Alabama (2004). Ocala Chert Petrology. South Alabama University. www.geoarchaeology.southalabama.eu.

Vaison de Pradenne, A. (1943). La Prehistoria. Edit. Tucumán, Buenos Aires. 238 pp.

Valcárcel, R. y Peña, A. (2013). Las sociedades indígenas en Cuba. En: Abreu Cardet, J. y otros: Historia de Cuba. Santo Domingo D.N., Archivo General de la Nación: 23-73.

Valcárcel, R., Ulloa, J., & Feria, O. (2019.]: *Levisa 1: Studying the Indigenous People of Cuba in Multicomponent Archaeological Sites.* In: Early Settlers of the Insular Caribbean. Dearchaizing the Archaic [eds]: Hofman, C.L & Antczak, A,T. Published By Sidestone Press, Leiden: 177-189.

Valdés, J. J., Fagundo, J.R., y Pajón, J. M. (1981). Aplicación de métodos numéricosal estudio hidroquímico de la cuenca del Río Cuyaguateje. Rev. Ingeniería Hidráulica,Vol II, No. 3, Ispjae, Ciudad de La Habana, pp. 275-286.

----------, de la Cruz, A. V. (1982). Caracterización geomatemática de las aguas de la cuenca del río Cuyaguateje. Coloquio Internacional sobre Hidrología Cársica del Caribe.

Veloz, M. (1976). Medio ambiente y adaptación humana en la prehistoria de Santo Domingo. T. I. Colección Historia y Sociedad no 24, Ed. Universidad Autónoma de Santo Domingo(UASD).

--------, Martin, C. (1983). Las ténicas unifaciales de los yacimientos el Jobo, sus similitudes con el paleo-arcaico antillano. Boletin del Museo del Hombre Dominicano no 18: 13-39.

--------, Ortega, E. (1983). El precerámico de Santo Domingo, nuevos lugares, y su posible relacion con otros puntos del area antillana. Museo Del Hombre Dominicano, Papeles Ocasionales, No. 1.

215

----------, Pantel, A. G. (1989). El modo de vida de los recolectores en la arqueología del Caribe (Parte II). Boletín de Antropología Americana no. 19, Instituto Panamericano de Geografía e Historia.

VENTO Franco, G. (2001), La verdad sobre la foca de Las Antillas. Rev. 1861 de Espeleología y Arqueología, Comité Espeleológico de Matanzas 1-4: 57-59.

VILLA, P; Boscato,P.; Ranaldo, F. Ronchitelli, A. M. (2009). Stone tools for the Hunt: points with impact scars from a middle Paleolithic site in Southern Italy. *Journal of Archaeological Science* 36: 50-89.

VILLAVICENCIO, F. R. (2004) ¿Hachas de mano en Cuba? Santa Clara (Cuba), Ed, Capiro.

WALLER, B. I. (1970). Some ocurrences of Paleoindians Points in Florida Waters. Florida Anthropologist 23: 129-134.

------------- (1971). Hafted Flakes Knives. Florida Anthropologist 24: 171-174.

------------, Dunbar, J. (1977). Distribution of Paleoinfian Projectiles in Florida. Florida Anthropologist 30:79-80.

WILLIG, J. A. (1989). Paleo-Archaic Broad Spectrum Adaptation at the Pleistocene-Holocene Boundary in Far West North América. Department of Anthropology and Graduate School.Oregon Universit. www.scholarsbank.uoregon.edu.

WILSON, S. M (1998). Preceramic connections between the Caribbean and the Yucatan Peninsula.Department of Anthropology University of Texas, Austin. https://ufdcimages.uflib.ufl.edu/.

WILMSEN, E. (1974): Lindenmeier: a pleistocene hunting society. Harper and Row Publishers, New York.

YATACOI, J. & Moroni, C. (2012). Serie Lítica del Periodo Paleoindio de Tipología Joboide, Originaria de la Península de Paraguaná al Nor-Occidente de Venezuela, en la Colección del Museo de Arqueología y Antropología de la Universidad nacional Mayor de San Marcos. Arqueología y Sociedad N° 24, 2012: 9-42. www.revistasinvestigacion.unmsn.edu.pe.

YOUNG, B. (2008). What is a Dalton Adze and What it's Function? Corsicana Daily Sun. Texas.www.corsicanadailysun.com.

YERKES, R. W. Holdehoff, B. H. (2018). New Tools, New Human Niches: The Significance of the Dalton Adze and the Origin of Heavy-Duty Woodworking in the Middle Mississippi Valley of North America. Journal of Anthropological Archaeology. 50: 69-84.

ZHURAVLIOVA, I. & La Rosa, G. (s.f). Puente de la antigua migración(América del Sur- América del Norte).[La Habana], Dpto Arqueología, Centro de Antropología, Citma (Inédito).

Alexis Rives Pantoja

Isla de la Juventud (1948), Cuba. Licenciado en Historia en la Universidad de la Habana (1976). Trabajó en el Departamento de Arqueología de la Academia de Ciencias de Cuba desde 1981 hasta 1998 donde alcanzó la categoría de Investigador Titular. Fue miembro del Consejo Científico del Departamento de Arqueología, Centro de Antropología (Citma) y de la Revista *Biblioteca Nacional "José Martí"*. Fue director del Museo de Historia de San Antonio de los Baños (1989). Laboró en el Taller de Restauración de obras de Arte en la Iglesia de Santa María de Laredo, Cantabria, España (2001). Ha publicado artículos científicos y libros sobre arqueología y participado en numerosos eventos científicos sobre esa especialidad en Cuba y el extranjero. Es miembro del Grupo espeleológico Martel de Cuba, de "Florida Archaeologist Society" y de "Florida Anthropologist Society". En 1996 recibió un Grant de la National Geographical Society" para investigaciones arqueológicas en Cuba.

219

Últimos trabajos publicados: libro: *Los primeros Habitantes de la Habana*. Editorial Unicornio, 2007); Monografía: «Estilos del arte rupestre en Cuba». Revista *Digital Cuba Aqueológica*, 2010; Monografía «El fenómeno de *"El Niño"* – La oscilación del sur – y la arqueología del occidente de Cuba». *Revista Digital Cuba Arqueológica*, 2011); libro: *Desde los cacicazgos a San Cristóbal de la Habana*. Buenos Aires, Editorial Aspha,2013; en colaboración con Juan Pose Quincosa y Alex Rives Cecín y *Zooraqueología de Cuba: Desde el primer poblamiento del archipiélago hasta el encuentro entre aborígenes y europeos,* Alexis Rives & Juan Pose, Ed. UnosotrosEdiciones, 2017, Miami.

OTROS TÍTULOS DE LA EDITORIAL

Zooarqueología de Cuba

Zooarqueología de Cuba emprende un estudio de nivel regional acerca de la parte de la fauna que brinda más alimento energético a las comunidades aborígenes del Archipiélago durante la época precolombina y en un período posterior, a ciertos sectores de la población rural y urbana. Es un estudio a partir del registro arqueológico y los testimonios etnográfico e histórico que tiene un propósito principal: aprehender cómo las prácticas cinegéticas entre los indocubanos dejaron de ser tareas extractivas y se convirtieron en actividades productivas, mediante la domesticación de animales, consiguiendo necesaria del proceso de domesticación de las plantas. Todo parece indicar que la práctica de domesticación de estos animales continuó resistiéndose aún tras la llegada de los europeos.

La primera parte del libro se centra en las prácticas de la caza y la domesticación de nombres autóctonos, mientras que la segunda parte abarca el estudio de los especies de roedores, cánidos, aves, peces y quelonios, que las comunidades Arahuacos integraron en su economía. Un estudio en detalle arqueológico propio de las investigaciones arqueológicas, aplicado a las muestras más significativas de sitios arqueológicos permitió comprender cuándo aparecen y cómo se desarrollan las interrelaciones de las diferentes especies de roedores autóctonos y el hombre a través de la historia, lo que, sin lugar a dudas, permitió comprobar que los pobladores de Cuba domesticaron a la Capromys pilorides desde la época precolombina, un resultado que revoluciona el conocimiento que se tenía al respecto.

En la metodología de las Antillas y otros pueblos amerindios hay evidencias palpables de la domesticación de roedores y otras especies, datos que se contrastaron mediante análisis estructurales para establecer los fases de la domesticación no sólo de los roedores antillanos, sino de aves y cánidos, así como de la mantención de quelonios y peces en reservorios, fenómeno integrado como un todo con la domesticación de las plantas, como ha ocurrido en otras partes del Mundo, lo cual es otro logro relevante del trabajo, pues esta conclusión ampliamente demostrada aquí no se había argumentado antes en la arqueología y la historia de Cuba.

Estos resultados que se intercan en un sistema de compromiso de la economía y el pensamiento aborigen, han propiciado iluminar aspectos importantes de su vida y renovar concepciones prestablecidas sobre estas sociedades, la cual, de una manera u otra puede influir, en lo adelante, en el rumbo de las investigaciones arqueológicas en el Archipiélago.

JUAN POSE QUINCOSA
ALEXIS RIVES PANTOJA

UNION & CEIBOS
EDICIONES

ZOOARQUEOLOGÍA de CUBA

Desde el primer poblamiento del archipiélago hasta el encuentro entre aborígenes y europeos

JUAN POSE QUINCOSA
ALEXIS RIVES PANTOJA

Primeras familias del poblado y ciudad de San Isidoro de Holguín es un documento de valor inestimable para el conocimiento y estudio del poblamiento de esta futura ciudad del norte de la antigua provincia cubana de Oriente. Asentamiento original a partir de 1720 de unas pocas familias bayamesas o refugiadas en Bayamo tras la pérdida de la soberanía española sobre la colonia de Jamaica, el relativo aislamiento del territorio favoreció la endogamia entre sus habitantes, así como un tipo de economía comunera propia también de esta región. Es por ello que, gracias a las recientes técnicas de análisis del ADN, una cantidad significativa de holguineros de hoy descubren que comparten orígenes comunes que podrían documentarse fácilmente entre los diferentes grupos de familias tratados en este libro.

A partir de los matrimonios sacramentales asentados en el primer libro de la iglesia San Isidro de Holguín entre 1730 y 1763, William Navarrete, con la ayuda de Manuel Díaz, su colaborador, revela toda la descendencia de las parejas registradas, así como los cónyuges de cada vástago, además de los tanos de sangre con otros feligreses. Ante el imparable deterioro de los libros manuscritos que constituye una evidente amenaza para la salvaguarda de esta información y las dificultades de acceso a las fuentes originales, el autor se enfrascó durante las tres últimas décadas de vida en París en la recopilación, a distancia, de todo este caudal de historia cubana. Los descendientes de los holguineros de ayer puedan encontrar gracias a este estudio una fuente fiable para sus búsquedas genealógicas. Asimismo, el autor avanza sus propias conclusiones acerca del conquistador Diego de Holguín "El Viejo" como la persona a la que debe su nombre el hato fundado en el siglo XVI en esta región, contrariamente a lo pretendido hasta ahora por otros historiadores y estudiosos del tema.

Primeras familias... complementa y amplía el estudio anterior Genealogía cubana. San Isidoro de Holguín, publicado en 2015 por William Navarrete en colaboración con María Dolores Espino, un análisis pormenorizado del censo o padrón de vecinos de la localidad realizado in situ en 1735.

UNOSOTROS

PRIMERAS FAMILIAS, POBLADO Y CIUDAD
SAN ISIDORO DE HOLGUÍN
Estudio de genealogía cubana

William Navarrete
Colaborador: Dr. Manuel F. Díaz Álvarez

Back cover (left)

Este libro es un diccionario que recopila información amplia y veraz sobre los compositores musicales cubanos más trascendentes y populares desde 1902 hasta 2022. Además, incluye a los creadores emblemáticos desde la época colonial. El lector encontrará un muestrario amplio de todos los géneros, estilos y formatos que conforman el rico patrimonio intangible de la música cubana. *Diccionario biográfico musical de compositores cubanos 1902-2022* es un reconocimiento al talento y dedicación de los hombres y mujeres que han dejado su huella en la música cubana y que aparecen agrupados en estas páginas en orden alfabético. Esta obra es imprescindible para entender la historia y evolución de la música cubana.

Según el investigador Cristóbal Díaz Ayala: «Hacía falta alguien con muchísima paciencia, con conocimiento extensísimo del ambiente musical cubano para investigar por muchos años todo el entorno de la música cubana. Y esto es lo que ha logrado Zenovio».

Su autor ha expresado: «Con demasiada frecuencia se conoce más de los intérpretes que de los compositores, a pesar de que el intérprete brilla tanto por el dominio de la técnica y su calidad vocal, como por el valor musical de la obra que interpreta. Esa contradicción fue uno de los más fuertes estímulos a la hora de imponerme el reto de escribir este libro, sabiendo de antemano que sería una obra difícil e incompleta».

«La música cubana es un tesoro cultural que ha sido influenciado por África, España, Estados Unidos y otros países. Es una mezcla maravillosa de ritmos y culturas», expresó Quincy Jones; y Carlos Santana señaló: «La música cubana es una de las grandes joyas del mundo musical. Es una música que tiene la capacidad de unir a las personas y de trascender fronteras culturales y políticas», esperamos que esta contribución sea valiosa para la preservación del patrimonio artístico musical.

Spine

Diccionario Biográfico Musical Compositores Cubanos 1902 - 2022

Zenovio Hernández Pavón

Front cover

DICCIONARIO BIOGRÁFICO MUSICAL
COMPOSITORES CUBANOS: 1902 - 2022

Zenovio Hernández Pavón

Back cover (left)

TEATRO EN CUBA

Dentro de la historiografía teatral cubana, hasta donde hemos podido revisar, no existe ningún diccionario de autores y obras del teatro en Cuba del siglo XIX, que registre puntualmente los autores que publicaron y pusieron en escena obras de teatro en Cuba o en el extranjero, entre los años de 1800 al 1900. En este sentido, este *Diccionario bio-bibliográfico del teatro en Cuba (siglo XIX)*, comenzó a germinar hace unos cuantos años, tras la defensa de la Tesis Doctoral «El Teatro en Santiago de Cuba (1850-1898). Principales vertientes y líneas temáticas (2005)», de Virginia Bárbara Suárez Piña, (coautora). De inmediato se empezó a ampliar una lista de autores, vino la redacción de fichas, que constituyeron, al cabo de dos años, artículos y un amplio catálogo.

En la conformación de este libro, se ha hecho una relación de obras y autores dramáticos, mayoritariamente cubanos y españoles; conjuntamente con otros dramaturgos de diferentes regiones de Latinoamérica y Europa. Hemos reorganizado síntesis biográficas y bibliografía activa de los escritores, sobre la base de documentos literarios publicados y / o inéditos, hallados en los archivos y bibliotecas de Cuba, Italia y las Islas Baleares, entre otras fuentes; además de otros muchos datos extraídos de diversas bibliotecas y catálogos revisados.

Se relacionan figuras mayores, de gran trascendencia que cultivaron un teatro de calidad estética, y se rescata, un importante número de autores y obras, bien desconocidas o que no habían sido objeto de profundas evaluaciones, ilumina zonas oscuras, espacios de silencio sobre la labor de figuras menores que, no obstante, contribuyeron al brillo del teatro, y aportaron producciones que, a la larga, sedimentan y fomentan un clima de creación dentro del panorama escénico de esta centuria. Todo ello, sobre la base de una cultura de la preservación, que busca fortalecer el conocimiento de una tradición que expresa los valores esenciales de nuestra identidad, y al mismo tiempo, mantener la memoria del pasado, transformado en referencia de la sociedad actual.

UNOS & OTROS
UO
EDICIONES

Spine

DICCIONARIO BIO - BIBLIOGRÁFICO DEL TEATRO EN CUBA SIGLO XIX

UO

Front cover

DICCIONARIO
BIO-BIBLIOGRÁFICO
DEL TEATRO
EN CUBA
SIGLO XIX

Virginia B. Suárez Piña
José Servera Baño
Graciela Durán Rodríguez

UNOS & OTROS
UO
EDICIONES

Teatro Martí

Nancy González Arzola

TEATRO MARTÍ
PRODIGIOSA PERMANENCIA
EDICIÓN AMPLIADA

Un libro que comienza con un prólogo de Reynaldo González, en mi modesta opinión, el ensayista más importante de Cuba al sur del muro del Malecón, tiene que ser bueno. Y en este el maestro hace un excelente recuento de lo que es, lo que significa, lo que representa, lo que es más que un teatro, es una institución, un pedazo vivo de Cuba en nuestra memoria histórica.

La arquitecta Nancy González Arzola ha sido, por largos años, «el médico de cabecera» solícito y cuidadoso de ese enfermo casi crónico desde su nacimiento, que es el Teatro Martí. Como tal, se sabe su historial clínico como nadie, y ha hecho todos los esfuerzos a su alcance para remediarlos.

Cristóbal Díaz Ayala

El historiador de La Habana Eusebio Leal dijo: «El Teatro Martí es una nave que nos lleva a través del tiempo a recuperar la memoria, la vida, la música. Volver al palco escénico, es recuperar los infinitos invitados, las personalidades de distintas épocas». A punto de terminar esta nueva edición ampliada, muere Rosita Fornés, una de las divas cubanas que triunfó en este teatro, así la autora le dedica el epílogo y recrea las manifestaciones del pueblo que fue a despedirla en el teatro Martí de La Habana, emblemático sitio que la acogiera en numerosas actuaciones.

A través de estas páginas, se conocerá una fascinante y sugerente historia, marcada por las causas y azares del destino, que comenzó a escribirse a finales del siglo XIX. Una historia, iniciada oficialmente en 1884, año de la inauguración del entonces denominado Teatro Irijoa... Sustentada en una vasta documentación, este estudio ha sabido integrar, de manera consecuente, varias fuentes de diferente procedencia. Así, junto a la información técnica del inmueble, se manejan otros materiales rescatados de periódicos y revistas, de archivos e instituciones, que han permitido conformar un ameno y fluido discurso de interés no

TEATRO MARTÍ · PRODIGIOSA PERMANENCIA · Nancy González Arzola

---

Obispo de Espada

Antonio Arroyo

OBISPO DE ESPADA

Obispo de Espada es una apasionante novela de ficción-histórica acerca de Juan José Díaz de Espada y Fernández de Landa, obispo de La Habana entre los años 1802-1832, un español que a decir de su alumno José de la Luz y Caballero «Fue uno de los hombres que más ardientemente deseó y promovió la felicidad de nuestra bella».

Espada se enfrentó, para tales propósitos, a las esferas de poder, desde el papado hasta los grandes hacendados; y es en este duro batallar que se inspira el dramaturgo Antonio Arroyo para escribir sobre la vida de un hombre que fue acusado de hereje, mason, jansenista, ateo, independentista, deísta, constitucionalista y hasta de depravado. Fue además llamado por algunas figuras importantes del Vaticano «lobo de sus ovejas» y la Corona lo intentaría apresar en 1824.

Una fascinante novela de traiciones y lealtades, de bravura y cobardía, de pastores al límite que nos recrea La Habana de principios de siglo XIX y el empeño del Obispo de Espada para transformar la sanidad pública, a levantar los altos estudios, a combatir la ignorancia popular; a tutelar el arte, a modificar las costumbres, a hacer durante un tercio de siglo, del corrompido ambiente de una factoría colonial, una sociedad capaz de triunfar de sus propias miserias.

¿Benefactor o tirano? Es una interrogante difícil de responder. Usted lector más que juzgar podrá atesorar la vida de «aquel obispo español que llevamos en el corazón todos los cubanos».

Antonio Arroyo

Antonio Arroyo · OBISPO DE ESPADA

www.unosotrosediciones.com

infoeditorialunosotros@gmail.com

UnosOtrosEdiciones

Siguenos en Facebook, Twitter e Instagram:

www.unosotrosediciones.com

www.ingramcontent.com/pod-product-compliance
Lightning Source LLC
Chambersburg PA
CBHW062219270326
41930CB00009B/1796